¡A que sí!

Second Edition

María Victoria García-Serrano
Emory University

Cristina de la Torre
Emory University

Annette Grant Cash
Georgia State University

HH Heinle & Heinle Publishers
Boston, Massachusetts 02116

I(T)P® A division of International Thomson Publishing, Inc.
The ITP logo is a trademark under license.

Boston • Albany • Bonn • Cincinnati • Detroit • Madrid • Melbourne • Mexico City • New York •
Paris • San Francisco • Singapore • Tokyo • Toronto • Washington

The publication of **¡A que sí!,** Second Edition, was directed by the members of the Heinle & Heinle College Foreign Language Publishing Team:

Wendy Nelson, Editorial Director
Tracie Edwards, Market Development Director
Gabrielle B. McDonald, Production Services Coordinator
Beatrix Mellauner, Development Editor

Also participating in the publication of this program were:

Publisher:	Vincent P. Duggan
Project Manager:	Anita Raducanu/A Plus Publishing Services
Compositor:	PrePress Company, Inc.
Images Resource Director:	Jonathan Stark
Associate Market Development Director:	Kristen Murphy
Production Assistant:	Lisa LaFortune
Manufacturing Coordinator:	Wendy Kilborn
Photo Coordinator:	Martha Leibs
Illustrator:	David Sullivan
Interior Designer:	Kenneth Hollman
Cover Illustration:	*The Collector (El Coleccionista)*, Gonzálo Cienfuegos, ca. 1951 Chilean, Kactus Foto, Santiago, Chile SuperStock, Inc.
Cover Designer:	Ha Nguyen

Library of Congress Cataloging-in-Publication Data

García-Serrano, M. Victoria.
  ¡A que sí! / M. Victoria García-Serrano, Cristina de la Torre.
  Annette Grant Cash. — 2. ed.
      p. cm.
    ISBN 0-8384-7706-2
    1. Spanish language—Textbooks for foreign speakers—English.
  I. De la Torre, Cristina.   II. Cash, Annette Grant, 1943–   .
  III. Title.
  PC4129.E5G37   1998
  468.2'421—dc21   98-21726
                                                CIP

Manufactured in the United States of America

ISBN: 0-8384-7706-2 (Student Edition)
ISBN: 0-8384-7724-0 (Instructor's Edition)

10 9 8 7 6 5

Sumario

Indice

MEJOR DICHO	ESTRATEGIAS COMUNICATIVAS PARA...	GRAMATICA en el CUADERNO
• lograr – tener éxito en/con **149** • trabajar – funcionar **149**	• atraer la atención de alguien **154**	• El imperativo • El subjuntivo con verbos de deseo y emoción
• echar de menos, extrañar – perder(se) – faltar a **157** • mover(se) – mudar(se) – trasladar(se) **157**	• expresar nostalgia **162**	• El subjuntivo con verbos de petición y mandato • Formas y usos del imperfecto de subjuntivo
• querer decir – significar **168** • actualmente – realmente **168**	• expresar solidaridad o compasión **174**	• Los prefijos • Los sufijos
• la lucha – luchar (por) – el combate – combatir – la pelea – pelear **179** • el respeto – respecto de, con respecto a **180**	• animar a alguien a hacer algo **183**	• Los verbos de comunicación con el indicativo y el subjuntivo • El subjuntivo y el indicativo en cláusulas adverbiales de tiempo
• el derecho – derecho/a – derecho – correcto/a – tener razón **187**	• expresar indignación o rabia **191**	• **Se:** usos y valores
• otra vez, de nuevo – volver a + infinitivo **193** • recordar – acordarse (de) **193**	• contrastar hechos **196**	• Los posesivos • El pluscuamperfecto de subjuntivo

UNIDAD	CAPITULO	LECTURA/CANCION

Acknowledgments

This conversation text is the result of collective and collaborative efforts. The authors, therefore, owe many a debt of gratitude. First of all, we thank all the people who gave us permission to reproduce their work (writers, artists, singers, painters, photographers, etc.) for their generosity and understanding of our purpose. Many others offered invaluable suggestions and assistance in gathering all the materials: José Luis Boigues, Rebecca Borell, Mariángeles Casado Pérez, Lucía Caycedo Garner, Justin Crumbaugh, Martha Ebener, Remedios García Serrano, Dara Goldman, Paul Mandell, Patrick Moriarty, Martha Rees, and Mirta Toledo. We are also grateful to our students. All of our material has been class-tested, and we appreciate the many suggestions as we tried out new ideas, texts, exercises, and activities for the second edition of *¡A que sí!*

We would particularly like to thank our reviewers:

Kurt Barnada	Elizabethtown College
Charles Grove	Arizona State University
Linda Ledford-Miller	University of Scranton
Gerardo Lorenzino	Yale University
William Rosa	William Paterson College
Rebeca Torres-Rivera	Central Michigan University

The editorial and production teams at Heinle & Heinle were not only exceptionally knowledgeable and helpful, but also flexible and open to our questions and suggestions. We are indebted to Wendy Nelson and especially to our editor, Beatrix Mellauner, whose good humor and graciousness carried us through not a few critical moments. Gabrielle McDonald and Anita Raducanu saw the book through its final stages to completion, making numerous incisive comments along the way. Our task was made easier by dealing with all of these expert professionals.

Finally, we thank our respective families. Without their unwavering faith, inexhaustible patience, and unqualified support, *¡A que sí!* could never have been finished.

María Victoria García-Serrano
Cristina de la Torre
Annette Grant Cash

Preface

Overview

¡A que sí! is a very colloquial expression that serves both as an affirmation and a dare, and always requires a response. This is a most appropriate title for a textbook that challenges students' abilities while empowering them in the use of their new language. Written in Spanish, *¡A que sí!,* Second Edition, is designed for an intermediate/advanced conversation course (according to ACTFL guidelines) and can be adapted to either the semester or the quarter system. The book intentionally contains more material than can be covered during one semester or quarter in order to give instructors flexibility in selecting the sections best suited to the level and interests of their classes. The *¡A que sí!,* Second Edition, program consists of a textbook (with an *Instructor's Edition),* a *Cuaderno* containing a complete grammar review with exercises, and a *Student Audio CD.* Writing activities are referenced to *Atajo: Writing Assistant for Spanish* (Heinle & Heinle). For further exploration of a topic, we have incorporated references to the World Wide Web throughout the program, as well as recommended films. The main goals of the program are to build students' oral proficiency while increasing their awareness of Hispanic culture, and to practice reading, listening, and writing.

Organization

The textbook is divided into four thematic units, the units into three chapters each, and most of these, in turn, into three lessons. Each lesson includes interactive vocabulary exercises, a reading selection, content exercises, opinion questions, communicative strategies, and creative writing activities with references to *Atajo.* There is also a section of interactive exercises to practice the grammar points reviewed in each lesson.

The *Cuaderno* contains a grammar review and exercise section for each lesson, to be done at home. The exercises, which progress from purely mechanical (i.e., traditional fill-in the blank and multiple choice varieties) to open-ended and more meaningful ones, provide students with individual grammar and vocabulary practice outside the classroom. There is also an exercise section for the *Student Audio CD,* to be done after listening to the chapter selection. An answer key appears at the end of the *Cuaderno.*

The *Student Audio CD* consists, first, of twelve recorded segments, one per chapter for each of the four units. They take the form of debates, surveys, newscasts, dialogue, and other types of dramatizations. These are completely integrated into the units and reflect the theme of the chapter in which they appear. Secondly, there are two songs (the lyrics appear in the textbook, accompanied by content questions).

The *Instructor's Manual,* found at the front of the *Instructor's Edition,* is an important component of the program. It gives general principles for the communicative classroom, explains the specific uses of each section, and provides teaching strategies. We also include information about how to obtain the films that are suggested for each unit, the videos which contain some of the songs in the text, as well as our own syllabi, and oral and written tests we have used in our classes. A new feature of the second edition is a detailed plan for the first six days of classes. The *Instructor's Manual* also includes all the scripts for the *Student Audio CD*.

Thematic Division

¡A que sí!, Second Edition, is organized around four high-interest themes: **Tradición y cambio, Contrastes culturales, Los derechos humanos,** and **Hacia la igualdad entre los sexos.** These topics were selected both for their general contemporary relevance and because they help raise students' awareness and understanding of Hispanic and global issues. The strong human interest component of the readings helps foster lively exchanges and a stimulating classroom environment. By reading a variety of selections on each theme, the students are able to explore many facets of each topic, master the related vocabulary, and discuss the issues with some authority. Since instructors may not all teach the same selections each semester, and most likely will not teach all of the selections included in the book, the readings not covered in class serve as an additional source of enrichment. These texts can be used for extra-credit work, reports, papers, etc.

Unit Structure

Each unit includes reading selections in different genres (short stories, poems, novel excerpts, essays, newspaper articles), cartoons, song lyrics, and movie suggestions (which appear in the *Instructor's Manual*). This diversity allows students to become familiar with different styles of expression in Spanish.

Each reading is preceded by an **Introducción,** a brief paragraph to present the author of the reading selection and give some relevant contextual clues.

Next are two vocabulary sections, **Palabra por palabra** and **Mejor dicho.** The first one—limited to a maximum of twelve active vocabulary items—highlights frequently used Spanish words that usually appear in the reading. The second vocabulary section gives students the chance to examine false cognates and other problem words. The exercises and activities that follow allow students to practice these words and, in so doing, to expand their vocabulary. Aside from the oral exercises for pair or group classroom work there are also written exercises in the *Cuaderno* for independent practice.

Before the text itself, the **Alto** section presents reading strategies and pre-reading questions that draw on students' prior knowledge and/or background. The reading selection that follows has been glossed to ease the comprehension of the general story line and thus reduce students' frustration. Our rationale for glossing has been to provide translations or synonyms for the less frequently used words, thereby removing unnecessary obstacles and encouraging students to do a deeper reading.

The next section, labeled **¿Entendido?**, may be assigned as homework. Its purpose is to check students' basic comprehension of the reading and prepare them for the ensuing classroom discussion. **En mi opinión** is a thought and analysis section.

Estrategias comunicativas presents a list of colloquial expressions used by native speakers in conversation. This is a very important section since it is precisely in these exchanges where students often have the most trouble expressing themselves.

The **En (inter)acción** part, closely related to the content of the reading, provides activities for the practical use of communicative skills in groups.

The specific grammar points to be reviewed in the **Repaso gramatical** are listed after **En (inter)acción** for quick reference. The **Práctica gramatical** section in the textbook contains activities of the pair/group variety and is communicative in nature.

The final section is **Creación,** which offers suggestions for composition practice related to the theme of the reading and for using the grammatical structures reviewed in the *Cuaderno.* This writing activity is referenced to *Atajo: Writing Assistant for Spanish* (Heinle & Heinle). There is also a **Glosario** at the end of the book for quick vocabulary reference.

We suggest that each unit end with the viewing and discussion of a film in Spanish. The film should be seen outside of class (see *Instructor's Manual* for further details). Another possibility is to end the unit with a **Mesa redonda**, which can take any number of different formats: debates, dramatizations, oral reports, newscasts, interviews. The World Wide Web contains a wealth of information about Hispanic culture and is an invaluable resource for projects of any type. We have made suggestions throughout the book that will give students a start in researching different topics related to the main themes of the textbook. In addition to the World Wide Web suggestions, *¡A que sí!* features a Web site with Internet activities for all twelve chapters of the book, for further exploration of the topics covered in class. Students should be regularly encouraged to indulge their curiosity by exploring its many sites, and to share the information they have found with the rest of the class.

Grammar Review

The **Repaso gramatical,** referenced after **En (inter)acción,** appears in the *Cuaderno.* The grammar explanations are in Spanish, with English translations for most of the examples to facilitate student comprehension. The grammar points are recycled throughout the text for reinforcement and, where appropriate, are illustrated by charts and tables. The exercises in the *Cuaderno* can be done even without being familiar with the corresponding reading.

Summary

Conversation courses are extremely demanding to teach. They are neither lecture nor drill courses and require a higher than usual degree of interest and energy to elicit active student participation. *¡A que sí!,* Second Edition, and the program that accompanies it, presents varied, up-to-date readings that bring many new and talented voices into the classroom. It poses the challenge of critical thinking, debating, and analyzing basic contemporary issues from a different cultural perspective. Most importantly, *¡A que sí!,* Second Edition, offers students the opportunity to improve their oral proficiency as well as their listening, reading, and writing skills while increasing their cultural awareness not only of the Hispanic world but also of their own cultural heritage.

México, América Central y el Caribe

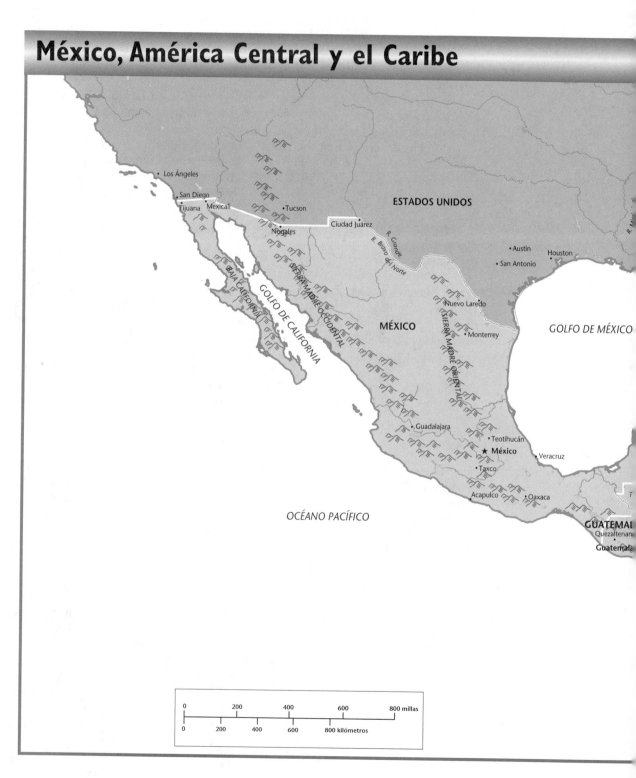

Los Ángeles

San Diego

Tijuana • Mexicali

Nogales

Tucson

Ciudad Juárez

ESTADOS UNIDOS

Austin

Houston

San Antonio

R. Grande

R. Bravo del Norte

Nuevo Laredo

MÉXICO

BAJA CALIFORNIA

GOLFO DE CALIFORNIA

SIERRA MADRE OCCIDENTAL

SIERRA MADRE ORIENTAL

Monterrey

GOLFO DE MÉXICO

Guadalajara

Teotihucán

★ México

Veracruz

Taxco

Acapulco

Oaxaca

OCÉANO PACÍFICO

GUATEMAL

Quezaltenan

Guatemal

0		200		400		600		800 millas
0	200		400		600		800 kilómetros	

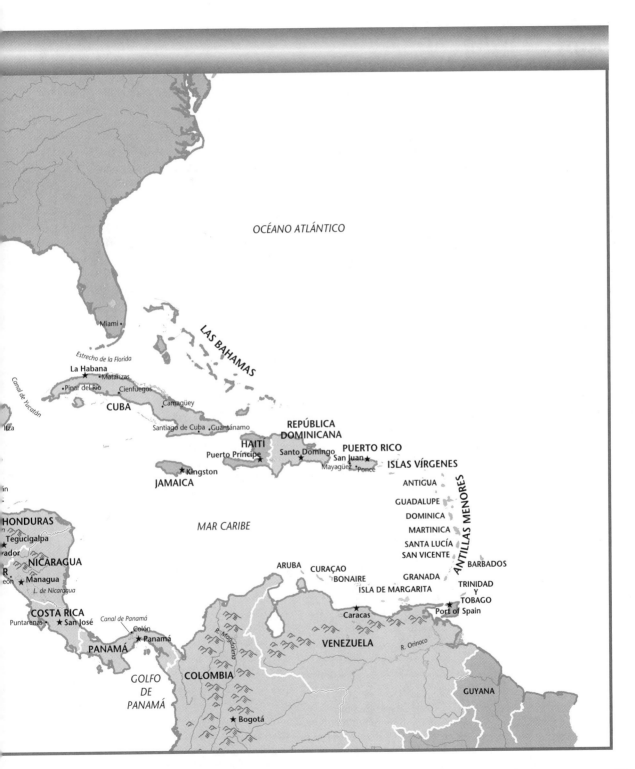

OCÉANO ATLÁNTICO

LAS BAHAMAS

Miami •

Estrecho de la Florida

Canal de Yucatán

La Habana
★ • Matanzas
• Pinar del Río • Cienfuegos
Camagüey
CUBA

Santiago de Cuba • Guantánamo

REPÚBLICA
DOMINICANA

HAITÍ
Puerto Príncipe ★   Santo Domingo   PUERTO RICO
                                         San Juan
                          Mayagüez •   • Ponce   ISLAS VÍRGENES
★ Kingston

JAMAICA   ANTIGUA

                                         GUADALUPE

MAR CARIBE   DOMINICA

HONDURAS   MARTINICA

Tegucigalpa   SANTA LUCÍA
ador   SAN VICENTE   BARBADOS
NICARAGUA   ARUBA   ANTILLAS MENORES
eón ★ Managua   CURAÇAO   GRANADA
     L. de Nicaragua   BONAIRE   TRINIDAD
                                   ISLA DE MARGARITA   Y
COSTA RICA   TOBAGO
Puntarenas ★ San José   Canal de Panamá   Port of Spain
                        • Colón   Caracas ★
PANAMÁ   ★ Panamá
                                       VENEZUELA   R. Orinoco

GOLFO   COLOMBIA
DE
PANAMÁ   GUYANA

                ★ Bogotá

América del Sur

MAR CARIBE

Barranquilla
Cartagena
Maracaibo
Port of Spain
TRINIDAD Y TOBAGO
★ **Caracas**
R. Orinoco
Medellín
Manizales
★ **Bogotá**
Cali
COLOMBIA
VENEZUELA
Georgetown ★
GUYANA
Paramaribo ★
SURINAM
Cayenne
GUAYANA FRANCESA

OCÉANO ATLÁNTICO

ISLAS GALAPAGOS

★ **Quito**
Guayaquil
ECUADOR
PERÚ
Iquitos
Cajamarca
Machu Picchu
★ **Lima**
Ayacucho
Cuzco
BOLIVIA
Arequipa
L. Titicaca
★ **La Paz**
Arica
★ **Sucre**
Potosí
Iquique

Manaus
R. Amazonas
Belém
R. Madeira
BRASIL
Recife
★ **Brasilia**
Salvador
Belo Horizonte

OCÉANO PACÍFICO

Antofagasta
PARAGUAY
Salta
Asunción ★
CHILE
Tucumán
São Paulo
Rio de Janeiro
Santos

Córdoba
Mendoza
Rosario
R. Paraná
R. Uruguay
Pôrto Alegre
URUGUAY
Valparaíso
Buenos Aires ★
★ **Montevideo**
★ **Santiago**
La Plata
Río de la Plata
Concepción
ARGENTINA
Bahía Blanca
Puerto Montt

CORDILLERA DE LOS ANDES
PATAGONIA

0	200	400	600	800 millas
0	200	400	600	800 kilómetros

ISLAS MALVINAS

Estrecho de Magallanes
Punta Arenas
TIERRA DEL FUEGO
Cabo de Hornos

España

MAR CANTÁBRICO

FRANCIA

Avilés · Gijón
La Coruña · · Oviedo · Santander · Bilbao San Sebastián
ASTURIAS · CANTABRIA · PIRINEOS
Lugo · Cordillera Cantábrica · PAÍS VASCO · Pamplona · ANDORRA
GALICIA · León · NAVARRA
Pontevedra · Palencia · · Burgos · LA RIOJA · ARAGÓN · CATALUÑA
Vigo · · LA RIOJA · Zaragoza · Lérida
CASTILLA Y LEÓN · Sistema Ibérico
Zamora · R. Duero Valladolid · R. Ebro · Tarragona · Barcelona
Braga · Sierra de Guadarrama · MAR MEDITERRÁNEO
Oporto · Salamanca · Segovia · MADRID · MENORCA
Sierra de Gredos · · Ávila · ★ Madrid · MALLORCA
PORTUGAL · ISLAS BALEARES · Palma de Mallorca
Coimbra · R. Tajo · Toledo · Valencia
Cáceres · EIVISSA (IBIZA)
Lisboa ★ · EXTREMADURA · CASTILLA-LA MANCHA · R. Júcar · FORMENTERA
Setúbal · Mérida · Almadén Ciudad Real · Albacete · VALENCIA
Badajoz · R. Guadiana · Alicante
Sierra Morena · Linares · Murcia
Córdoba · Jaén · MURCIA
R. Guadalquivir · Sevilla · ANDALUCÍA · Cartagena
Huelva · Granada
Jerez de la Frontera · Sierra Nevada · Almería
Cádiz · Málaga
OCÉANO ATLÁNTICO · Algeciras · Estrecho de Gibraltar
Tánger · Ceuta (Esp.)
Melilla (Esp.)

MARRUECOS

ISLAS CANARIAS · LANZAROTE
Arrecife
Santa Cruz de la Palma · Santa Cruz de Tenerife · FUERTEVENTURA
LA PALMA · Puerto del Rosario
GOMERA · TENERIFE · Las Palmas
Hierro · GRAN CANARIA

| 0 | 50 | 100 | 150 millas |
| 0 | 50 | 100 | 150 | 250 kilómetros |

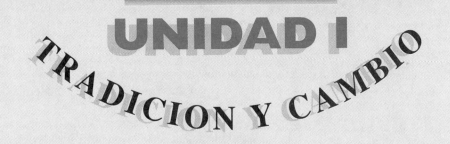

UNIDAD I
TRADICION Y CAMBIO

Las Meninas, Diego Velázquez, 1656

Las Meninas, Pablo Picasso, 1957

Las Meninas, Ramiro Arango, 1989

La cultura siempre consta de dos aspectos: el tradicional y el innovador. En esta unidad tenemos ambos en cuenta para poder abarcar la complejidad del mundo hispano contemporáneo.

Los dos primeros capítulos de esta unidad están relacionados con prácticas culturales que caracterizan a la sociedad hispana, prácticas que manifiestan, además, la continuidad del pasado en el presente. Los textos agrupados bajo el capítulo **El ocio,** examinan la popularidad de los bares ("Bares a millares"), las comidas típicas ("Picar a la española") y la tradición musical ("¡Oye cómo va!"). En el segundo capítulo, **Costumbres de ayer y de hoy,** se han incluido textos sobre las numerosas celebraciones y festejos populares ("El mexicano y las fiestas"), las corridas de toros ("Una fiesta de impacto y de infarto") y las religiones afrolatino-americanas ("La santería: una religión sincrética").

Las lecturas incluidas en el tercer capítulo, **Temas candentes,** presentan algunos de los cambios que se están produciendo en las sociedades hispanas. Los tres textos giran en torno al tema de la "salud" del individuo y del planeta. Aunque tanto el tabaquismo como la drogadicción y el interés por el medio ambiente constituyen fenómenos sociales que afectan a todos los países del mundo, los artículos seleccionados ("Una bola de humo", "¿Liberalizar la droga?" y "La pasión por lo verde") ofrecen acercamientos y puntos de vista de autores hispanos.

Que yo sepa

En parejas o grupos, discutan los temas siguientes.

1. Definan lo que es una tradición. ¿Es bueno conservar las tradiciones? ¿Por qué? ¿Qué función tienen las tradiciones? ¿Cuáles son algunas tradiciones de los Estados Unidos? ¿Qué tipo de tradiciones tiene su familia? Expliquen algunas de ellas.

2. Mencionen tres cambios que han ocurrido en los últimos 100, 50 y 10 años y después discutan si han sido buenos o malos estos cambios. ¿Qué cosas no han cambiado en los últimos veinte años? ¿Por qué razón creen Uds. que no han cambiado?

3. Hagan una lista de tres cosas que están de moda y otras que no lo están. Comparen su lista con la de los otros grupos y comenten los resultados.

De moda *(In)*	Pasado/a de moda *(Out)*

4. Busquen las semejanzas y las diferencias entre los tres cuadros de la página 1.

http://aquesi.heinle.com

CAPITULO I

El ocio

Bares a millares

Antonio Gómez Rufo

"Un bar", según el diccionario, "es el lugar donde se toman bebidas y cosas de comer, especialmente de pie o sentándose en taburetes *(stools)* delante del mostrador *(counter)*". Aunque la definición es acertada, sin embargo no explica la popularidad de los bares y la asiduidad con que la gente los frecuenta en las sociedades hispanas. El texto siguiente, "Bares a millares", nos ofrece una definición más completa que la del diccionario, ya que nos habla de la función social que tienen estos establecimientos para la mayoría de la gente.

► Palabra por palabra[1]

la **costumbre**	*habit, custom*
la **encuesta**	*poll, survey*
el **hecho**	*fact*
el **horario**	*schedule*
los **medios de comunicación**	*media*
el **ocio**	*leisure time*
todo el mundo	*everybody*
tomar una copa	*to have a drink*

► Mejor dicho

salir con	*to go out with, have a date*	¿**Con** quién vas a **salir** esta tarde?
una cita	*an appointment*	¿A qué hora tienes **cita** con el dentista?
un/a acompañante, novio/a, amigo/a...	*a date (referring to a person)*	Voy a salir con un **amigo.**

---

[1] El vocabulario siguiente lo encontrarán utilizado en la lectura. Deben memorizarlo para poder entender más fácilmente el texto y expresarse mejor en español.

el pueblo	*village*	Mi **pueblo** se llama Jérica.
	people from a nation, place, or race	Hay que luchar por la independencia de los **pueblos** indígenas.
la gente (sing.)	*people, crowd*	Mucha **gente** no participó en la encuesta.
la(s) persona(s)	*person(s), individual(s)*	¿Qué desean esas **personas** que nos están esperando?
el público	*audience*	El **público** estuvo aplaudiendo media hora a Monserrat Caballé.

Práctica

1. En parejas, contesten las preguntas siguientes. Presten atención a las palabras del vocabulario.

   a. Explíquele detalladamente a su compañero/a su horario de clases, trabajo y ocio.

   b. ¿Cuántas horas de ocio tiene Ud. al día? ¿Y a la semana? ¿Qué hace Ud. durante sus horas de ocio? ¿Qué hacen otras personas? "Ocioso" y "perezoso" ¿significan lo mismo?

   c. Defina en español lo que es una encuesta. ¿Son útiles las encuestas? ¿Para quiénes? ¿Ha hecho Ud. una encuesta alguna vez o participado en alguna? ¿De qué tipo? ¿Qué opina Ud. de las encuestas por teléfono? ¿Y de las que hacen en la calle o en otros lugares públicos?

   d. ¿En qué se diferencia un "hecho" de una opinión? ¿Los medios de comunicación presentan alguna vez hechos falsos?

   e. En su país, ¿todo el mundo puede entrar en los bares? ¿Todo el mundo puede pedir una bebida alcohólica? ¿Cómo es esto diferente de otros países?

2. Explíquele a su compañero/a por qué las costumbres siguientes son buenas o malas.

   a. Llegar muy tarde a una fiesta.
   b. Posponer el trabajo.
   c. Tomar un café antes de acostarse.
   d. Aparcar en un lugar prohibido.
   e. Ir al oftalmólogo una vez al año.
   f. Leer las cartas de otra persona.
   g. Estudiar la noche anterior a un examen.
   h. Levantarse antes de las 6 de la mañana.

3. ¿Adónde va Ud. cuando tiene una cita con... ?

   a. un veterinario
   b. un profesor
   c. una agente de viajes
   d. una peluquera
   e. un consejero universitario
   f. un agente inmobiliario (*real estate agent*)

4. ¿A qué tipo de bares o restaurantes va Ud. cuando sale con... ?

   a. sus padres
   b. sus hermanos/as
   c. su mejor amigo/a
   d. sus abuelos
   e. su compañero/a de cuarto
   f. alguien por primera vez

5. Según mi abuelo, hay dos tipos de personas: las que tienen sentido del humor y las que no lo tienen. Con un/a compañero/a hagan una clasificación semejante y luego compárenla con la de las otras parejas.

—Hay personas que... y personas que no...

6. Utilice dos adjetivos para describir al público que asiste a:

a. una manifestación política
b. un concierto de jazz
c. una conferencia sobre el SIDA
d. una corrida de toros
e. la ópera

f. una película de terror
g. un partido de fútbol
h. un rodeo
i. una procesión

Ejemplo: un museo
elegante e inteligente

Alto

1. Preste atención al título. ¿Qué relación tiene con el tema de la Unidad I? ¿Qué tono (cómico, serio...) espera Ud. en el artículo? ¿Con qué número relacionaría "millares"?

2. "Información" y "zona" son palabras muy similares en español y en inglés. Las palabras que son casi idénticas en las dos lenguas se llaman "cognados". Haga una lista de diez cognados más de la lectura. Compare su lista con la de su compañero/a.

———————   ———————   ———————   ———————   ———————

———————   ———————   ———————   ———————   ———————

3. ¿Qué sabe Ud. de los bares de otros países? ¿Qué connotaciones tiene la palabra "bar" para Ud.? ¿Qué palabras asocia con "bar"? ¿Es importante el número de bares, gasolineras y bancos que hay en una ciudad? ¿Qué indica esto?

4. ¿Cómo clasificaría Ud. los bares? Mencione tres tipos distintos.

Bares a millares

Antonio Gómez Rufo

Unos datos recientemente conocidos han puesto de manifiesto que en Madrid, en el tramo[1] comprendido entre Atocha y Antón Martín, hay más bares que en toda Noruega. Si eso es cierto, en Madrid debe haber más bares que en el resto de Europa y en España más bares que en el resto del mundo. O casi.

5 La verdad es que los españoles entendemos muy bien la sociología del bar. La taberna, la tasca, el bar, el pub o la cafetería forman parte de nuestra vida con la misma intensidad que nuestro propio hogar y nuestro centro de trabajo. De hecho, en una encuesta realizada meses atrás, las preferencias de los madrileños se decantaban,[2] en primer lugar, por su bar de costumbre, en segundo lugar, por la
10 calle en general, y el hogar, el dulce hogar, se tenía que conformar con quedar relegado a un discreto tercer puesto.[3]

Aquí siempre quedamos[4] en el bar de enfrente (en el de al lado es más complicado, pues hay que especificar si es en el de la derecha o en el de la izquierda y eso crea confusión), porque enfrente siempre hay un bar. Esté uno donde esté,[5]
15 nada más salir del portal[6] siempre hay un bar enfrente. Y a veces dos.

El bar es ese lugar de encuentros en el que a cualquier hora puede encontrarse un amigo, un rato de conversación y una caña[7] de cerveza o un chato[8] de vino. Y una máquina tragaperras.[9] El bar es una excusa, una justificación, una metáfora. Se va al bar a cerrar un trato,[10] a reponer fuerzas o a matar el tiempo. Al bar se
20 acude[11] aunque no haya motivo, porque está pensado para acoger[12] a cualquiera, por muy inmotivada que esté su presencia. Es más, si todo el mundo tuviese una razón para acudir al bar, habría que poner en cuestión la propia naturaleza del lugar, pues en tal caso se tendría clara su utilidad, su finalidad. Al bar se va sin más.[13] No hay que ir "a algo"; simplemente hay que ir.

25 A golpe de multinacionales que instalan maquinitas de café, refrescos y otras variedades en los pasillos de las oficinas de sus empresas, se quiere acabar con el "cafelito" de media mañana en el bar de enfrente. No creo que lo consigan, porque aquí el "cafelito" consiste en un barreño de café con leche, un pincho de tortilla o unas porras, una tostada o lo que se tercie,[14] y no en ese vaso de plás-
30 tico mediado de café huérfano de pedigrí.[15] Los bares siguen ganando, por mucho que se establezcan normas que les pretendan marginar.

Lo extraño, volviendo al origen, no es que existan tantos bares entre Atocha y Antón Martín. Lo verdaderamente extraño es que en Noruega haya alguno, si

---

[1] **tramo** = zona, área   [2] **se decantaban** = inclinaban   [3] **se tenía... puesto** *had to take third place*
[4] **quedamos** *we agree (to meet)*   [5] **Esté... esté** *wherever you are*   [6] **portal** *building entrance*   [7] **caña** = vaso mediano   [8] **chato** = vaso pequeño   [9] **máquina tragaperras** *slot-machine*   [10] **trato** *deal*   [11] **se acude** = se va   [12] **acoger** *to welcome*   [13] **sin más** = sin motivo   [14] **lo que se tercie** *whatever comes up*   [15] **de café... pedigrí** = café de poca calidad

exceptuamos los de las gasolineras de carretera y los clubes sociales privados.
35 Porque la gente en el norte de Europa vive entre el trabajo y la casa, en la que se
encierran a la hora española de la sobremesa[16] y de la que salen en cuanto amanece, y aun antes. El ocio en Europa es más triste que una aventura de Heidi[17] y
más soso[18] que (un partido de fútbol entre) el Celta y el Murcia.[19] A ver si la presencia española en la Comunidad Europea les ha enseñado algo y les ha convencido de que adopten costumbres más civilizadas. Como la de ir al bar, por ejemplo.

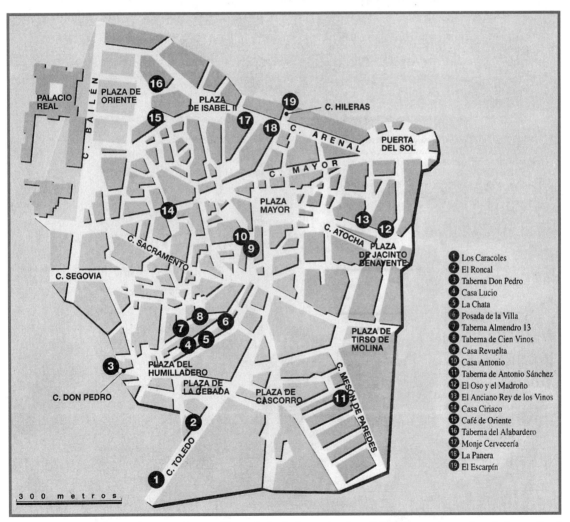

¿De qué ciudad es este plano? (Fíjate en el nombre de las calles.)

---

[16] **sobremesa** = tiempo que pasa la gente después de comer conversando   [17] **Heidi** *character in a famous cartoon*   [18] **soso** = sin interés   [19] **el Celta y el Murcia** = equipos de fútbol de segunda división

¿Entendido?

Complete las oraciones siguientes según el contenido de la lectura, pero utilizando sus propias palabras; es decir, no copie las oraciones que aparecen en el texto.

1. Una diferencia entre las costumbres de España y las de otros países europeos es...
2. Según Antonio Gómez Rufo, el bar (tasca, taberna, etc.) es tan importante porque...
3. Los madrileños prefieren estar en... porque...
4. Por lo general, cerca de una vivienda (piso, casa) española hay... bares.
5. La gente va a los bares (tabernas, pubs, etc.) por los tres motivos siguientes: ...
6. El autor prefiere tomarse todas las mañanas un café en... porque...
7. En el norte de Europa se frecuentan menos los bares que en España porque...
8. Según el autor, el ocio en España...

Tú eliges: ¿al aire libre o en un lugar cerrado, céntrico o a las fueras, moderno o tradicional?

En mi opinión

Con un/a compañero/a de clase, hablen de algunos de los temas siguientes.

1. ¿Es el bar parte de la vida norteamericana? ¿Qué grupos específicos de personas frecuentan los bares aquí? Compare la función y las posibilidades de un bar español y uno norteamericano.

2. Ir al bar en España se considera, según el artículo, una "costumbre civilizada". ¿Qué opina Ud. de esa afirmación? ¿Cuáles cree Ud. que son otras costumbres civilizadas?

3. ¿Pasa Ud. mucho tiempo en la calle? ¿Sale a pasear *(to take a walk)* alguna vez? ¿Es pasear una de sus costumbres? ¿Es igual caminar (o correr) que pasear? ¿Cuál es el propósito de caminar? ¿Y el de pasear?

4. ¿Hay "bares a millares" en su ciudad o pueblo? ¿Cómo se llaman algunos? ¿Va Ud. frecuentemente a los bares? ¿Por qué razón (no) va? ¿Cómo se llaman algunos de los bares o restaurantes más famosos de su país?

5. Aunque en muchos países hispanos hay también como en EE UU una edad "legal" para empezar a beber, por lo general no se requiere ningún documento para pedir una bebida alcohólica. ¿Indica esto que las sociedades hispanas tienen una actitud diferente hacia el alcohol? Explique.

6. Según el artículo, ¿en España la gente va a los bares porque quiere emborracharse *(to get drunk)*? Para emborracharse, ¿hay que ir a un bar? ¿Por qué cree Ud. que el artículo no menciona el problema del alcoholismo?

7. El abuso del alcohol causa numerosos accidentes de carretera. Mencione algunas medidas que se están tomando para prevenir este tipo de accidentes.

8. Ya que el abuso del alcohol causa tantas muertes entre los jóvenes, ¿preferiría Ud. poder beber a los 16 años y no conducir hasta los 21? Explique su respuesta.

◢ Estrategias comunicativas para invitar a alguien...

¿Tienes planes para esta noche, este fin de semana... ?	*Do you have any plans for tonight, this weekend . . . ?*
¿Qué te parece si vamos al cine, a un restaurante... ?	*How would you like to go to the movies, to a restaurant . . . ?*
¿Te apetece ir a tomar un café?	*Do you feel like going for a cup of coffee?*
¿A qué hora/Dónde quedamos?	*At what time / Where do we meet?*
¿Te importa si viene un/a amigo/a mío/a... ?	*Do you mind if a friend of mine comes along?*

... para aceptar la invitación...   ... o para rechazarla (turn it down)

¡Con mucho gusto! *(It will be a pleasure!)*	Lo siento, he quedado con...
¡Cómo no!	Me gustaría mucho, pero no voy a poder.
¡Me encantaría! *(I'd love to!)*	Hoy me es imposible, pero quizás en otra ocasión.
¡Por supuesto que sí!	¡De ninguna manera! *(No way!)*
Me parece una idea estupenda.	Ya tengo planes.

En (inter)acción

1. Ahora, delante de toda la clase, un/a estudiante invita a otro/a a salir. Utilicen algunas de las expresiones que aparecen en **Estrategias comunicativas.**

2. Realicen una encuesta en clase para determinar cuál es el lugar preferido de los jóvenes norteamericanos. Cada estudiante debe preguntar sobre un sitio específico y escribir el resultado en la pizarra. Entre todos/as comenten los resultados. •[Si en la clase hay más de 14 estudiantes, los/las profesores/as deben añadir otros nombres a la lista.]

lugar	sí	no
a. su casa		
b. su residencia *(dorm)*		
c. la calle		
d. el gimnasio		
e. el centro comercial		
f. la iglesia, la sinagoga, etc.		
g. el parque		
h. la biblioteca		
i. el cine		
j. la discoteca		
k. el campo *(countryside)*		
l. la cafetería de la universidad		
m. el estadio de fútbol		
n. la casa de un amigo		

3. Busquen en Internet información sobre los bares, restaurantes, cines y teatros de Madrid u otra ciudad hispana. Con la información que han encontrado, organicen con un/a compañero/a una noche loca. •[Si el/la profesor/a piensa hacer esta actividad en clase, obviamente debe asignarla con anterioridad al día de clase.]

Práctica gramatical

Repaso
gramatical:
El presente de
indicativo de los
verbos regulares
(*Cuaderno*, pág. 5)
El verbo **ser**
(*Cuaderno*, pág. 5)
El verdo **estar**
(*Cuaderno*, pág. 6)
Contraste: **ser** y
estar + adjetivo
(*Cuaderno*, pág. 6)
Haber (*Cuaderno*,
pág. 7)

1. **En la cafetería de la universidad.** En grupos, indiquen acciones que pueden pasar o no en la cafetería de su universidad. Utilicen el presente de indicativo.

   Ejemplo: —Algunos estudiantes escriben sus tareas.
   —Los cocineros no bailan la rumba.

2. **Descripciones.** En parejas, observen las fotos siguientes y describan todo lo que ven usando **ser, estar** y **haber.** •[Se les puede dar a los estudiantes dos fotos o recortes de periódicos diferentes y sin ver la del compañero/a deben averiguar si son iguales o no haciendo preguntas con estos verbos.]

   Ejemplo: Algunos de los clientes están charlando.

Creación

Después de haber estudiado el presente de indicativo de los verbos y **ser, estar** y **haber,** escriba una pequeña composición describiendo su lugar de ocio preferido. Cuando se escribe una descripción, hay que incluir respuestas a preguntas como las siguientes:

1. ¿Qué información va a presentar? ¿Dónde está ese lugar? ¿Cómo es? ¿Qué hay dentro? ¿Por qué es su lugar preferido? ¿Quiénes pueden entrar? ¿Qué hacen los clientes/visitantes? ¿Cómo se llama el lugar? ¿Cómo lo descubrió? (**¡Ojo!** Estas preguntas son para ayudarle a Ud. a redactar la composición. No tiene que contestarlas, ni seguir el orden en que aparecen. Intente ser original.)

2. Una vez que sabe lo que va a decir sobre su lugar de ocio preferido, haga un bosquejo *(outline)* para ordenar los detalles que ha reunido. ¿Por qué ha elegido ese orden cronológico, espacial, etc.? ¿No sería más efectivo o interesante otro orden?

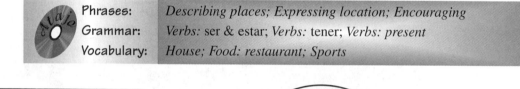

Phrases:	*Describing places; Expressing location; Encouraging*
Grammar:	*Verbs:* ser & estar; *Verbs:* tener; *Verbs: present*
Vocabulary:	*House; Food: restaurant; Sports*

Hay gente que colecciona tarjetas, menús o posavasos *(coasters)* de los bares en los que ha estado; otra gente colecciona camisetas del Hard Rock Café. Y tú, ¿qué coleccionas?

Picar a la española

Colman Andrews

Colman Andrews es colaborador del diario *Los Angeles Times*. Sus reseñas periodísticas versan principalmente sobre gastronomía. Muchos de sus artículos, que aparecen en revistas como *Harper's Bazaar,* presentan las costumbres culinarias de otros países. En "Picar a la española" (*The Spanish Way To Snack*) nos ofrece su impresión de una de las prácticas peculiares de España: el tapeo.

Palabra por palabra

apetecible	*tempting, appetizing, mouth-watering*
enterarse (de)	*to find out, hear, learn*
evitar	*to avoid*
mostrar (ue)	*to show, display*
resultar + adj.	*to find, look like, be*
ser capaz de + inf.	*to be capable of*
la servilleta	*napkin*
soler (ue)	*to be accustomed to, be in the habit of*
tener sentido	*to make sense* (sujeto inanimado)

Mejor dicho

gratis	*free* = que no cuesta dinero	Las tapas ya no son **gratis.**
estar libre	*free* = estar desocupado/a	Teresa, ¿estás **libre** esta tarde?
	free = fuera de la prisión	Cinco de los terroristas ya estarán **libres.**
ser libre	*free* = que uno/a puede elegir su conducta y acciones, y es responsable de ellas.	Lamentablemente, no todo el mundo es **libre.**

pedir	*to ask for or order something, request*	¿Por qué no **pedimos** una ración de tortilla?
preguntar	*to request information from someone*	**Pregúntale** a la camarera si tienen agua con gas y cerveza sin alcohol.
preguntar por	*to inquire about someone or something*	Nos **preguntó por** un restaurante llamado Doñana.

¡**Ojo!** *To ask a question* se dice **hacer una pregunta.**

Práctica

En parejas, escriban tres preguntas con una de las palabras o expresiones anteriores. Luego cada uno de los miembros de una pareja se junta con otro/a de otra pareja y se hacen las preguntas que han escrito. Se siguen formando nuevas parejas hasta que todos/as han podido contestar la mayoría de las preguntas. ●[Para evitar que todo el mundo utilice el mismo término, el/la profesor/a puede asignarle a cada pareja una de las palabras. También se les puede decir que no hagan preguntas que requieran como respuesta sólo sí o no.]

Ejemplo: ser capaz de + inf.

¿En cuántos minutos eres capaz de comer?

¿Quiénes son capaces de no comer en todo el día?

¿Qué eres incapaz de comer?

Alto

1. Observe el título de la lectura: "Picar a la española". ¿Le orienta sobre qué país hispano va a ser el tema de la lectura? ¿A qué parte de la oración pertenece "picar"? ¿Es un adjetivo, un adverbio... ?

2. Eche una ojeada *(Skim through)* a las formas verbales de la lectura y haga una lista de diez de ellas. ¿Qué persona gramatical abunda: yo, nosotros, ellos? ¿Y en qué tiempo están esas formas? ¿Puede anticipar si el artículo tratará de lo que le ocurrió a una persona o no?

_____

_____

_____

_____

_____

_____

_____

_____

_____

3. ¿Es importante lo que/cuándo/cómo/dónde comemos? ¿Qué revela esto de una persona o cultura?

4. ¿Qué sabes de la comida española? ¿Y de la mexicana? ¿Qué relación hay entre el tema de la comida y las tradiciones de un país?

No te dejes engañar
por la apariencia de las
tapas. Las más "sospe-
chosas" suelen ser las
más deliciosas.

Picar a la española

Colman Andrews

Lo único que no me gusta de las
tapas es que nunca sé bien cuándo
comerlas.

Las tapas, como ya sabrán todos
5 los que hayan estado en España alguna vez, son aperitivos,[1] delicias
culinarias. Se sirven en sitios llamados tascas o tabernas y van acom-
pañadas de conversación animada
10 (hacen falta dos personas, mínimo,
para tapear como es debido), de
copas de jerez[2] o de chatos de
vino local, por lo regular tinto. La
cerveza también sirve.

---

[1] **aperitivos** *appetizers*   [2] **jerez** *sherry*

15   En sus principios las tapas eran el equivalente español de lo que se conoce como *beer nuts* o *trail mix* en inglés —aceitunas, almendras, anchoas o jamón.[3] Su propósito era también similar: animar[4] a los clientes a quedarse más tiempo y seguir bebiendo. Las tapas se servían en platillos[5] lo suficientemente pequeños para encajar[6] encima de la estrecha apertura de una copa de jerez —evitando así

20   la presencia de moscas[7] distraídas. A veces, si se trataba de jamón o cualquier otra cosa apropiada, se utilizaban pequeñas tostadas redondas que podían igualmente situarse sobre la copa. De ahí el nombre *tapas,* del verbo *tapar* que quiere decir *cubrir.*

    Parece ser que la costumbre de servir estas tapas (gratis en los viejos tiempos)

25   se originó en los bares de la Andalucía del siglo XVIII. En esta región del suroeste del país se encuentra Sevilla, ciudad que muchos expertos consideran aún hoy la capital española de las tapas, y Jerez de la Frontera, donde se produce el vino que lleva su nombre, buen amigo de cualquier aperitivo.

    Hoy día las tapas se comen hasta en los más remotos rincones de la península y

30   todos, menos los turistas más remilgados y quisquillosos,[8] tarde o temprano sucumben a sus encantos. Los limitados bocados de antaño[9] han sido reemplazados por un enorme repertorio de platos, muchos cientos de ellos, desde pedazos de queso manchego[10] y firmes trozos de tortilla española[11] a elaboradísimas croquetas y sofisticados salpicones de mariscos.[12] También se encuentran comidas típicas

35   como paella valenciana[13] y callos madrileños,[14] servidas en diminutas porciones. Básicamente cualquier cosa, menos los postres,[15] sirve de tapa con tal que la cantidad sea pequeña.

    Como sucede con cualquier otro tipo de bar, hay tascas de muchas clases, desde las más refinadas hasta las más escandalosas. Lo que tienen en común es

40   que casi siempre resultan bastante desordenadas[16] a los ojos de un extranjero. En todas se encuentran pequeños recipientes de metal que guardan servilletas de papel encerado;[17] es perfectamente aceptable tirarlas al suelo después de haberse limpiado la boca y los dedos. El resultado, tras dos o tres horas de entusiasta tapeo comunal en una tasca concurrida,[18] puede parecer poco apetecible. Pero...

45 ¡ánimo!, cuantas más servilletas cubran el suelo, mejores serán las tapas.

    No hay dos bares de tapas que sirvan la misma variedad. Algunos lugares se especializan en un solo plato —como jamón, queso, incluso champiñones o caracoles[19]— preparado de diferentes modos. En otros sitios, en cambio, es posible encontrar más de treinta o cuarenta platos distintos.

---

[3] **aceitunas... jamón** *olives, almonds, anchovies, or cured ham*   [4] **animar** *to entice*   [5] **platillos** *saucers*   [6] **encajar** *to fit*   [7] **moscas** *flies*   [8] **remilgados y quisquillosos** *skittish and fussy*   [9] **bocados de antaño** = las tapas de antes   [10] **manchego** = de la Mancha, región de España   [11] **tortilla española** = omelet de huevos y patatas   [12] **salpicones de mariscos** *shellfish stews*   [13] **paella valenciana** *yellow rice with chicken or seafood*   [14] **callos madrileños** *tripe stew*   [15] **postres** *desserts*   [16] **desordenadas** *messy*   [17] **encerado** *waxed*   [18] **concurrida** = con mucha gente   [19] **champiñones o caracoles** *mushrooms or snails*

50 No es difícil enterarse de qué sirven exactamente en una tasca específica. Algunos bares ponen sus menús en la puerta, otros anotan las tapas del día en una pizarra situada estratégicamente, muchos muestran sus delicias en cacerolas de barro sobre el mostrador.[20] (Algunos platos se hacen en el momento pero la mayoría de las tapas se comen del tiempo.[21]) Estas condiciones facilitan el proceso
55 de decidir. El cliente puede ver lo que hay antes de pedir y, si no habla muy bien el español, puede simplemente señalar con el dedo. En los sitios más amplios y elegantes las tapas se sirven en las mesas, lo cual puede ser muy conveniente si hay más de tres personas en su grupo, pero los verdaderos aficionados prefieren picar de pie, con las tapas a la vista.

60 El ritual del aperitivo, que incluye también porciones generosas de bebida y conversación, se conoce como tapeo. Aunque se puede practicar a cualquier hora, ya que las tapas están disponibles[22] desde la mañana hasta la medianoche, lo común es entregarse a este agradable pasatiempo entre el mediodía y las dos de la tarde, y entre las ocho y las diez de la noche. ¿Cree Ud. que eso interfiere con
65 la hora de comer y de cenar? Es evidente que no ha ido aún a España. Si todo lo que se ha dicho de las tapas hasta ahora le ha parecido bien (quizá a excepción de las servilletas sucias y arrugadas[23] en el suelo) las horas pueden representar el primer obstáculo.

No cabe duda que los españoles no comen ya tan tarde como solían. Se al-
70 muerza alrededor de las dos y, en consecuencia, la cena no aparece sino hasta las diez de la noche. La idea de las tapas, según los expertos, es entretener[24] el hambre hasta tan tarde. El punto flaco de esa teoría es que cuando uno se acostumbra al horario, no hay problema. Si se desayuna a las diez es normal comer a las dos y media. Cenar a las diez tiene perfecto sentido si no se abandonó la mesa hasta las
75 cuatro de la tarde. Traducido a horas norteamericanas se reduce a desayunar a las siete y media y comer al mediodía. En ese caso poca gente se aparecería en el bar de la esquina en busca de croquetas de bacalao[25] o de un platito de angulas[26] ¡a las nueve y media de la mañana!

Cualquier buen español señalaría de inmediato que muchos fanáticos de las
80 tapas las consumen en lugar de la comida o de la cena, sólo que más temprano. Sería la versión ibérica del *fast food*, o lo que los dueños de restaurantes norteamericanos llaman ahora *grazing*. Y no es mala idea si no fuera porque a mí las tapas, especialmente cuando las como de pie, no me parecen una comida. Soy perfectamente capaz de zamparme[27] seis u ocho de estas minucias y después sen-
85 tarme a comer "de verdad" en algún sitio. Lo que cuesta[28] admitir es que, cualquiera que sea la calidad de la comida formal, siempre acabo prefiriendo las tapas.

---

[20] **mostrador** *counter* [21] **del tiempo** *at room temperature* [22] **disponibles** *available* [23] **arrugadas** *crumpled* [24] **entretener** *to stave off* [25] **croquetas de bacalao** *salt-cod puffs* [26] **angulas** *baby eels* [27] **zamparme** *downing* [28] **lo que cuesta** *what is hard*

¿Entendido?

Completa las oraciones siguientes según el contenido de la lectura, pero emplea tus propias palabras.

1. Las tapas son...
2. Se sirven en... normalmente entre las... y las... de la tarde, y entre las... y las... de la noche.
3. Hay muchas variedades: ...
4. Para "tapear" bien hay que ir con... y pedir de beber...
5. La costumbre surgió en... porque...
6. El verbo **tapar** quiere decir...
7. Hay servilletas en el suelo porque...
8. Algunos turistas norteamericanos tienen problemas con... de las tapas.
9. Si no sabemos cómo se llama una tapa, podemos pedirla...
10. En algunas tascas escriben en una pizarra...
11. Los verdaderos aficionados...

Mesón Bar

LAREDO

Raciones		pts.
Callos	A LA MADRILEÑA	500
Riñones	AL JEREZ	
Oreja	A LA PLANCHA	250
Calamares		650
Palometa	CON TOMATE	450
Bacalao	CON TOMATE	600
Bravas		230
Bravas	CON MAHONESA	250
Higaditos	DE POLLO	450
Torreznos	(UNIDAD)	160

Este menú tiene cinco tipos de carne, dos tipos de pescado y dos vegetales. ¿Puedes identificarlos?

En mi opinión

Con un/a compañero/a, contesten algunas de las preguntas siguientes.

1. ¿A qué hora comes? ¿Sigues siempre el mismo horario? ¿Por qué sí/no? ¿Comes de todo? ¿Te gusta probar *(to try)* nuevas comidas? ¿Por qué sí/no?

2. ¿Sueles pedir aperitivos en un restaurante? ¿Cuáles son tus favoritos? ¿Sirven los mismos aperitivos en todas partes? ¿Por qué sirven nachos gratis en los restaurantes mexicanos?

3. ¿Te gusta picar cuando ves la televisión? ¿Y una película? ¿Y cuando estudias? ¿Qué picas en estas circunstancias? ¿Qué picas en las fiestas?

4. ¿Qué comidas de otros países has probado? ¿Qué es lo más exótico que has comido? ¿Qué quiere decir "un gusto adquirido"? ¿Cuáles son algunos? ¿Qué tapas de las mencionadas te resultaría difícil comer?

Estrategias comunicativas para disculparse *(apologize, excuse oneself)*

Muchas gracias, pero...	*Thank you very much, but . . .*
Se lo agradezco muchísimo, pero...	*I really appreciate it , but . . .*
Discúlpenme, pero es que...	*Excuse me, but the thing is that . . .*
Lo siento mucho, pero...	*I am very sorry, but . . .*
Me encantaría (probarlo/a, verlo/a, ...), pero en este momento...	*I would love to (try it, see it, . . .), but right now . . .*

En (inter)acción

1. **¡Qué apuro!** Imagínense que una familia hispana los/as ha invitado a comer y les sirve algo que no les gusta nada, por ejemplo, angulas *(baby eels),* gusanos *(worms)* o pulpo *(octopus).* En parejas, busquen dos maneras de salir de la situación sin ofender a la familia. Utilicen algunas de las expresiones de **Estrategias comunicativas.**

2. **Cocina imaginativa.** En grupos, seleccionen una de las tapas mencionadas en la lectura u otra de su invención, prepárenla y tráiganla a clase. Un/a estudiante puede explicar el proceso de preparación.

3. **Sobre gustos no hay nada escrito.** Algunos de nuestros gustos culinarios son muy personales y no tienen que ver con ninguna tradición cultural. Hay gente que combina productos muy diferentes: aceitunas + anchoas, naranjas + cebollas, etc. Haga una encuesta entre los miembros de la clase para averiguar qué combinación es la más extravagante, deliciosa o repulsiva.

4. Contraste fotográfico. Contrasten la presentación de comidas y productos en restaurantes y mercados hispanos con la de su país.

Práctica gramatical

Repaso
gramatical:
El presente de
indicativo de los
verbos irregulares
(*Cuaderno*, pág. 8)
Gustar y verbos
afines (*Cuaderno*,
pág. 9)

1. ¡Que les aproveche! En parejas y usando algunos de los verbos que aparecen a continuación, decidan a qué restaurante van a ir a cenar. Cuidado con el presente de estos verbos, pues algunas formas son irregulares.

servir	tener	elegir	estar	oír	ir
conocer	dar	hacer	poner	salir	venir

Ejemplo: —Yo prefiero ir a un sitio barato. ¿Y tú?
—Estoy de acuerdo contigo. Conozco un mesón relativamente barato.

2. Para chuparse los dedos *(Finger-licking good)*. En grupos, comenten sus preferencias culinarias usando el verbo **gustar** y otros con los que se emplea la misma estructura.

Ejemplo: —A mí me encantan las patatas fritas. ¿Y a ti?
—No, no me gustan mucho porque engordan.

3. Una señal de nuestros tiempos. En parejas y usando el verbo **gustar** y otros con los que se emplea la misma estructura, describan a una persona que está a dieta.

Ejemplo: —Le importan mucho las calorías.
—Le encantan las comidas sin grasa *(fat)*.

Creación

Imagínate que vas a pasar un semestre en un país hispanohablante. Como vas a vivir con una familia hispana, antes de ir quieres escribirle una carta (a) para informarle del tipo de comida que a ti te gusta (o no) y también (b) para informarte de las costumbres alimenticias que tiene la familia. La carta debe tener por lo menos dos párrafos.

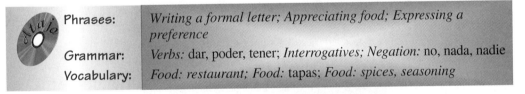

Phrases:	*Writing a formal letter; Appreciating food; Expressing a preference*	
Grammar:	*Verbs:* dar, poder, tener; *Interrogatives; Negation:* no, nada, nadie	
Vocabulary:	*Food: restaurant; Food: tapas; Food: spices, seasoning*	

El anuncio de este restaurante dice "Venir a Puebla y no comer a lo poblano es venir en vano". ¿Qué quiere decir "comer a lo poblano"?

¡Oye cómo va!

Una manera de conocer una cultura es a través de su música. El ritmo y los instrumentos que se emplean en un determinado lugar nos revelan algo de su historia, de sus influencias musicales, de su nivel económico. En el caso de la música hispana, su enorme variedad nos muestra la pluralidad de influencias que constituye su herencia histórica.

Palabra por palabra

la **canción**	*song*
el/la **cantante**	*singer*
la **letra** (sing.)	*lyrics*
el **ritmo**	*rhythm*
sonar (ue)	*to sound*
la **tendencia**	*trend*

Mejor dicho

tocar	*to play a musical instrument*	¡Hay que ver lo bien que **toca** la guitarra Paco de Lucía!
poner	*to play records/music*	¿Quieres escuchar el último disco de *Los Gipsy Kings*? Te lo voy a **poner** ahora mismo.
poner	*to turn on appliances*	**Pon** la radio y apaga la televisión.
jugar	*to play a game, specific sports°*	David se enfada muchísimo con Maribel cuando **juegan** al ajedrez.

° ¡**Ojo!** *To play sports* (en general) se dice **practicar algún deporte.**

saber	*to know specific information, as dates, facts, events . . .*	**Sabemos** bastante de la música andina.
saber + si/qué/ quién/cuándo...	*to know whether, what, who, when . . .*	Ninguno de los concursantes *(game participants)* **supo quién** era José Carreras.
saber + inf.	*to know how to do something*	¡Qué mala suerte! Mi compañero de anoche no **sabía** bailar.
conocer	*to be familiar with something or someone; to know by experience*	¿Cuántos cantautores chilenos **conoces**?

Práctica

1. Utilizando algunas de las palabras del vocabulario, en parejas identifiquen o definan los términos siguientes. Después añadan dos términos más.

a. "La bamba"
b. una serenata
c. Julio Iglesias
d. la lambada
e. "Cumpleaños feliz, cumpleaños feliz, te deseamos todos, cumpleaños feliz."
f. "las sillas musicales"

g. un himno nacional
h. las castañuelas (*castanets*)
i. los villancicos (*carols*)
j. Gloria Estefan
k. "Las mañanitas"
l. Plácido Domingo
m. el karaoke

El vocalista del conjunto Gabinete Caligari y el batería de El Norte.
¿Les pedirías un autógrafo?

2. En grupos de tres estudiantes, hagan una lista de instrumentos musicales, aparatos eléctricos, juegos y deportes. Luego pregunten al resto de la clase qué verbo utilizarían con esas palabras: tocar, poner o jugar.

¿Tocan o juegan?

3. Entérese de cuánto saben sus compañeros/as de la música hispana, haciéndoles preguntas con los verbos saber y conocer.

Ejemplo: ¿Sabes qué es una zarzuela?
¿Conoces la obra del compositor cubano Ernesto Lecuona?

Alto

1. ¿Le suena (*Does it ring a bell*) la oración "oye cómo va"? ¿Recuerda de qué?

2. "Además", "sin embargo" y "en segundo lugar" son términos que marcan la transición de ideas dentro de un párrafo o entre dos. Busque otros tres en la lectura. ¿Conoce Ud. otras expresiones?

_____   _____   _____

3. ¿Se relaciona la música con el tema de "Tradición y cambio"? ¿Cómo?

4. ¿Qué sabe Ud. de la tradición musical de su país? ¿Qué es lo que la gente de otra nacionalidad debería saber? ¿Es la música, como dicen, un lenguaje internacional?

5. Mencione algunas características de la música de otras décadas.

¡Oye cómo va!

"La bamba", "La cucaracha", "Guantanamera" y, desde hace algunos años, "La Macarena", son canciones de origen hispano populares en todo el mundo. Aunque a los que somos duros de oído[1] nos parezca que muchas de las canciones procedentes de Latinoamérica y España suenan igual, en opinión de los entendidos[2]
5 los ritmos hispanos son muy diversos. Un *corrido* mexicano, un *tango* argentino, un *huayno* peruano, una *cumbia* colombiana y unas *sevillanas* españolas son tan diferentes entre sí como un vals y una polca.

El célebre crítico José Juan Arrom en *Hispanoamérica: Panorama contemporáneo de su cultura* resume "la extraordinaria variedad y riqueza de la tradición musical
10 latinoamericana" con estas palabras: "En unas regiones predominan ecos e instrumentos de origen indígena; en otras, inflexiones y ritmos africanos; en otras, metros y melodías de ascendencia[3] española" (pág. 123). Así pues, no sólo es el ritmo —lento, rápido, alegre, melancólico o sensual— lo que diferenciaría un tipo de música de otro, sino también los instrumentos empleados: guitarras, quenas,[4]
15 bongós, maracas,[5] arpas, charangos,[6] panderetas,[7] güiros.[8]

Ahora bien, en todos los países hispanos la música tradicional o folklórica —digamos, de Celia Cruz, Beny Moré, Carlos Gardel, Mercedes Sosa, Vicente Fernández, Isabel Pantoja— coexiste con tendencias musicales más recientes y actuales. Por ejemplo, a partir de la década del 60 se puso de moda la canción (de)
20 protesta, también llamada "nueva canción". Sus principales representantes, Víctor Jara, Inti-Illimani, Violeta Parra, Silvio Rodríguez y Pablo Milanés, denuncian en sus canciones la situación política del continente americano y reclaman una sociedad más justa. Para comprender lo arriesgado[9] que era en su momento dedicarse a este tipo de música, basta con recordar que al cantante chileno Víctor Jara le cor-
25 taron la lengua y las manos durante un concierto para que no volviera a cantar ni a tocar sus canciones de protesta (al menos eso es lo que cuentan).

Otros tipos de música moderna, como el pop, el rock, el jazz y el rap, no tienen sus raíces en el mundo hispano, pero eso no quita[10] que se puedan escuchar igualmente en todas partes, tanto interpretados por artistas nacionales como extran-
30 jeros. En Colombia, y más exactamente en Cali, han aparecido varios grupos de rap, entre ellos *Sweet Tang*, cuyo objetivo principal es "detener con su música la violencia surgida por causa de los carteles de cocaína y heroína que han hecho de Cali una ciudad infame en todo el mundo" (*The New York Times,* 29 de nov., 1996). En España, por otra parte, algunos grupos, como *Triana*, han buscado maneras de

---

[1] **duros de oído** *tone-deaf*   [2] **los entendidos** = los expertos   [3] **ascendencia** = origen   [4] **quenas** = flautas típicas de los Andes   [5] **maracas** *rhythm instruments made of dried gourds filled with seeds or pebbles*
[6] **charangos** *small five-stringed guitars*   [7] **panderetas** *tambourines*   [8] **güiros** *small Puerto Rican instruments made of dried gourds with a round opening as in a guitar*   [9] **arriesgado** = peligroso   [10] **no quita** = no impide

35 combinar lo tradicional con lo moderno y su resultado se denomina "flamenco rock". Incluso los cantantes de origen hispano que viven en Estados Unidos siguen esta tendencia. El estilo de *King Changó*, un grupo formado en el *Spanish Harlem*, se caracteriza por "el mestizaje[11] de la música latina con el *ska* y el *reggae*" *(El País, 3 de enero, 1997)*.

40 Un fenómeno digno de mención con respecto al tono de las canciones modernas y en especial las que forman parte del repertorio de los grupos de rock, es su gran dosis de humor, empezando por los nombres graciosos, chocantes e ingeniosos seleccionados por los grupos —*Los inhumanos, Un pingüino en mi ascensor, Kaka de Luxe, Diabéticas aceleradas*— pasando por la interpretación burlona e 45 irreverente de los cantantes y terminando con la letra misma de la canción. Dos ejemplos de esto último son las canciones "Yo quiero ser muy promiscuo" de Ismael Serrano y "Tengo un problema" de un grupo español rebelde e inconformista llamado *Ilegales*. Una de las estrofas[12] de la última canción dice así: "Tengo un problema, / un problema sexual, / un serio problema, / problema sexual: / me 50 gusta ver la televisión".

El humor puede surgir también de la presentación de temas considerados estrictamente tabú. Sirva de ejemplo la canción del verano de hace varios años en España: "Mi agüita amarilla" hablaba de un hombre que mientras orina se imagina adónde irá a parar ese líquido corporal. Del mismo grupo, *Los toreros muertos,* es 55 una canción en la que un chico niega su paternidad recurriendo a una excusa muy original: la impotencia.

A veces las canciones con un contenido sexual explícito también provocan la risa (y si no el escándalo, seguramente el éxito). El álbum del cantante puertorriqueño Lalo Rodríguez, "Ven, devórame otra vez", del cual se vendieron más de 60 100.000 copias en dos meses nada más aparecer en el mercado, incluye canciones como la que da título al álbum y otras como "Voy a escarbar[13] tu cuerpo" y "Después de hacer el amor", no aptas[14] para menores de edad.

Pero no todo son risas o irrespetuosidad en el panorama musical de Latinoamérica y España. Otros artistas actuales prefieren la seriedad al humor cuando 65 cantan sobre la drogadicción, la delincuencia, los derechos de los marginados, la homosexualidad, el SIDA, las relaciones amorosas, los sucesos políticos internacionales o las figuras notorias del momento. En resumidas cuentas, en el mundo hispano hay música para todos los gustos.

---

[11] **mestizaje** *mixing, blending*   [12] **estrofas** *stanzas*   [13] **escarbar** = explorar   [14] **aptas** = apropiadas, recomendadas

Rubén Blades

Selena

Enrique Iglesias

¿De dónde son estos tres cantantes?
No, no son de La Loma, ni de Santiago,
ni de La Habana.

¿Entendido?

Las oraciones siguientes son falsas. Corríjalas de acuerdo con el contenido de la lectura.

1. "La Macarena" es una canción de protesta.
2. Hay influencias africanas en la música española.
3. *El charango, la pandereta* y *el güiro* son bailes regionales.
4. Muchos grupos modernos mezclan el humor con la seriedad.
5. Los expertos dicen que ver la televisión causa problemas sexuales.
6. La sexualidad es un tema tabú en las canciones hispanas.

En mi opinión

En grupos de tres estudiantes, contesten las preguntas siguientes.

1. ¿Conoce Ud. otras canciones hispanas no mencionadas en la lectura? ¿Cuáles? ¿Es Ud. admirador/a de algún/alguna cantante o grupo hispano? ¿Qué cantantes norteamericanos cantan en español?

2. ¿Sabe Ud. tocar algún instrumento musical? Si no toca ninguno, ¿cuál le gustaría tocar? ¿Qué instrumento le parece más difícil de tocar?

3. ¿Cuáles son algunas tendencias de la música contemporánea? ¿A qué se denomina música "alternativa"? ¿Por qué se ponen de moda melodías de otras décadas? ¿De qué depende esto?

4. En su ciudad natal, ¿dónde se pueden comprar discos de música internacional? ¿Y de distintas épocas y estilos? ¿Ha cambiado con los años la cantidad de discos que compra?

5. ¿Escucha Ud. diferentes tipos de música? ¿Cuáles? ¿En algún momento del día le gusta escuchar ópera? ¿Música clásica? ¿Y canciones románticas? ¿Y canciones de rock? ¿Y de protesta? ¿Por qué sí/no?

6. ¿Cree que la música influye en las ideas y comportamiento de los jóvenes? Dé algunos ejemplos.

7. ¿Qué piensa Ud. de la idea de indicar en los discos si las letras son obscenas o poco apropiadas para jóvenes menores de 16 años? ¿Es eso un tipo de censura?

¿Quieres bailar conmigo?

Estrategias comunicativas para reaccionar con entusiasmo

Positivamente	Negativamente
¡Estupendo/a!	¡Horroroso/a!
¡Fabuloso/a!	¡Fatal!
¡Maravilloso/a!	¡Terrible!
¡Fenomenal!	¡Espantoso/a!
¡Chévere! (Latinoamérica)	¡Atroz!

En (inter)acción

1. Cada estudiante dice el nombre de una canción conocida (por ejemplo, "No llores por mí, Argentina") o un/a cantante (Julio Iglesias) o una composición musical ("El concierto de Aranjuez"), y la clase reacciona diciendo uno de los términos de **Estrategias comunicativas.**

2. En clase, lean la famosísima canción de Rubén Blades, "Pedro Navaja" (o si pueden conseguir el disco, escúchenla). Después, en parejas escriban una lista de cinco adjetivos que describan la canción. Comparen su lista con las de otras parejas. • [El/La profesor/a puede darles una copia de la letra siguiente a los estudiantes con algunos espacios en blanco para que los llenen mientras escuchan la canción.]

Rubén Blades nació en Panamá, se graduó de la Facultad de Derecho de la Universidad de Harvard y ha actuado en varias películas norteamericanas. Es uno de los cantantes de música en español más conocidos del mundo. Su música da expresión a algunas de las experiencias de los hispanos en Estados Unidos.

Pedro Navaja

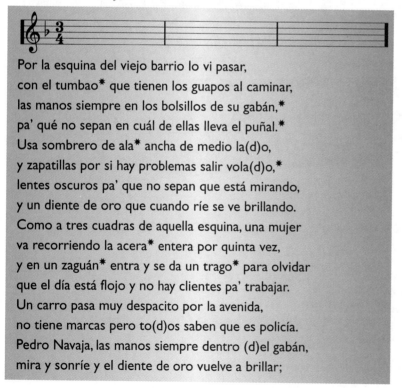

Por la esquina del viejo barrio lo vi pasar,
con el tumbao* que tienen los guapos al caminar,   *rhythmic way of walking*
las manos siempre en los bolsillos de su gabán,*   *overcoat*
pa' qué no sepan en cuál de ellas lleva el puñal.*   *knife*
Usa sombrero de ala* ancha de medio la(d)o,   *brim of a hat*
y zapatillas por si hay problemas salir vola(d)o,*   *to take off*
lentes oscuros pa' que no sepan que está mirando,
y un diente de oro que cuando ríe se ve brillando.
Como a tres cuadras de aquella esquina, una mujer
va recorriendo la acera* entera por quinta vez,   *sidewalk*
y en un zaguán* entra y se da un trago* para olvidar   *foyer / takes a drink*
que el día está flojo y no hay clientes pa' trabajar.
Un carro pasa muy despacito por la avenida,
no tiene marcas pero to(d)os saben que es policía.
Pedro Navaja, las manos siempre dentro (d)el gabán,
mira y sonríe y el diente de oro vuelve a brillar;

mientras camina pasa la vista de esquina a esquina,

no se ve un alma, está desierta to(d)a la avenida,

cuando de pronto esa mujer sale del zaguán

y Pedro Navaja aprieta un puño* dentro (d)el gabán,   *makes a fist*

mira pa' un lado, mira pa'l otro y no ve a nadie,

y a la carrera pero sin ruido cruza la calle,

y mientras tanto en la otra acera va esa mujer,

refunfuñando* pues no hizo pesos con que comer.   *grumbling*

Mientras camina del viejo abrigo saca un revólver,

esa mujer, y va a guardarlo en su cartera pa' que no estorbe,*   *hinder*

un 38 Smith & Wesson del especial,

que guarda encima pa' que la libre de todo mal.*   *keep from harm*

Y Pedro Navaja, puñal en mano, le fue pa' encima,

el diente de oro iba alumbrando to(d)a la avenida,

mientras reía el puñal le hundía* sin compasión,   *sunk in*

cuando de pronto sonó un disparo* como un cañón.   *shot*

Y Pedro Navaja cayó en la acera mientras veía a esa mujer

que, revólver en mano y de muerte herida, a él le decía:

"Yo que pensaba hoy no es mi día, estoy salá,*   *I'm out of luck*

pero, Pedro Navaja, tú estás peor, tú estás en na'."*   *you're out of it*

Y créame, gente, que aunque hubo ruido nadie salió,

no hubo curiosos, no hubo preguntas, nadie lloró.

Sólo un borracho* con los dos muertos se tropezó,*   *drunkard / stumbled*

cogió el revólver, el puñal, los pesos y se marchó.

Y tropezando se fue cantando desafina(d)o,*   *out of tune*

el coro que aquí les traje, mira el mensaje de mi canción:

La vida te da sorpresas,

sorpresas te da la vida, ¡ay Dios!

Pedro Navaja, matón* de esquina;   *bully*

quien a hierro mata a hierro termina.*   *who lives by the sword, dies by the sword*

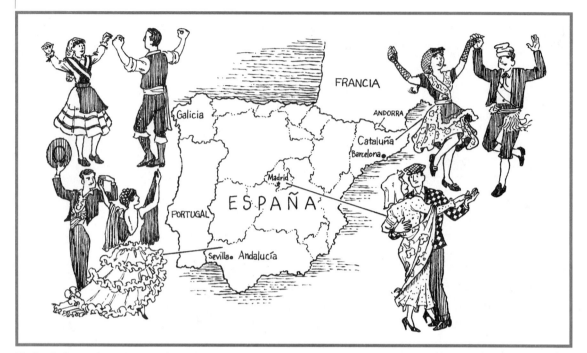

El chotis, la sardana, la muñeira y las sevillanas son los bailes representados en este dibujo. ¿En qué parte de España se baila cada uno?

3. **Mapa musical.** Con sus compañeros/as de clase, sitúen en el mapa siguiente los nombres de los bailes o canciones típicas de Latinoamérica, como "merengue", "salsa", "cha-cha-chá", "bolero", "joropo", "jarocho", "corrido", "tango", "Tex-Mex", "rumba", "cueca", "jarabe tapatío", "danzón".

4. **Un nombre llamativo.** En grupos de tres estudiantes, elijan uno de los nombres que aparecen en Internet (www.abdn.ac.uk/~u17sc/bandas/html) y expliquen por qué han elegido ese nombre para el grupo. O si no, imagínense que Uds. acaban de formar un grupo pero todavía no saben cómo llamarse. Discutan qué nombre le darían al grupo y por qué.

   Ejemplo: Andrés Blanco, vocalista de *King Changó:* "El nombre debería reflejar nuestras raíces caribeñas y, como la santería está presente en todas partes, se nos ocurrió el nombre de Changó, el dios africano del trueno, el dios del tambor, transformado en virgen al ser trasladado a América por los esclavos. Simboliza la raíz de la cultura y la música afroamericana" *(El País,* 3 de enero, 1997).

5. **Zapatos de gamuza azul.** Suponga que Ud. es un rockero hispano que busca la fama. En parejas, escojan una canción famosa de Elvis, los Beatles o cualquier otro conjunto y traduzcan una estrofa *(stanza)* al español.

6. **El mambo.** En el diagrama que sigue se muestra cómo se baila el mambo. En grupos, expliquen a la clase cómo se bailan algunos de los bailes folklóricos o modernos *(square dance, twist, chicken,* merengue, La Macarena o su baile favorito). Si no pueden hacerlo con palabras, tendrán que bailarlo Uds. mismos/as delante de la clase.

Comienzo. El mambo consta de 6 pasos que se bailan en 8 conteos. La pareja comienza en posición firme con los pies en paralelo.

Paso 1: Los pasos del hombre serán repetidos por su pareja en sentido inverso. El pie izquierdo se mueve un paso hacia atrás.

Pasos 2 y 3: Con el pie derecho se da otro paso por detrás del pie izquierdo.

Al tercer paso se levanta el pie izquierdo regresando a la misma posición.

Paso 4 (cuadros 4 y 5): Se levanta el pie derecho y se lleva por delante del pie izquierdo colocándolo delante de éste. En este paso se dan dos conteos.

Paso 5 (cuadros 6 y 7): El pie izquierdo se levanta y se lleva delante del derecho. Se levanta el derecho y se deja en la misma posición; aquí se dan dos conteos.

Paso 6 (cuadro 8): Se levanta el pie izquierdo, se lleva un paso detrás del derecho volviendo al comienzo.

Práctica gramatical

Repaso
gramatical:
La posición de
los adjetivos
(*Cuaderno,* pág. 10)
Las expresiones
de comparación
(*Cuaderno,* pág. 12)
El superlativo
absoluto y relativo
(*Cuaderno,* pág. 13)

1. En parejas, con algunos de los sustantivos que aparecen en el vocabulario o en la lectura, mencionen diez adjetivos que podrían ir delante y diez que podrían ir detrás. Expliquen la razón de su posición y, si el adjetivo es de los que pueden ir delante o detrás, indiquen cuál sería su significado.

   Ejemplo: mi melodía preferida   (mi = adj. posesivo) (preferida = adj. calificativo)

   una voz única   (única = *unique*)

2. En grupos, escriban tres preguntas con expresiones de comparación con los términos siguientes. Luego, hagan esas preguntas a los miembros de otro grupo.

   dos instrumentos musicales   dos compañías discográficas   dos músicos
   dos grupos de pop   dos discos de un/a mismo/a   dos conciertos
   cantante

   Ejemplo: —¿Es la trompeta tan pesada como el piano?
   —¡Qué tontería! No, el piano es mucho más pesado que la trompeta.

3. **Exageraciones.** Como bien sabemos, mucha gente tiende a exagerar. En grupos de tres estudiantes, hablen de las virtudes y los defectos suyos o de otra persona. Utilicen el superlativo relativo y absoluto, o adjetivos que ya indican una cualidad en su máximo grado.

   Ejemplo: —No se lo van a creer, pero mi cuarto es el más sucio de la residencia estudiantil.
   —Me levanto tempranísimo.
   —Tengo una paciencia extraordinaria.

Creación

Escriba una composición sobre su canción favorita, pero antes que nada, piense en lo que va a decir y cómo va a presentar la información.

1. Primero, reúna los datos que quiere mencionar sobre el/la cantante o grupo. ¿Son todos estos datos necesarios o relevantes? Elimine los que considere menos importantes.

2. Luego, pase a hablar de la canción misma. Explique dónde la escuchó por primera vez, por qué le gusta tanto, lo que siente al escucharla, cuántas veces la escucha al día, etc.

3. Por último, evalúe el impacto que ha tenido en Ud. esta canción.

Phrases:	*Expressing an opinion, Expressing preferences, Making transitions*
Grammar:	*Comparisons, Verbs:* ser & estar
Vocabulary:	*Musical Instruments, Time expressions, Dreams & Aspirations*

http://aquesi.heinle.com

Costumbres de ayer y de hoy

El mexicano y las fiestas

Octavio Paz

Octavio Paz (1914–1998), ganador del Premio Nobel de Literatura en 1990, es uno de los ensayistas y poetas más prestigiosos de la literatura hispana. Ha sido embajador de México en Estados Unidos, Japón y la India, y profesor en las universidades de Harvard, Cambridge y Pittsburgh.

"El mexicano y las fiestas" procede de su libro *El laberinto de la soledad* (1950), obra que ha sido ampliamente editada y traducida. En este libro de ensayos, Paz analiza los rasgos distintivos de la cultura mexicana. El texto que hemos seleccionado es un extracto del capítulo titulado "Todos santos, día de muertos" y contiene algunas de sus observaciones sobre las fiestas y el pueblo mexicano.

 **Palabra por palabra**

burlarse (de)	*to make fun of*
disfrazarse (de)	*to disguise oneself, dress up as*
emborracharse	*to get drunk*
la **fiesta**	*holiday, celebration, party*
gastar	*to spend (money)*
el **lujo**	*luxury*
la **pobreza**	*poverty*
la **revuelta**	*revolt, rebellion*

Mejor dicho

conocer (en el pretérito)	*to meet for the first time*	Lo **conocí** en Toledo durante el Corpus Christi.
encontrarse (ue) con	*to come across, run into*	¡Qué milagro! Acabo de **encontrarme con** Jesús en la calle Mayor.
reunirse	*to have a meeting, get together*	La junta **se reunirá** a las 12:00.

pasarlo bien	*to have a good time*	Siempre **lo pasamos bien** en México.
divertirse (ie, i)	*to have a good time, amuse oneself*	Los Hernández **se divirtieron** como locos en la fiesta del Grito.
disfrutar de	*to enjoy*	Hay que ver lo que **disfrutan de** la comida picante.
gozar de	*to enjoy*	Elena **gozó** mucho **de** su visita a las pirámides mayas.

¡Ojo! **Tener buen tiempo** significa *to have good weather.*

Práctica

1. En parejas, contesten las preguntas siguientes. Presten atención a las palabras del vocabulario.

   a. ¿Cuáles son los significados de la palabra "fiesta"? ¿Cuáles son algunas de las fiestas que se celebran en su región/estado? ¿En qué fecha se celebran? ¿Hay fiestas nacionales, locales y religiosas? ¿Y de otros tipos? ¿Participa Ud. en todas las fiestas? ¿En cuáles no?

   b. Mencione algunas actividades que realizan en estas ocasiones: el día de Navidad, el día de Año Nuevo, Pascua *(Easter),* el día de San Valentín, el 4 de julio, el día de la Madre.

   c. ¿Cuándo se divierte más: el 4 de julio o el 31 de octubre? ¿Por qué? ¿Se emborracha mucha gente esos días? ¿Y Ud.? ¿Por qué sí/no?

   d. ¿De qué o quiénes se burlan los programas como "Saturday Night Live"? ¿Se divierte Ud. viendo esos programas?

   e. Cuéntele a su compañero/a detalladamente dónde y cuándo conoció a su mejor amigo/a o a su novio/a.

   f. ¿Se ha encontrado alguna vez con alguien famoso? Coméntele el encuentro a su compañero/a o grupo.

2. Expliquen dónde se reúnen los siguientes grupos de personas y para qué.

   los ejecutivos
   la policía
   los estudiantes de física
   los niños de 3–5 años
   las atletas
   los médicos
   los músicos
   las astronautas

3. En su ropero han encontrado los siguientes objetos. Mencionen las posibilidades que estos objetos presentan para disfrazarse de alguien o algo.

Ejemplo: una sábana blanca *(sheet)*
Con ella puedes disfrazarte de fantasma o romano/a.

una guitarra eléctrica
un vestido negro largo
dos dientes largos
una capa roja
un traje verde
unas gafas y un bigote

4. Formen oraciones con los términos indicados. Utilicen para el término de la izquierda pasarlo bien o divertirse y para el de la derecha disfrutar de o gozar de.

Ejemplo: la playa / el sol
Lo paso muy bien en la playa porque disfruto del sol.

las vacaciones / las horas de ocio
las discotecas / la música
las montañas / el aire puro
los viajes / las aventuras
mis amigos / su compañía
el invierno / la nieve
los museos / el arte

Alto

1. Las palabras que tienen una raíz *(stem)* común forman familias (de palabras). Intente adivinar *(guess)* el significado de las siguientes palabras:

festejar, los festejos, las festividades
las burlas, burlón/burlona
lujoso/a
borrachera, borracho/a

2. En español el orden de palabras no es tan estricto como en inglés. Examine las oraciones siguientes y diga qué tienen todas ellas en común.

No bastan las fiestas que ofrecen a todo el país la Iglesia y la República.
Se arrojan los sombreros al aire.
Se violan reglamentos.

3. ¿Cree Ud. que son importantes las fiestas públicas? ¿Por qué sí/no? ¿Qué función tienen las fiestas en la sociedad? Compare la función de una fiesta pública y la de una privada.

Trajes típicos de México.

El mexicano y las fiestas

Octavio Paz

El mexicano ama las fiestas y las reuniones públicas. Todo es ocasión para reunirse.
Cualquier pretexto es bueno para interrumpir la marcha del tiempo y celebrar
con festejos[1] y ceremonias hombres y acontecimientos.[2] Somos un pueblo ritual.
El arte de la Fiesta, envilecido[3] en casi todas partes, se conserva intacto entre
5   nosotros. En pocos lugares del mundo se puede vivir un espectáculo parecido al
de las grandes fiestas religiosas de México, con sus colores violentos, agrios[4] y
puros, sus danzas, ceremonias, fuegos de artificio,[5] trajes insólitos[6] y la inagotable[7]
cascada de sorpresas de los frutos, dulces y objetos que se venden esos días en
plazas y mercados.
10   Nuestro calendario está poblado[8] de fiestas. Ciertos días, lo mismo en los lugarejos[9] más apartados que en las grandes ciudades, el país entero reza,[10] grita,

---

[1] **festejos** = celebraciones   [2] **acontecimientos** *special events*   [3] **envilecido** *degraded*   [4] **agrios** lit., *sour,*
fig., harsh   [5] **fuegos de artificio** *fireworks*   [6] **insólitos** = extraordinarios   [7] **inagotable** *inexhaustible*
[8] **poblado** *full*   [9] **lugarejos** = pueblos pequeños   [10] **reza** *prays*

come, se emborracha y mata en honor de la Virgen de Guadalupe o del General
Zaragoza.[11] Cada año, el 15 de septiembre[12] a las once de la noche, en todas las
plazas de México celebramos la Fiesta del Grito; y una multitud enardecida[13] efecti-
vamente grita por espacio de una hora. Durante los días que preceden y suceden al
12 de diciembre,[14] el tiempo nos ofrece un presente perfecto y redondo, de danza
y juerga,[15] de comunión y comilona.[16]

Pero no bastan[17] las fiestas que ofrecen a todo el país la Iglesia y la República.
La vida de cada ciudad y de cada pueblo está regida[18] por un santo, al que se festeja
con devoción y regularidad. Los barrios y los gremios[19] tienen también sus fiestas
anuales, sus ceremonias y sus ferias. Y, en fin, cada uno de nosotros —ateos,[20] católicos o indiferentes— poseemos nuestro Santo, al que cada año honramos. Son incal-
culables las fiestas que celebramos y los recursos y tiempo que gastamos en festejar.

Nuestra pobreza puede medirse por el número y suntuosidad[21] de las fiestas
populares. Los países ricos tienen pocas: no hay tiempo, ni humor.[22] Y no son necesarias; las gentes tienen otras cosas que hacer y cuando se divierten lo hacen en
grupos pequeños. Pero un pobre mexicano, ¿cómo podría vivir sin esas dos o tres
fiestas anuales que lo compensan de su estrechez[23] y de su miseria? Las fiestas son
nuestro único lujo; ellas sustituyen, acaso[24] con ventaja, al teatro y a las vacaciones,
al *weekend* y al *cocktail party* de los sajones,[25] a las recepciones de la burguesía y al
café de los mediterráneos.

En esas ceremonias —nacionales, locales, gremiales o familiares— el mexicano
se abre al exterior. Todas ellas le dan ocasión de revelarse y dialogar con la di-
vinidad, la patria, los amigos o los parientes. Durante esos días el mexicano grita,
canta, arroja petardos.[26] Descarga su alma.[27] La noche se puebla de canciones y
aullidos.[28] Los enamorados despiertan con orquestas a las muchachas. Hay diálogos
y burlas[29] de balcón a balcón. Nadie habla en voz baja. Se arrojan los sombreros al
aire. Brotan[30] las guitarras. En ocasiones, es cierto, la alegría acaba mal: hay riñas, in-
jurias, balazos, cuchilladas.[31] También eso forma parte de la fiesta. Las almas estallan[32] como los colores, las voces, los sentimientos. Lo importante es salir, abrirse
paso,[33] embriagarse[34] de ruido, de gente, de color. México está de fiesta.

En ciertas fiestas desaparece la noción misma de Orden. El caos regresa y reina
la licencia.[35] Todo se permite: desaparecen las jerarquías habituales, las distinciones
sociales, los sexos, las clases y los gremios. Los hombres se disfrazan de mujeres,
los señores de esclavos, los pobres de ricos. Se ridiculiza al ejército, al clero, a la
magistratura.[36] Gobiernan los niños y los locos. El amor se vuelve promiscuo. Se
violan reglamentos,[37] hábitos, costumbres.

---

[11] **Zaragoza** = General mexicano que derrotó a los franceses en la batalla de Puebla el 5 de mayo de 1862.
[12] **15 de septiembre** = día de la Independencia Mexicana [13] **enardecida** = excitada [14] **12 de diciembre**
= el día de la Virgen de Guadalupe, patrona de México. [15] **juerga** *merriment, partying* [16] **comilona** = mucha
comida [17] **no bastan** = no son suficientes [18] **regida** *ruled* [19] **gremios** = asociaciones de trabajadores
[20] **ateos** *atheists* [21] **suntuosidad** = lujo [22] **humor** = deseos [23] **estrechez** = pobreza [24] **acaso** =
quizás [25] **sajones** = británicos/norteamericanos [26] **petardos** *firecrackers* [27] **Descarga su alma.** *He re-
lieves his soul.* [28] **aullidos** *wild shouts* [29] **burlas** *jokes* [30] **brotan** *are brought out* [31] **riñas... cuchilladas**
quarrels, insults, shots, stabbings [32] **estallan** *burst out* [33] **abrirse paso** *to make one's way* [34] **embriagarse** =
emborracharse [35] **licencia** *licentiousness* [36] **clero, magistratura** *clergy, judges* [37] **reglamentos** = leyes

Así pues, la Fiesta no es solamente un exceso, un desperdicio[38] ritual de los bienes[39] penosamente acumulados durante todo el año; también es una revuelta.
50 A través de la Fiesta la sociedad se libera de las normas que se ha impuesto. Se burla de sus dioses, de sus principios y de sus leyes: se niega a sí misma.

La sociedad comulga[40] consigo misma en la Fiesta. Todos sus miembros vuelven a la confusión y libertad originales. La estructura social se deshace y se crean nuevas formas de relación, reglas[41] inesperadas, jerarquías caprichosas. Las fron-
55 teras[42] entre espectadores y actores, entre oficiantes y asistentes, se borran.[43] Todos forman parte de la Fiesta, todos se disuelven en un torbellino.[44] Cualquiera que sea su índole,[45] su carácter, su significado, la Fiesta es participación. Este rasgo[46] la distingue de otros fenómenos y ceremonias: laica[47] o religiosa, la Fiesta es un hecho social basado en la activa participación de los asistentes.

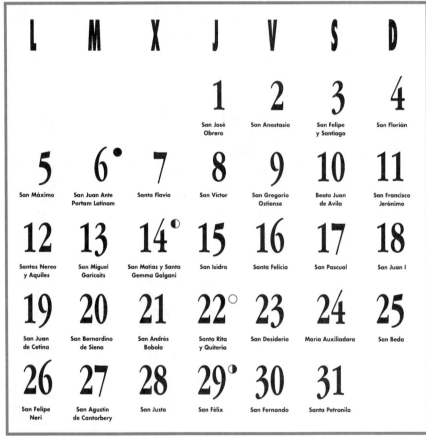

¿Se celebra en mayo el día de su santo?

---

[38] **desperdicio** *waste*   [39] **los bienes** = el dinero   [40] **comulga** *becomes one*   [41] **reglas** *rules*   [42] **fronteras** *boundaries*   [43] **se borran** *are blurred*   [44] **torbellino** = confusión   [45] **índole** = tipo   [46] **rasgo** = característica   [47] **laica** = no religiosa

¿Entendido?

Explique, identifique o defina con sus propias palabras los términos siguientes sacados de la lectura.

1. Colores, danzas, ceremonias, fuegos de artificio, trajes, frutos, dulces
2. La Virgen de Guadalupe
3. La Fiesta del Grito
4. El día de la Independencia Mexicana
5. El día del santo
6. "Los enamorados despiertan con orquestas a las muchachas."
7. "...la alegría acaba mal."
8. La fiesta es también una revuelta.
9. Desaparecen las distinciones sociales y sexuales.
10. "...la Fiesta es participación."

En mi opinión

En grupos de tres estudiantes, contesten las preguntas siguientes.

1. Si el 15 de septiembre es el día de la Independencia Mexicana, entonces ¿qué acontecimiento se celebra el 5 de mayo? ¿Y el 12 de diciembre?
2. "A través de la Fiesta la sociedad se libera de las normas que se ha impuesto. Se burla de sus dioses, de sus principios y de sus leyes: se niega a sí misma." ¿Puede relacionar esta oración de Octavio Paz con lo que ocurre en Nueva Orleans durante Mardi Gras? ¿Qué cosas hace la gente que no haría en otro lugar o en otro momento?
3. A veces Octavio Paz cae en los estereotipos del mexicano en este ensayo. ¿Puede señalar algún ejemplo?

▶ Estrategias comunicativas para comparar y contrastar hechos o cosas

En comparación con...	*In comparison with . . .*
En contraste con...	*In contrast with . . .*
Comparados/as con...	*Compared with . . .*
Mientras que...	*While . . .*
(No) Son muy parecidos/as o similares.	*They are (not) very similar.*
No tienen ni punto de comparación.	*There's absolutely no comparison.*
A diferencia de...	*Unlike . . .*

En (inter)acción

1. En grupos, contrasten y comparen las fiestas de México y las de los Estados Unidos. Utilicen algunas de las expresiones de **Estrategias comunicativas.**

2. Decidan cuál es la fiesta más popular entre los estudiantes. A continuación tienen una lista de fiestas a la que pueden añadir otras. Cada estudiante debe preguntar sobre una fiesta específica y luego escribir en la pizarra el número de respuestas afirmativas, negativas, etc. Al final, con toda la clase, comenten los resultados.

Fiesta	Sí	No	No sabe/ No contesta
San Valentín			
Año Nuevo			
el día de la Independencia			
el día de Acción de Gracias			
el día del Padre			
el día de la Madre			
el día del trabajo (*Labor Day*)			
Pascua (*Easter*)			
Hannukah			
Navidad			
el primero de abril			
el día de la Raza/Hispanidad (12 de octubre)			
el día de los Santos Inocentes (28 de diciembre)			

3. Lean el siguiente anuncio de la Oficina de Turismo de España y con un/a compañero/a comparen lo que dice con lo que han leído en "El mexicano y las fiestas".

La fiesta ha comenzado. Ante usted se desarrolla una divertida batalla entre «Moros y Cristianos». Acabará con amigos en los dos bandos.

Cómo ganar amigos.

Seguramente, cuando usted llegue a España nos encontrará divirtiéndonos en alguna de las tres mil fiestas populares que celebramos cada año.

Tal vez nos sorprenda en El Rocío, brindando con jerez, en una marcha interminable de elegantísimos caballos y carros cubiertos de flores. O en Pamplona, vestidos de blanco y rojo, corriendo en los emocionantes «encierros» de San Fermín. O en las «Fallas» de Valencia, quemando en una noche gigantescas esculturas de cartón construidas durante un año de trabajo. O en los famosos «Carnavales» de Tenerife, llenos de colorido y espectaculares disfraces.

En cualquier caso, la diversión está asegurada. Venga a este país en cualquier época del año. Le recibiremos con música, fuegos artificiales, bailes, vino, alegría... Ya en medio de la fiesta, usted notará que para esa gente que está a su lado, ha dejado de ser un turista. Se habrá convertido en un amigo más.

España. Todo bajo el sol.

ESPAÑA

Práctica gramatical

Repaso
gramatical:
Los verbos
reflexivos
(*Cuaderno*, pág. 14)
**Pero, sino (que)
no sólo... sino
también**
(*Cuaderno*, pág. 15)

1. De etiqueta. En parejas, ordenen los dibujos siguientes y luego digan cómo se prepara este joven para una fiesta de etiqueta *(black tie)*.

2. **La fiesta mexicana.** En parejas, completen las oraciones con **pero, sino** o **sino que.**

Ejemplo: Las fiestas mexicanas no son privadas...
Las fiestas mexicanas no son privadas sino públicas.

a. Muchos pueblos son pobres...
b. No hay sólo fiestas nacionales...
c. No celebran solamente el cumpleaños...
d. Los mexicanos no se reúnen en un café...
e. A veces hay violencia...
f. En los carnavales hay muchos borrachos...

Creación

Explique detalladamente por escrito alguna fiesta hispánica o norteamericana que conozca bien: los carnavales de La Habana, el día de Todos los Santos, los Sanfermines, las Fallas, Corn Fest, Homecoming, etc. Incluya la información siguiente:

• ¿Qué día se celebra? ¿Cuál es el origen de esta celebración?

• ¿Qué actividades se realizan ese día?

• ¿Para quién/es es importante esta fiesta?

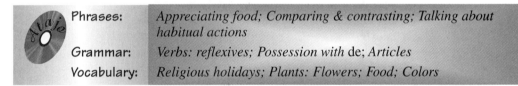

Phrases:	*Appreciating food; Comparing & contrasting; Talking about habitual actions*
Grammar:	*Verbs: reflexives; Possession with* de; *Articles*
Vocabulary:	*Religious holidays; Plants: Flowers; Food; Colors*

Una fiesta de impacto y de infarto

Joaquín Vidal

Joaquín Vidal, un periodista español y comentarista taurino, nos presenta en el texto siguiente dos reacciones opuestas a la fiesta nacional de España, la corrida de toros. Mientras que para los turistas, contemplar el enfrentamiento del torero con el toro suele ser una experiencia traumática, para los aficionados, la corrida de toros es un espectáculo artístico y bello que hay que saber interpretar.

Palabra por palabra

el/la **aficionado/a**	*fan*
la **corrida de toros**	*bullfight*
defraudado/a	*disappointed*
la **muerte**	*death*
la **plaza de toros**	*bullring*
la **sangre**	*blood*
la **sensibilidad**	*sensitivity*
la **suerte**	*luck, bullfighter's maneuvre*

Mejor dicho

asistir a	*to attend*	Como Susana trabaja de periodista deportiva, tiene que **asistir a** muchos partidos de fútbol.
atender a	*to pay attention to*	Si quieres entender bien esta lección de geometría, debes **atender a** mis explicaciones.

sensible	*sensitive*	Mi amigo Raúl ha sido siempre muy **sensible** y se angustia mucho ante la sangre.
sensato/a	*sensible, reasonable*	Elena, ¿te parece **sensato** gastar tanto dinero en obras de arte?

Práctica

En parejas, hagan los siguientes ejercicios.

1. Hagan asociaciones de palabras con las que aparecen en **Palabra por palabra** y **Mejor dicho.**

   Ejemplo: sangre — herida — color rojo — hospital — análisis — SIDA

2. Mencionen características de una personalidad sensible y otra sensata. Si lo prefieren, pueden referirse a personajes literarios o artistas de la televisión.

   Ejemplo: Muchas personas sensibles lloran al ver una película triste.

3. Decidan cuáles de estas acciones son propias de una persona sensata o de una sensible. Luego, digan cuál de estas dos cualidades poseen Uds. ¿Es Ud. más sensible que sensato/a o al revés?

   a. No conduce si ha bebido demasiado.
   b. Siempre le manda una tarjeta de cumpleaños a su abuela.
   c. Le avisa a la gente cuando va a llegar tarde.
   d. No apuesta *(bet)* dinero.
   e. Ahorra 200 dólares todos los meses.
   f. No pone la radio muy alta si hay alguien durmiendo.
   g. Llora si ve a alguien llorar.
   h. No habla con sus plantas.
   i. Tiene una dieta alimenticia variada.
   j. Nunca ha tenido un abrigo de pieles.

4. Mencionen por lo menos tres ejemplos de cuándo es importante asistir y cuándo es crucial atender. Y den alguna anécdota de lo que pasó cuando (Ud. o alguien más) no atendió o asistió cuando debía.

Alto

1. Busque en la lectura siguiente seis términos que tienen que ver con las corridas de toros.

   _____   _____   _____

   _____   _____   _____

2. ¿Ha visto Ud. alguna vez una corrida de toros o algún otro deporte que incluya animales?

3. ¿Qué piensa de la violencia en los deportes tales como el fútbol americano, el boxeo o el hockey?

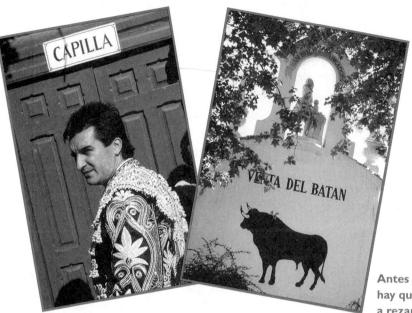

Antes de torear,
hay que pasar
a rezar.

Una fiesta de impacto y de infarto[1]

Joaquín Vidal

Alguien definió las corridas de toros como una bella barbaridad.[2] Otros dicen que
la barbaridad nunca puede ser bella. Naturalmente, depende del catador.[3] Hay
quien considera la más hermosa imagen del mundo una puesta de sol[4] en el horizonte del mar apacible,[5] y quien se extasía con[6] la tormenta en un mar embrave-
5 cido.[7] A veces todo es bonito o todo es feo, según se tenga el tono del cuerpo.[8]
La contemplación de una corrida de toros también requiere tono y no sólo para
quien se acerca[9] a este espectáculo por primera vez. El aficionado veterano, ducho
en tauromaquias,[10] pone siempre a tono[11] su cuerpo cuando suena el clarín,[12]
porque el espectáculo de la lidia[13] es de impacto y de infarto. Allí hay suerte y hay
10 muerte. Hay técnica y estética, hay drama y puede haber tragedia.
Asistir a una corrida de toros, permanecer atento a los múltiples incidentes
que genera, es muy fatigante. El aficionado veterano, ducho en tauromaquias, suele

---

[1] **de infarto** *heart-stopping*   [2] **barbaridad** = crueldad   [3] **catador** = el que juzga o decide   [4] **puesta de sol**
sunset   [5] **apacible** = en calma   [6] **se extasía con** = a quien le encanta   [7] **embravecido** = agitado   [8] **se...**
cuerpo = se sienta uno/a   [9] **se acerca** = asiste   [10] **ducho en tauromaquias** = experto en el arte de torear
[11] **pone... tono** *always readies*   [12] **clarín** = música   [13] **lidia** = práctica de torear

decir que cuando acaba la corrida es como si le hubieran dado una paliza.[14] No se trata de[15] que el espectáculo le obligue a realizar ningún ejercicio físico: el
15 ejercicio físico corre a cargo[16] de los toreros y "con perdón" de los toros. Es porque la comprensión cabal[17] de una corrida requiere el ejercicio de múltiples capacidades[18] humanas. Hay que seguir atentamente los movimientos y reacciones del toro para entenderlo; hay que anticipar el toreo adecuado que se le debe hacer; hay que juzgar la actuación de los diestros;[19] paso por paso, desde
20 las suertes de capa[20] a las de pica, banderillas y muleta.[21] Y luego, poner sentimiento para sacarle el jugo[22] a todo lo visto.

Aquel que acuda[23] a la plaza sólo atento al ritual, el colorido, la estética de los movimientos, lo más probable es que se sienta defraudado a poco de ocupar su localidad.[24] Le ocurre a los turistas, que se acomodan en el tendido[25]
20 con esta disposición,[26] y un ratito después unos cuantos huyen de allí despavoridos,[27] porque el peligro cierto de la embestida[28] les hizo pasar malos ratos, el puyazo[29] les pareció un lance desagradable, y quizá, finalmente, el toro vomitó sangre como consecuencia de una estocada defectuosa.[30]

La afición veterana, ducha en tauromaquias, no es que tenga encallecida[31] el
25 alma de tanto contemplar infortunios;[32] es que ha llegado a entender la razón de la lidia, sabe analizarla y la sensibilidad ante la emoción estética le fluye.[33] Pero ¿cómo comunicar todo esto a un turista sorprendido, acaso horrorizado, a punto de ser víctima de un ataque de nervios, en el angosto[34] espacio de un tendido, entre la vertiginosa[35] sucesión de suertes, que además son efímeras, y
30 sin intérprete? La afición veterana, ducha en tauromaquias, también es muy experta en estos trances[36] y cuando un crispado[37] turista le pregunta angustiado por la razón de la sinrazón[38] de un puyazo en el morrillo,[39] responde: "Mí no entender". Y así se evita añadir otro problema a los mil problemas que de por sí[40] tienen la lidia y la vida misma.

¿Entendido?

Usando las siguientes palabras, resume el artículo.

corrida de toros	belleza	espectáculo	espada	aficionado
barbaridad	fiesta	capa	torero	turista

---

[14] **paliza** = muchos golpes *(beating)* [15] **no... de** = no es [16] **corre a cargo** *is the business* [17] **cabal** = completa [18] **capacidades** = habilidades [19] **diestros** = toreros [20] **capa** *bullfighter's cape* [21] **pica, banderillas, muleta** *bullfighter's goad, small dart to bait the bull, red cloth* [22] **sacarle el jugo** = disfrutar al máximo [23] **acuda** = vaya [24] **ocupar su localidad** = sentarse [25] **tendido** = asientos [26] **disposición** = actitud [27] **despavoridos** = horrorizados [28] **embestida** = ataque [29] **puyazo** *lance thrusts* [30] **estocada defectuosa** *defective death blow* [31] **encallecida** = dura, insensible [32] **infortunios** = tragedias [33] **fluye** *flows over* [34] **angosto** = estrecho, pequeño [35] **vertiginosa** = rápida [36] **trances** = situaciones [37] **crispado** *tense, on edge* [38] **la razón... sinrazón** *the reason for the senseless act* [39] **morrillo** = cuello [40] **de por sí** *by themselves, separately*

En mi opinión

En grupos de tres o cuatro, contesten las preguntas siguientes.

1. ¿Qué diferencias hay entre la lucha libre y el boxeo? ¿Y entre las corridas de toros y los rodeos?

2. ¿Le parece a Ud. normal comer perros, como se hace en China? En Occidente se come carne de vaca, que es un animal sagrado en la India. Comente estos aspectos culturales que condicionan nuestra relación con los animales.

3. ¿Sabe Ud.—o puede imaginar— por qué los animales vivos y los que comemos tienen nombres distintos? Por ejemplo, en español hay *peces* en el agua pero hay *pescados* en la mesa. Ahora explique la diferencia entre *cows* y *beef, deer* y *venison,* y *pig* y *pork.*

4. ¿Por qué repite tantas veces el autor "el aficionado veterano, ducho en tauro-maquias"? ¿Para enfatizar que ellos son los expertos? ¿Para burlarse de ellos? ¿Para disculparse, o qué?

5. ¿Está a favor o en contra de la corrida de toros el autor? Defienda su respuesta con ejemplos del texto.

► Estrategias comunicativas para expresar acuerdo y desacuerdo

Acuerdo	**Desacuerdo**
Tienes toda la razón. *I agree with you completely.*	**Estás equivocado/a.** *You are mistaken.*
Estamos de acuerdo. *We agree.*	**No estoy de acuerdo.** *I do not agree.*
Creo que sí. *I feel the same way.*	**Perdona, pero no lo creo.** *Sorry , I don't believe it.*

En (inter)acción

En grupos de tres o cuatro, realicen las actividades a continuación.

1. Las corridas de toros es un tema muy controvertido hoy en día. Muchos piensan que se deben abolir del todo, dada la crueldad con el animal; otros insisten en que son parte de las tradiciones ibéricas y, por eso, deben continuarse. Discutan esta cuestión y utilicen algunas de las expresiones de **Estrategias comunicativas.**

2. Hagan dos listas. En la primera escriban las razones por las que los animales deben tener derechos similares a los de las personas. En la otra expliquen por qué no deben.

3. Discutan algunas novatadas *(hazings)* de las que han oído hablar o leído. ¿Es justa *(fair)* o no su prohibición?

4. Las fiestas tradicionales no son siempre del agrado de todos los ciudadanos. Muestra de ello es el folleto siguiente realizado por la Asociación para la Defensa de los Derechos de los Animales (Madrid). Lean con cuidado el folleto y luego coméntenlo. Por ejemplo, ¿hay algún tipo de publicidad similar en Estados Unidos? ¿Creen que es efectivo este tipo de protesta publicitaria?

Práctica gramatical

Repaso
gramatical:
Palabras afirmati-
vas y negativas
(*Cuaderno*, pág. 16)
La formación del
adverbio en
-mente
(*Cuaderno*, pág. 17)

1. En parejas, transformen estas oraciones afirmativas en negativas o viceversa.

   a. No vamos a poder entrar porque no tenemos ninguna entrada.

   b. Los jóvenes nunca asisten a una corrida.

   c. Algunos asientos están libres.

   d. Siempre hay peligro durante una corrida.

   e. O el toro o el torero va a morir.

   f. Muchos turistas no saben nada del arte de torear.

   g. También los toros y los otros animales deben tener derechos.

   h. No hay nada bello en una corrida de toros.

2. Completen las oraciones siguientes usando tres adverbios diferentes.

   Ejemplo: La corrida de toros es un espectáculo...

          La corrida de toros es un espectáculo sumamente (verdaderamente, increíblemente) emocionante.

   a. El público mira... lo que ocurre en la plaza.

   b. Creo que en este espectáculo tratan a los toros...

   c. El torero toreó...

   d. Los aficionados asisten a las corridas...

¿Puede explicar el chiste?

Creación

Escriba una carta a un periódico expresando su aprobación o condena de las corridas de toros o de cualquier otro deporte.

Phrases:	*Agreeing & disagreeing; Asking & giving advice; Insisting*
Grammar:	*Adverbs; Comparisons; Negation:* no, nadie, nada
Vocabulary:	*Animals: wild; Sports*

¿Qué ofrece el Café Sol?

La santería: una religión sincrética

Darién J. Davis

Aunque a partir de 1492 el catolicismo se convirtió en la única religión reconocida oficialmente en América Latina, en las plantaciones los esclavos que habían sido traídos de Africa lograron conservar sus creencias y ritos ancestrales. Con el tiempo adaptaron sus tradiciones a la religión católica en el proceso que se ha llamado sincretismo. Una de las religiones sincréticas más conocidas es "la santería" que se practica en el Caribe. El profesor de la Universidad de Tulane, Darién J. Davis, nos explica el origen y características fundamentales de esta práctica religiosa.

◣ Palabra por palabra

el **apoyo**	*(moral) support, backing*
a través de	*throughout*
el **bien** y el **mal**	*good and evil*
hasta	*even, until (time), up to (place)*
la **mezcla**	*mixture*
la **ofrenda**	*offering*
el **pecado**	*sin*

◣ Mejor dicho

to become		
ponerse (+ adj.)	*physical or emotional changes that are **not** permanent*	**Me he puesto** muy morena. Los gorilas **se pusieron** nerviosos.
volverse (+ adj.)	*sudden or gradual personal changes that **are** permanent*	Bernardo **se volvió** loco. **Nos volvimos** intolerantes.
hacerse (+ adj., + sust.)	*changes due to one's personal efforts*	**Nos hicimos** poderosas. Mi tío **se hizo** santero.
llegar a ser (+ adj., + sust.)	*changes after a period of time*	Con el tiempo la santería **ha llegado a ser** popular. **Llegaste a ser** la primera dama.
convertirse en° (+ sust.)	*a natural or fantastic change*	El vino **se convirtió en** vinagre. La rana **se convirtió en** un hermoso príncipe.

° **¡Ojo!** **Convertirse a** significa *to change one's religion.* Rolando **se convirtió al** protestantismo.

- En general, cuando el sujeto no es animado sino que se trata de una situación, relación, etc. se puede usar cualquiera de los dos primeros verbos:

  La discusión **se puso (se volvió)** violenta.

- El adjetivo loco/a se emplea casi exclusivamente con el verbo volverse. La expresión volverse loco/a se puede entender en sentido literal o figurado.
- Muchas veces *to become + adj.* se expresa en español con verbos reflexivos específicos: aburrirse, enfadarse, cansarse, enfermarse, perderse, etc.

Práctica

1. En grupos de tres estudiantes, den ejemplos de:

   ofrendas   pecados   mezclas   apoyos   el bien y el mal

2. En parejas, expresen el cambio que muestran las ilustraciones siguientes usando alguno de los verbos de **Mejor dicho.**

El chico…   La costa…   El atleta…   Clark Kent…

El alumno…   La muchacha…   El cielo…   El cliente…

Alto

1. Antes de leer la lectura siguiente, lea el ejercicio de **¿Entendido?** ¿Puede Ud. anticipar de qué va a tratar el texto? Mencione tres cosas.

   a. _____

   b. _____

   c. _____

2. ¿Cuáles son algunas de las contribuciones de las culturas africanas a la cultura norteamericana?

3. ¿Sabe Ud. algo de las religiones africanas, asiáticas o indígenas? Haga una lista de lo que recuerda.

La santería: una religión sincrética

Darién J. Davis

La influencia política de los africanos en Latinoamérica ha sido menor que la de otros grupos étnicos porque entraron en la sociedad americana como clase oprimida, y por ende[1] con poco poder político. Sin embargo, a través de toda la historia de las Américas, el elemento africano siempre ha tenido una influencia im-
5 portante en la economía y la cultura. Uno de los sectores culturales donde su influencia es más evidente es en la religión. En muchos casos las religiones africanas se han combinado con las tradiciones cristianas para formar nuevas religiones, en un proceso llamado sincretismo religioso. Algunos ejemplos de las nuevas religiones son la *santería* en Cuba, el *candomblé* en Brasil y el *vudú* en Haití.
10 La santería es una religión sincrética que combina las religiones Lucumí-Yoruba con el catolicismo. La santería está principalmente asociada con la isla de Cuba, pero se practica en muchas partes del Caribe. Históricamente la santería representaba no sólo un apoyo espiritual sino también un tipo de resistencia en contra de la sociedad blanca dominante. Por eso, su práctica era censurada y a veces
15 hasta prohibida. Sin embargo, con el tiempo la santería cruzó las divisiones de clase y de etnia, y llegó a ser popular entre la población en general. Es importante entender que hoy no sólo los negros participan en estas religiones sino todos los sectores de la sociedad. En los lugares donde existen estas prácticas sincréticas, los participantes vienen de todos los grupos raciales, étnicos y sociales.
20 En la santería, como en la iglesia católica, hay un guía espiritual o sacerdote, llamado el santero o la santera. El o ella es el intermediario entre el *orishá* u *orichá* y los creyentes. Los orishás realmente representan una mezcla o sincretismo de los santos católicos con los dioses africanos. Son evocados tanto por sus nombres africanos como por sus nombres católicos. Por ejemplo, Santa Bárbara es cono-
25 cida como Changó, y San Lázaro como Babalú-Ayé. Y como los santos, cada orishá tiene un día especial de celebración.
No obstante,[2] la santería ha adquirido sus propias características. Los orishás se distinguen de los santos católicos en un elemento esencial: tienen varias características carnales. En este sentido el orishá se considera más poderoso que el ser
30 humano, pero no siempre es moralmente superior. Como nosotros, ellos también tienen platos preferidos. En las celebraciones de cada orishá, se sirven estas comidas y se incluyen en ofrendas para el orishá. Si un ser humano quiere pedir un favor del orishá, le puede regalar comida u otra de sus cosas favoritas. Cada orishá

---

[1] **por ende** = por lo tanto   [2] **no obstante** = sin embargo

también tiene un color con el cual está asociado y en las fiestas del orishá todo el
35 mundo se viste de ese color.

El día 8 de septiembre, por ejemplo, es la celebración de la patrona de Cuba,
que es la Virgen de la Caridad en la tradición católica y Ochún en la santería.[3] La
miel es uno de sus platos preferidos, y se usa en la preparación de dulces que se
comen y se incluyen en ofrendas. Ochún se asocia con el mar y muchas de las ce-
40 lebraciones tienen lugar en la playa.

Debido al gran número de negros que hay en Brasil, las influencias africanas están más próximas a sus orígenes en este país a pesar del mestizaje y sincretismo.
Hay muchas variantes de los cultos[4] afro-brasileños. En Bahía es común el candomblé, en Río de Janeiro se practica la macumba o la umbanda, y en Recife el
45 culto predominante es conocido como el Xangó. Pero todos son variantes del
candomblé.

Así como en la santería, el dios supremo del candomblé es Olofi-Olorún,
creador del mundo. Los sacerdotes del candomblé son conocidos como babalão-
orishá o pai de santo.[5] Si un creyente quiere hacerse miembro del culto, tiene que
50 pasar por un proceso de aprendizaje[6] parecido al catecismo del catolicismo o la
confirmación del protestantismo, pero más riguroso. Como en la santería, hay festividades importantes de cada orishá. También tienen platos y colores preferidos.

En general, hay tres diferencias importantes que distinguen las religiones
africanas de las europeas. Primero, en la tradición africana los seres humanos y los
55 dioses no viven en mundos separados. En cambio, el hombre y la mujer son parte
de una continuidad que también incluye a los muertos y a los dioses. Lo físico es
igualmente importante para el orishá como para el ser humano. Por esta razón se
regalan comida y otras ofrendas, como cigarros y jabón, a los orishás. Segundo, el
mal no es concebido como una fuerza absoluta sino en relación con el bien y la
60 fuerza vital. Es decir, el concepto cristiano del pecado original no existe en la mayoría de las religiones afrolatinoamericanas. Finalmente, la evocación del orishá
produce un cambio objetivo en el creyente. La posesión es un medio de comunicación entre Dios y el ser humano.

La música y el baile son partes integrales de las ceremonias del candomblé, el
65 vudú y la santería. Pero aun en sus manifestaciones seculares, la música latinoamericana tiene raíces africanas. Los bailes de merengue y salsa surgieron de
estos ritmos africanos. Los negros de Brasil bailaban un ritmo que se conocía
como "umbigada". Hoy este baile se conoce como la samba, el baile nacional de
Brasil.

---

[3] También se celebra ese día en Miami y en Puerto Rico.   [4] **cultos** *worship*   [5] **pai de santo** = padre de santo.
Si es mujer ella será la mae de santo.   [6] **aprendizaje** = entrenamiento

"Las botánicas" son tiendas que venden objetos utilizados en la santería. Esta botánica está en Miami. ¿Te sorprende?

¿Entendido?

Verdadero o falso. Indique si las oraciones a continuación son verdaderas o falsas. Corrija las oraciones falsas según el texto.

_____ **1.** Los africanos siempre han influido en la política de Latinoamérica tanto como otros grupos étnicos.

_____ **2.** La santería, el catolicismo y el candomblé son religiones sincréticas.

_____ **3.** La santería era una forma de protesta contra la cultura dominante.

_____ **4.** Solamente los descendientes de esclavos africanos practican estas religiones sincréticas.

_____ **5.** En la santería, el orishá es equivalente a un/a santo/a católico/a.

_____ **6.** Sólo los hombres pueden servir de sacerdotes en estas religiones.

_____ **7.** Los orishás son, como todos los dioses, superiores a los seres humanos.

_____ **8.** Ciertos colores y platos favoritos distinguen a un orishá del otro.

_____ **9.** Se acostumbra ofrecer algo al orishá para obtener un favor.

_____ **10.** La música latinoamericana tiene sus orígenes en los ritmos africanos.

En mi opinión

En grupos de tres estudiantes, contesten las preguntas siguientes.

1. ¿Asiste o no con regularidad a la iglesia, sinagoga, templo, etc.? ¿Por qué sí/no?

2. Discutan si debe haber sólo una religión universal. ¿Qué mandamientos debe tener una religión universal? Mencione cinco.

3. En Miami, hace poco, un santero tuvo que defender su costumbre de matar animales en ciertos ritos de santería. El lo hizo diciendo que en los Estados Unidos existe el derecho a practicar libremente cualquier religión. ¿Qué cree Ud.? En nombre de la religión, ¿se pueden sacrificar animales inocentes? Explique su opinión.

4. ¿Qué diferencia hay entre una creencia y una superstición?

Jean-Pierre, *Baile vudú en el bosque*

Estrategias comunicativas para mantener el interés

Ah, ¿sí? ¿De verdad?	*Really? Is that so?*	**¡Qué bien!**	*Oh, good! Great!*
¿Por ejemplo?	*For example?*	**¡Qué pena!**	*What a shame!*
		¡Qué lástima!	*What a pity!*
¡No me digas!	*No kidding!*	**¡Qué chisme!**	*What a piece of gossip!*
¡Cuéntame más!	*Tell me more.*	**¡Qué barbaridad!**	*That's awful!*
¿Y qué pasó después?	*And then what happened?*	**¡Mentira!**	*Unbelievable!*

En (inter)acción

1. Uno de sus amigos se ha hecho miembro de una secta *(cult)*. En grupos, un/a estudiante cuenta la historia y los/las otros/as deben animarlo/la a seguir. Utilicen algunas de las expresiones anteriores.

2. Relacionen el "sacrilegio" del que habla la canción siguiente con la lectura anterior.

Mister, Don't Touch the Banana

(Letra: Marisela Verena / Música: Willy Chirino)

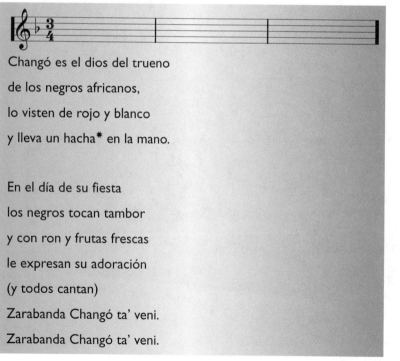

Changó es el dios del trueno

de los negros africanos,

lo visten de rojo y blanco

y lleva un hacha* en la mano.   *axe, hatchet*

En el día de su fiesta

los negros tocan tambor

y con ron y frutas frescas

le expresan su adoración

(y todos cantan)

Zarabanda Changó ta' veni.

Zarabanda Changó ta' veni.

Entre muchos invitados

a esta fiesta de Changó

había tres americanos

tentados por el folklor(e).

Viendo la mesa de frutas,

ofrenda de amor y fe,

uno cogió un platanito

pues creía que era un buffet

(pues creía quéééé???)

pues creía que era un buffet.

Alguien gritó ¡Sacrilegio!,

madrina se desmayó,

hubo uno que cogió un muerto*   *spoke with the dead*

y otro que se despojó*   *dispelled the evil spirits*

y una que tenía hecho santo

muy furiosa le gritó:

"Mister, don't touch the banana;

Banana belong to Changó."

"Mister, don't touch the banana;

Banana belong to Changó."

"Mister, don't touch the banana."

(coro: La banana es de Changó.)

3. A continuación hay un cuadro con información sobre algunos orishás, el santo católico equivalente, sus poderes, número, colores, comida preferida y símbolo. En grupos, decidan a cuál deben consultar, qué ofrenda le van a hacer, cómo se vestirán para conseguir lo que desean.

   a. encontrar empleo
   b. solucionar un problema amoroso
   c. neutralizar/protegerse de un enemigo
   d. aliviar los dolores de cabeza
   e. tocarle la lotería
   f. tener un hijo

orishá	santo/a	poderes	n°	colores	platos	símbolo
Elegguá	San Antonio	mensajes, controla el destino, lo inesperado	3	rojo y negro	pollos, ron, cigarros, cocos, peces, juguetes, dulces	bordón *(hooked staff)*
Oggún	San Pedro, Santiago	empleos, guerra, hospitales	7	verde y negro	gallos, palomas, ron, cigarros, plátanos	hierro, metal, armas y cuchillos
Oshún	La Virgen de la Caridad	amor, matrimonio, oro	5	blanco y amarillo	miel, calabazas, vino blanco, ron, tortas, joyas y gallinas	abanicos *(fans)*, espejos, oro, pavos reales, plumas y barcos
Changó	Santa Bárbara	poder, pasión, control de enemigos	4, 6	rojo y blanco	manzanas, bananas, gallos rojos, carneros *(rams)*, cerdos *(pigs)* y toros	hacha de dos filos, mortero *(mortar)*, castillo
Yemayá	Nuestra Señora de Regla	maternidad, femineidad	7	azul y blanco	sandía, azúcar, jarabe, cabras *(goats)*, patos y gallinas	conchas, canoas, corales, abanicos
Babalú-Ayé	San Lázaro	causa y cura enfermedades	17 o 13	negro o azul claro	tabaco, ron, palomas, gallinas, frijoles y maíz tostado	muletas, cañas *(reeds)* y conchas

4. Y ahora imaginen que los orishás ya les han otorgado ese favor. ¿Qué sacrificio personal o promesa están dispuestos/as hacer?

Ejemplo: Como me dieron el trabajo, yo prometo no comer chocolate durante una semana.

¿Qué símbolos nos indican que esta figura representa a Yemayá?

Práctica gramatical

Repaso
gramatical:
El imperfecto de
indicativo
(*Cuaderno*, pág. 18)
El pretérito de
indicativo
(*Cuaderno*, pág. 18)
Usos del pretérito
y del imperfecto
(*Cuaderno*, pág. 20)

En parejas, continúen las historias siguientes. Añadan cuatro oraciones para cada situación y utilicen el pretérito y el imperfecto.

1. Después de romper un espejo...
2. Después de haberse cruzado un gato negro en mi camino...
3. Después de encontrarme un centavo *(lucky penny)* en la calle...
4. Después de encontrar un trébol de cuatro hojas *(four-leaf clover)*...
5. Después de tocar madera...
6. Después de abrir el paraguas dentro de casa...
7. Después de pasar por debajo de una escalera...
8. Después de entrar en clase con el pie izquierdo primero...

Creación

Narre alguna experiencia suya o de otra persona con fenómenos paranormales (por ejemplo, sueños premonitorios, telepatía, predicción del futuro, comunicación con los muertos, intervención de los ángeles, milagros...). Luego, explique su posición en cuanto a estos fenómenos.

Phrases:	*Expressing an opinion; Hypothesizing; Persuading*	
Grammar:	*Verbs: preterite & imperfect; Agreement; Accents*	
Vocabulary:	*Body; Calendar; Medicine*	

3

Temas candentes

Temas candentes

http://aquesi.heinle.com

Una bola de humo

Mercedes Carrillo

Uno de los productos principales de Cuba, por el cual este país es famoso en todo el mundo, es el tabaco. En el mundo hispano todavía se acepta la costumbre de fumar en lugares públicos y mucha gente la practica. Los que fuman son más numerosos que los que no lo hacen. A continuación tenemos el testimonio de uno de los miembros de la minoría. Este artículo proviene de una antología titulada *Las mujeres y el sentido del humor* (1986) que recoge textos humorísticos producidos por escritoras y periodistas cubanas.

▶ Palabra por palabra

exigente	*demanding*
extraño/a	*odd, weird*
la **fuerza de voluntad**	*will power*
fumar	*to smoke*
el **humo**	*smoke*
ocurrírsele (algo a alguien)	*to occur to someone, think of it*
la **peste**	*stench*
quemar	*to burn*
raro/a	*odd, weird*
tratar de (+ inf.)	*to try to*

▶ Mejor dicho

dejar	*to leave behind*	**He dejado** mis cigarrillos en el taxi.
	to allow	No nos **dejan** fumar a nuestra edad.
dejar de	*to stop doing something*	Carola **dejó de** fumar hace un mes.
salir (de)	*to leave*	Nos veremos después de **salir de** la clase.
salir (con)	*to date or go out with*	Marina **salió con** Ramón anoche.

65

sentir (ie, i)	*to be sorry, regret*	**Han sentido** lo de tu hermana.
sentir (+ sust.)	*to feel*	**Sentimos** mucha pena por lo ocurrido.
sentirse (+ adj., adv.)	*to feel*	**Me siento** muy enérgica. **¿Te sientes** bien, Rosalía?

Práctica

En parejas, hagan las siguientes actividades.

1. Comparen y contrasten cómo se sienten los fumadores y los no fumadores cuando se ven obligados a estar juntos. (incómodos, encantados, desesperados, violentos, enfermos, tranquilos, resentidos)

2. Hagan una lista de (a) tres cosas que siempre dejan olvidadas, y (b) algunas cosas que han dejado o quieren dejar de hacer Uds. Comparen su lista con la de otra pareja.

3. ¿Hay algo que quieren que dejen de hacer sus padres, su novio/a, su compañero/a de cuarto? Usen la forma "Quiero que dejen de..." y comparen su lista con la de otra pareja.

4. Comenten algunas cosas que les gustan, que toleran o que no aguantan, cuando están saliendo con alguien.

¿Embarazada?

He aquí dos buenas razones para dejar de fumar.

¿Cuáles son las dos razones?

Alto

1. A medida que va leyendo el artículo siguiente, fíjese en el tono del artículo. ¿Es cómico, irónico, satírico, crítico?

2. Piense en la dificultad de ser distinto/a en la sociedad y en las consecuencias de tal comportamiento *(behavior)*.

3. ¿Cómo reacciona cuando se siente forzado/a por las circunstancias a hacer alguna cosa? Explique.

Una bola de humo

Mercedes Carrillo

Yo no fumo. Cosa rara. Pasé largos años de mi vida tratando de no adquirir este hábito que dicen que es muy malo, pero que casi todos lo hacen. El bebé ve fumar a su mamá y papá y lo cargan[1] con el cigarro[2] en la boca, en la mano, y el niño entre el humo se siente complacido[3] en los brazos paternos. Así comienza la cosa,
5 créanme. Y después no queremos que fumen.

Pero no debo apartarme del tema. No, nunca pude ser una mujer fatal. Ni interesante. Muchísimo menos mirar con ojos lánguidos tras el humo de mi cigarrillo como en las películas. Pasé todas esas pruebas. Hice el ridículo.

No, no fumo. Lo comprendo soy un espécimen extraño. No fumo. Sin embargo,
10 al paso de los años y al contar con gran fuerza de voluntad tengo condicionado mi sistema respiratorio a absorber el humo de todos los cigarros y tabacos.[4] En las reuniones de sindicato,[5] Yeyo se sienta a mi lado. Ahí nos fumamos él y yo un *H. Upmann No. 2*. Yeyo es muy exigente. Cuando la reunión es en el CDR,[6] Sara se me pega[7] al lado. Es un murciélago:[8] *Populares* uno detrás de otro. Si la cosa es en
15 la peluquería siempre mi turno coincide con Elena y ella no deja pasar diez minutos sin encender un *Dorados* y yo, mientras, voy esperando los rayitos[9] y fumándome el *Dorados* de Elena. Así en todos los lugares. Voy de un paso a otro buscando aire puro; no obstante,[10] fuman en la playa, en nuestra verde campiña,[11] en una Vuelta a Cuba,[12] en el hidrodeslizador,[13] en el tronco de un árbol una
20 niña...[14] FUMAN.

Como nunca he llevado un cigarro ni un tabaco a mis labios no sé qué sienten los fumadores y me inhibo de mala manera cuando me preguntan... ¿usted fuma? No sé si decir que sí o solamente hacerme la que no oigo.[15] Prefiero lo último. Si estoy fumando todo el día es lógico que deba responder plenamente, sí fumo,
25 FUMO. Me fumo el cigarro de todo el departamento, a veces, hasta tres o cuatro cajetillas con tabacos de distintas calidades. Considero que en este vicio no se sabrá nunca quién fuma más. Como la clásica pregunta de quién fue primero, ¿el cigarro o el fumador?

---

[1] **cargan** = toman en brazos   [2] **cigarro (cigarrillo, pitillo)** *cigarette*   [3] **complacido** = feliz   [4] **tabacos** *cigars*   [5] **sindicato** = unión de trabajadores   [6] **CDR** = Comité para la Defensa de la Revolución   [7] **se me pega** = se pone muy cerca   [8] **murciélago** *bat (reputed to like smoking)*   [9] **rayitos** *highlights*   [10] **no obstante** = sin embargo   [11] **campiña** = campo   [12] **Vuelta a Cuba** = carrera de bicicletas   [13] **hidrodeslizador** *water-slide*   [14] **en... niña** = letra de una canción popular   [15] **hacerme... oigo** *play deaf*

Y de paso queman —con los fósforos y las chispitas[16]— mis blusas, mi vestidito
30 de gasa, la túnica de yersi,[17] la maxifalda de la onda.[18] Por otra parte, debo invertir
una buena cantidad de mi salario en ceniceros[19] porque además de llenarlos de
cenizas y colillas pestilentes[20] los rompen de todo tipo: cristal, cerámica, barro,[21]
porcelana; entonces compro de aluminio y los abollan[22] y a los de madera les dan
candela.[23] Es que los fumadores son nerviosos, inquietos, temperamentales; los
35 hay que echan[24] la ceniza y la colilla en el suelo donde yo me esmero sacándole
brillo a la Teresa.[25]

A todo lugar llevo conmigo la peste a tabaco, a humo de barracón,[26] de reunión larga y tediosa, de tos[27]... de todo... qué espantoso. FUMO. No caben dudas.

A un lado un buen habano[28] y al otro un aromático *Dorados,* entonces, termino
40 fumándome ambos. Me da una sensación rara de usurpación. Y llegamos al punto
sentimental de que fumar es un placer sensual.[29] ¿A quién se le habrá ocurrido?

De pronto y sin motivos siento mareos.[30] Síntomas. Voy al médico.

—Compañera. ¿Usted fuma?

Silencio mortal.

45 —En sus análisis y placas[31] se aprecia que es una fumadora empedernida.[32] Su
salvación está en dejar inmediatamente el cigarro.

Y aterrorizada corro a tratar de dejar el cigarro de todos los fumadores que
me rodean.[33]

¿Entendido?

Complete las siguientes frases de acuerdo con la lectura.

1. La narradora no fuma pero sí...
2. Según la autora, los niños empiezan a fumar...
3. La actitud resignada de la narradora hacia el tabaco se evidencia en...
4. Para los fumadores, dos consecuencias de fumar son...
5. A la narradora le va a resultar difícil hacer lo que le recomienda el médico
   porque...

---

[16] **chispitas** *sparks*   [17] **yersi** *jersey*   [18] **de la onda** *here, trendy*   [19] **ceniceros** *ashtrays*   [20] **colillas pestilentes** *smelly butts*   [21] **barro** *clay*   [22] **abollan** *dent*   [23] **les dan candela** = queman   [24] **echan** = tiran
[25] **sacándole... Teresa** *shining the floor*   [26] **barracón** = lugar pequeño y cerrado   [27] **tos** *cough*   [28] **habano**
= tipo de tabaco famoso de La Habana   [29] **fumar... sensual** = letra de una canción popular   [30] **mareos**
dizzy spells   [31] **análisis y placas** = pruebas y rayos X   [32] **empedernida** *heavy*   [33] **rodean** *surround me*

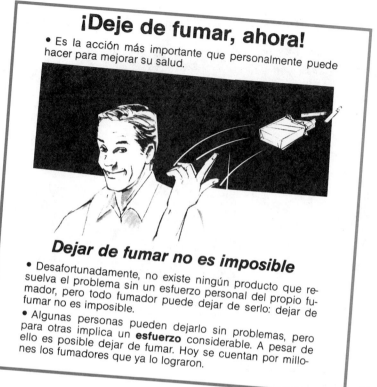

¡Deje de fumar, ahora!
- Es la acción más importante que personalmente puede hacer para mejorar su salud.

Dejar de fumar no es imposible

- Desafortunadamente, no existe ningún producto que resuelva el problema sin un esfuerzo personal del propio fumador, pero todo fumador puede dejar de serlo: dejar de fumar no es imposible.
- Algunas personas pueden dejarlo sin problemas, pero para otras implica un **esfuerzo** considerable. A pesar de ello es posible dejar de fumar. Hoy se cuentan por millones los fumadores que ya lo lograron.

¿Te convence o no?

En mi opinión

Discutan los temas siguientes de acuerdo con las instrucciones.

1. Hay muchas leyes que regulan el uso del tabaco en lugares públicos por el hecho de ser carcinógeno (cancerígeno) y, por lo tanto, mortal. En grupos pequeños, discutan el hecho de que las armas de fuego, que también son mortíferas, tienen tan pocas regulaciones en nuestra sociedad. Saquen conclusiones y hagan recomendaciones para el gobierno. Luego hagan una encuesta de las opiniones de la clase y continúen el debate divididos en dos grupos: los que están a favor del control de las armas de fuego y los que no.

2. En grupos, organicen la lista a continuación en orden de importancia para la salud. Expliquen sus razones.

   a. Divertirse
   b. Hacer ejercicios
   c. Tener animales domésticos
   d. No comer comidas con grasa

   e. No fumar
   f. No beber café/bebidas alcohólicas
   g. Tener relaciones sin riesgo
   h. Pasar tiempo al aire libre

3. En Estados Unidos parece aceptarse mejor a los que beben que a los que fuman o a los gordos. ¿Les parece justa esta actitud? Expliquen.

▶ Estrategias comunicativas para pedir algo cortésmente...

Perdona, te importa si...	*Excuse me, do you mind if I . . .*
Le molestaría que...	*Would it bother you if I . . .*
Oye, sería posible...	*Listen, would it be possible to . . .*
¿Me harías un favor?	*Would you do me a favor?*

... y para responder a una petición

Claro.	*Sure.*
Está bien.	*Fine.*
No hay problema.	*No problem.*
Desde luego.	*Of course.*
De ningún modo.	*No way.*
Lo siento.	*I'm sorry.*
Preferiría que no.	*I'd rather not.*

En (inter)acción

1. En parejas, intenten convencer a su compañero/a de que deje de hacer algo (llorar, gritar, no dormir...). Den razones y sugerencias constructivas. Cada uno/a debe defender sus gustos y decisiones. Ambos/as deben usar algunas de las **Estrategias comunicativas.**

2. **Confesiones de un fumador.** En parejas, un/a estudiante debe hacer el papel de un gran fumador y contarle al otro/a por qué fuma. Debe mencionar tres cosas que hace por ser fumador y tres que no hace por la misma razón. El/La otro/a debe expresar su opinión ante tales confesiones.

"NO SE PREOCUPE TOME MUCHO CAFÉ FUME UN BUEN CIGARRO" JAVIER PEREIRA - 167 AÑOS DE EDAD — 1789-1956 — CORREOS DE COLOMBIA — AMERICAN BANK NOTE COMPANY. — 5 CVS.

¿Buenos consejos?

Práctica gramatical

Repaso
gramatical:
El futuro simple
(*Cuaderno*, pág. 22)
El participio
pasado
(*Cuaderno*, pág. 22)
El futuro
perfecto
(*Cuaderno*, pág. 23)
Usos del futuro
simple y perfecto
(*Cuaderno*, pág. 23)

En parejas, hagan las siguientes actividades.

1. Basándose en la lectura, hagan predicciones sobre el futuro de la narradora (su salud física y emocional, sus relaciones con sus amigos, colegas, etc.). Después hagan predicciones sobre sus compañeros/as de clase.

   Ejemplo: Tendrá que buscar un trabajo al aire libre.

2. Hagan predicciones sobre el futuro de las compañías productoras de tabaco en el año 2100. (sus ganancias, restricciones, nuevos productos...)

   Ejemplo: Para mediados del siglo XXI, el gobierno habrá prohibido totalmente los anuncios de cigarrillos.

Area de fumadores
Fumar perjudica seriamente
la salud del fumador activo y pasivo.

¿Cómo se dice "fumador pasivo" en inglés?

Creación

Suposiciones. Elige a un/a compañero/a de clase que no conoces muy bien o bien a uno/a de tus profesores/as y escribe una composición haciendo conjeturas sobre sus gustos, modo de vida, experiencias, etc. Utiliza el futuro simple y el futuro perfecto para expresar probabilidad.

Ejemplo: Habrá estado en Ecuador muchas veces. Tendrá un gato y dos perros. El gato se llamará "Cuchicuchi".

Phrases:	*Expressing indecision; Hypothesizing; Stating a preference*
Grammar:	*Accents: General rules; Verbs: Compound tenses; Verbs: Future*
Vocabulary:	*Colors; Food; Leisure*

¿Liberalizar la droga?

Juan Tomás de Salas

El uso de drogas y sus violentas consecuencias es algo que nos afecta a todos. Los diversos intentos para erradicarlas, o al menos controlarlas, han resultado fallidos hasta ahora. Una sugerencia atrevida e innovadora es descriminalizar las drogas. El siguiente ensayo de 1990 presenta algunas de las cuestiones más debatidas aun hoy día con respecto a esta posibilidad.

Palabra por palabra

acabar	*to end (up), finish*
la **cárcel**	*jail, prison*
la **culpa**	*fault, blame*
estar a favor/en contra	*to be for/against*
el **negocio**	*business*
peligroso/a	*dangerous*
perjudicial	*harmful*
tener (ie) en cuenta	*to bear in mind*
el **veneno**	*poison*

Mejor dicho

el crimen	*murder (attempt), homicide (attempt)* = matar o herir gravemente a alguien	No nos enteramos de quién cometió el **crimen** hasta el final de la película.
el delito	*offense, misdemeanor, crime* = cualquier acción ilegal que no es un crimen	Robar en una tienda es un **delito.**

el argumento	*plot*	El **argumento** del cuento era muy simple.
	reason for support	Estos **argumentos** nos resultan convincentes.
la discusión	*discussion, argument*	Mis tíos empezaron a hablar de política y tuvieron una **discusión** tremenda.

Práctica

1. En parejas, contesten las preguntas siguientes. Atención a las palabras del vocabulario.

   a. ¿Dónde y cómo acaban algunos drogadictos? ¿En la cárcel, en la Casa Blanca, en el hospital? ¿Dónde acaban los narcotraficantes?

b. ¿Quién tiene más culpa del consumo de drogas: los narcotraficantes o los drogadictos? ¿Por qué? ¿Los países que producen drogas o los que las consumen? ¿Por qué?

c. ¿Qué acción le parece a Ud. más peligrosa?

probar un ácido	esnifar cocaína
fumar marihuana	inyectarse heroína
comer plantas alucinógenas	tomar anfetaminas

d. ¿Qué productos llevan una nota que dice "perjudicial para la salud"? ¿Por qué la llevan? ¿Deberían llevarlas los coches también? ¿Y qué otros objetos? Hagan una lista.

2. En grupos, contesten estas preguntas.

a. ¿Puede describir algún delito que Ud. o alguien que Ud. conoce ha presenciado?

b. En grupos, hablen de algunos de los crímenes más espantosos de la historia. ¿Quién lo cometió? ¿Dónde? ¿Por qué motivo? Ejemplos: El estrangulador de Boston, Hitler, Charles Manson...

c. ¿En qué programas de la televisión se habla de o presentan delitos y crímenes? ¿Qué efecto tiene tanta violencia en el público? ¿Qué le parece el nuevo sistema para indicar si un programa es apto o no para niños? Elijan tres programas de televisión y decidan si son adecuados para los niños.

3. Hagan una lista de las razones por las que los jóvenes discuten con sus padres.

4. Cuente a los miembros de su grupo argumentos de películas, novelas o canciones para que adivinen el título.

5. Entre todos, busquen dos argumentos convincentes.

a. para legalizar o no la marihuana

b. para cambiar o no la edad de beber

c. para eliminar o no las cárceles

d. para abolir o no los exámenes escritos

6. En grupos, decidan cuáles de las oraciones siguientes (adaptadas del artículo "Las razones de una decisión", *Cambio 16)* presentan un argumento a favor (F) o en contra (C) de la legalización de las drogas. Expliquen por qué.

a. _____ Los pueblos indígenas americanos consumían cocaína, peyote, etc., y esto no causó ningún conflicto social.

b. _____ La legalización no acaba con el uso de las drogas; el tabaco es legal, pero hay millones de fumadores.

c. _____ La Ley Seca de Estados Unidos mostró que cualquier prohibición es un fracaso.

d. _____ Aunque se pueda comprar drogas legalmente, esto no acabará con el mercado negro.

e. _____ La ilegalidad no ha podido contener el abuso de la droga.

f. _____ Las drogas dejarían de ser un negocio para los traficantes.

g. _____ La posibilidad de conseguir drogas legalmente podría estimular su consumo en personas que hoy no lo hacen por respeto a la ley.

h. _____ El interés de los jóvenes disminuiría porque ya no tendría el carácter de fruta prohibida.

i. _____ Cuando el adicto pueda obtener dosis controladas a precio accesible, no necesitará robar ni prostituirse.

j. _____ Controlar las drogas despenalizándolas es una utopía impracticable.

Alto

1. Muchas palabras (especialmente las de tres sílabas o más) son similares en inglés y en español porque frecuentemente ambas vienen del latín. Busque en el ensayo siguiente tres palabras de tres o más sílabas que sean similiares en los dos idiomas y escríbalas.

_____   _____   _____

2. En una discusión sobre la legalización de las drogas, ¿puede Ud. anticipar algunos de los argumentos que se mencionarán a favor y en contra? Escriba tres.

_____

_____

_____

¿Liberalizar la droga?

Juan Tomás de Salas

¿Las drogas están prohibidas porque son peligrosas o son peligrosas porque están prohibidas? Esa es la gran pregunta que hay que plantear[1] al abordar[2] el gravísimo problema de la droga en las sociedades occidentales. Emma Bonino, presidenta del Partido Radical Italiano, respondió a la gran pregunta anterior con contundencia[3]
5 en unas recientes jornadas[4] sobre la droga: las drogas son peligrosas sobre todo porque las han prohibido.

La idea de la legalización de las drogas más comunes aún prohibidas —heroína, cocaína, marihuana— va abriéndose paso[5] lentamente[6] en la conciencia occidental, y no sólo entre los círculos "progresistas" sino también en grandes pilares del
10 conservadurismo liberal, como es el caso de Milton Friedman o aún el prestigioso semanario *The Economist*. En las jornadas sobre la droga, el editor del *The Economist*, Nicholas Harman, defendió con elocuencia la necesidad de legalizar las drogas, como el medio más eficaz para combatir sus más perniciosos efectos.

---

[1] **plantear** *to state, raise*   [2] **abordar** = considerar   [3] **contundencia** *forcefulness*   [4] **jornadas** = conferencias
[5] **abriéndose paso** *making its way*   [6] **lentamente** = despacio

La tesis de la legalización sostiene que mucho más peligrosa es el hampa[7] que
15 la libertad de comercio. Al legalizar las drogas, o despenalizarlas, el precio de la
cocaína y la heroína se desplomaría[8] hasta el nivel[9] de la aspirina. Ello acabaría de
un plumazo[10] con todas las mafias, hampas, bandas y gángsters dedicados hoy a
este fabuloso comercio que mueve billones de pesetas anuales. En el acto desa-
parecerían las bandas, por consunción, por hambre, por falta de negocio.
20 Inmediatamente también, el día D de la legalización disminuirían de manera
drástica los asaltos, tirones,[11] robos, puntazos[12] y demás crímenes cometidos hoy
por drogadictos en busca del dinero necesario para poder pincharse.[13] Si la
heroína vale como un paquete de aspirinas, los pequeños, pero continuos delitos
de la droga, se reducirían casi a cero y de golpe[14] (para gran tranquilidad y júbilo[15]
25 de esa ciudadanía que tanto sufre con la violencia drogata[16] en las grandes urbes[17]).
Ipso facto también se reducirían drásticamente las muertes por sobredosis.
Especialmente si se tiene en cuenta que la llamada sobredosis es, la mayoría de las
veces, puro y duro envenenamiento,[18] producido por droga adulterada hasta lo inverosímil[19] después de un corte detrás de otro. Ocurre sólo que la policía y la so-
30 ciedad se defienden con el eufemismo sobredosis, es decir, glotonería o codicia[20]
del muerto, culpa del muerto, en lugar de adulteración o envenenamiento, del que
bien poco responsable será el triste drogadicto fallecido.[21] Trampas[22] verbales
para seguir viviendo cómodamente por encima de los cadáveres de una juventud
condenada a la cárcel, el crimen, el SIDA[23] o la muerte.
35 Estos argumentos a favor de la legalización se apoyan en el principio fundamental de que cada uno es libre de hacer consigo lo que quiera, aunque sea perjudicial,
con tal de no dañar[24] a los demás. Y en la constatación[25] segunda de que se puede
vivir consumiendo heroína o cocaína en buenas condiciones, igual que se puede
vivir consumiendo el veneno alcohol o el veneno tabaco. Todo depende de la canti-
40 dad, pero no debe olvidarse que la mayoría de los muertos por la droga son víctimas de las peregrinas sustancias añadidas a la droga, y no de la droga en sí.
Sólo una seria duda planeó[26] en las jornadas: tras[27] la legalización ¿aumentaría
estruendosamente[28] el número de consumidores de drogas? Esta es la otra gran
pregunta, y bien difícil de responder. Atisbos[29] de respuesta se aportaron[30] con
45 ejemplos de legalización en Holanda, Alaska y algún estado australiano. No se
produjo riada[31] de drogadictos. Pero hay que reconocer que la inquietud tiene
sentido en este punto.

---

[7] **el hampa** *the underworld* [8] **se desplomaría** *would plummet, drop* [9] **nivel** *level* [10] **de un plumazo** *with
the stroke of a pen* [11] **tirones** *purse snatchings* [12] **puntazos** *hold-ups (with a knife)* [13] **pincharse** *to shoot up*
[14] **de golpe** = inmediatamente [15] **júbilo** = alegría [16] **drogata** *drug related* [17] **urbes** = ciudades
[18] **envenenamiento** *poisoning* [19] **adulterada... inverosímil** *adulterated beyond recognition* [20] **codicia** *greed*
[21] **fallecido** = muerto [22] **Trampas** *Tricks* [23] **SIDA** *AIDS* [24] **con... dañar** *provided that we do not harm*
[25] **constatación** *proven fact* [26] **planeó** *surfaced* [27] **tras** = después de [28] **estruendosamente** *horrendously*
[29] **Atisbos** *Hints* [30] **se aportaron** *were provided* [31] **riada** *flood*

El ex-ministro de Justicia colombiano, Enrique Parejo, que sufrió atentados[32] y persecución por obra de los mafiosos de la droga, desarrolló con elocuencia la
50 tesis prohibicionista actual. Y Domingo Comas, experto hispano, defendió la ambigüedad española de autorizar el consumo y penalizar el tráfico, lo que parece presuponer la llegada mágica de la cocaína al consumidor en forma de maná.[33] Hipocresía legal, por cierto, que a mi entender[34] es bastante más humana que la prohibición pura y dura del presidente norteamericano que está llenando las
55 cárceles americanas de cientos de millares de simples fumadores de marihuana o pobres drogatas de la marginalidad[35] urbana.

¡Entendido?

Verdadero o falso. Corrija las oraciones falsas según el texto.

1. _____ Las drogas están prohibidas porque son peligrosas.

2. _____ Los drogadictos pueden vivir una vida perfectamente normal.

3. _____ Nicholas Harman, un progresista, favorece la legalización de las drogas.

4. _____ Si despenalizamos las drogas, costarán mucho menos y no será necesario cometer crímenes para obtener el dinero para comprarlas.

5. _____ El comercio ilegal de las drogas mantiene activas y florecientes las mafias.

6. _____ Si legalizan las drogas, habrá menos muertes por sobredosis.

7. _____ La muerte por sobredosis ocurre simplemente al tomar demasiadas drogas en poco tiempo.

8. _____ En España, la ley no castiga al consumidor sino al vendedor.

9. _____ Si el uso de drogas perjudica sólo al drogadicto, entonces no tenemos el derecho de prohibirlas.

10. _____ Se puede vivir tomando alcohol o fumando así como consumiendo drogas, siempre que las drogas no estén adulteradas.

11. _____ La verdad es que no sabemos qué efectos tendrá la legalización de las drogas.

12. _____ Las cárceles estadounidenses están llenas de fumadores de marihuana y de drogadictos ricos.

---

[32] **atentados** *assassination attempts*   [33] **maná** *that is, miraculously from the sky*   [34] **a mi entender** = en mi opinión   [35] **marginalidad** *fringe of society*

Para entender este anuncio,
busca en un diccionario
la expresión "jugársela"
y los dos significados de
la palabra "copa".

En mi opinión

En grupos, discutan los temas siguientes de acuerdo con las instrucciones.

1. Expresen su opinión personal a las afirmaciones de **¿Entendido?**

2. ¿Tiene resultados la campaña de los EE UU contra la droga? ¿Y la campaña contra el SIDA?

3. Comparen los efectos del alcohol y del tabaco con los de las drogas. ¿Por qué la campaña contra el tabaquismo ha sido tan efectiva y no los esfuerzos para controlar las drogas?

4. Expresen su opinión personal a las declaraciones siguientes.
   a. En el campus se puede conseguir cualquier tipo de droga.
   b. La policía debe evitar la venta de drogas en la universidad.
   c. El fracaso de la campaña contra la droga se debe a los atroces anuncios publicitarios.
   d. En los próximos cinco años los políticos se pondrán de acuerdo y legalizarán las drogas.
   e. Vale la pena experimentar los efectos de alguna droga.

Estrategias comunicativas para dar consejos

Francamente creo que...	*To tell you the truth, I think that . . .*
¿No te parece que... ?	*Don't you think that . . . ?*
Sería mucho mejor si...	*It would be a lot better if . . .*
Quizás debes considerar otras opciones como...	*Maybe you should consider other options such as . . .*
¿Has pensado que... ?	*Have you thought about . . . ?*

En (inter)acción

1. En grupos (y usando las **Estrategias comunicativas**), hablen sobre un/a amigo/a común que tiene problemas con las drogas y de cómo persuadirlo/la para que cambie de vida.

2. Con toda la clase, discutan qué es exactamente una droga. Hagan una lista en la pizarra de las más comunes, mencionando sus efectos y su grado de adicción. ¿Son drogas, por ejemplo, las aspirinas, los antibióticos, los productos para adelgazar, el alcohol, la cafeína?

3. Una canción del álbum de Ana Belén y Víctor Manuel *Para la ternura siempre hay tiempo* (1986) es "Matador". Lean la canción (o si pueden conseguir el disco, escúchenla) y luego coméntenla en clase relacionándola con el tema de la lectura. (Por ejemplo, discutan el problema de la persona y qué/quién es el "matador".)

Matador

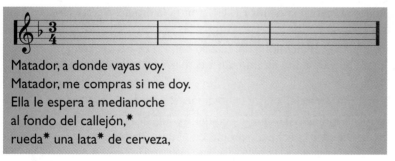

Matador, a donde vayas voy.
Matador, me compras si me doy.
Ella le espera a medianoche
al fondo del callejón,*   *at the far end of the alley*
rueda* una lata* de cerveza,   *rolls / tin can*

alguien le grita (des)de un camión,*   *truck*
saca del bolso una polvera,*   *powder compact*
la leve luz del farol*   *street lamp*
iluminando a duras penas*   *barely*
las manecillas* del reloj;   *minute and hour hands*
guarda el dinero en una media
el cuerpo es puro temblor,*   *trembling*
sola sin ver la pitillera*   *cigarette case*
que algún cliente descuidó,*   *overlooked*
suda* y quisiera ser barrida*   *sweats / swept away*
sin más justificación,
pero al doblar aquella esquina
toda su acera iluminó el Matador.
Dame el veneno por favor
que me quiero poner mejor,
sé que me estás vendiendo muerte
pero no puedo cambiar mi suerte, Matador.
Sólo sintió cristal molido*   *ground glass*
el tiempo se le borró,*   *got erased*
tira* la puerta del servicio*   *slams / bathroom door*
para aplazar* su ejecución,   *carry out*
ya reconoce este camino
que termina en el hospital,
una vez más, siempre lo mismo
quién se pudiera descolgar.*   *overcome an addiction*
Tantos consejos por amigos
no me hablen de voluntad,
sola me quedo ante el peligro
con las heridas* sin cerrar,   *wounds*
sabe quién es la sombra* aquella   *shadow*
al fondo del callejón;
rota la guardia y sin defensa
con alma y cuerpo se entregó*   *gave in*
al MATADOR.

4. En grupos, y como si estuvieran participando en un programa de televisión, discutan el tema de la drogadicción desde distintos puntos de vista: un padre/una madre, un/a doctor/a, un/a joven, un/a abogado/a, etc. Cada estudiante elige y representa uno de los papeles anteriores.

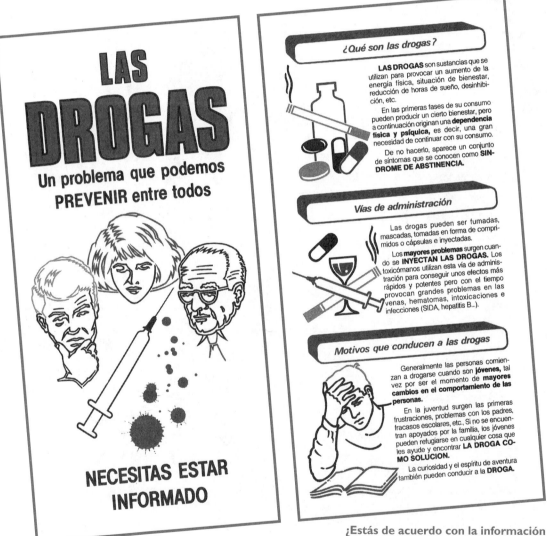

¿Estás de acuerdo con la información que ofrece este folleto *(brochure)*?

Práctica gramatical

Repaso
gramatical:
El condicional
simple
(*Cuaderno*, pág. 23)
El condicional
perfecto
(*Cuaderno*, pág. 24)
Usos del condi-
cional simple y
perfecto
(*Cuaderno*, pág. 24)

En parejas, hagan los siguientes ejercicios según las instrucciones.

1. Digan lo que harían Uds. en estas circunstancias (y añadan otras) usando el condicional en sus respuestas.

   Ejemplo: Está perdido/a en una ciudad que no conoce.
   Buscaría a un policía.

   a. Está en una fiesta y alguien le ofrece cocaína.
   b. En una reunión alguien le pasa un cigarrillo.
   c. Caminando por la playa encuentra una jeringuilla (*syringe*).
   d. Alguien que tiene el síndrome de abstinencia (*withdrawal*) le pide ayuda.
   e. Está solo/a en casa y muy enfermo/a.
   f. Un detective del FBI lo/la detiene en la calle.

2. Digan lo que habrían hecho Uds. en las siguientes circunstancias.

   Ejemplo: Mi amigo Felisberto se marchó de la fiesta cuando aparecieron las primeras drogas.
   Yo me habría marchado también.

   a. Esther encontró unos polvos sospechosos en el baño de su residencia y se lo comunicó a la administración.
   b. Jorge se apuntó a una residencia donde está prohibido usar sustancias que alteran el estado mental.
   c. Ernesto y Andrés no compraron lo que les ofrecieron en la calle.
   d. La semana pasada los estudiantes protestaron contra las restricciones impuestas a las fraternidades.
   e. Gabriela se molestó cuando su madre le preguntó si había usado drogas alguna vez.

> Prohibida la venta de todo tipo de bebidas alcohólicas a los menores de 16 años.
>
> Prohibida la venta de bebidas alcohólicas de más de 18 grados a los menores de 18 años.

> Prohibida la venta de tabaco a menores de 16 años.

Creación

Por sorpresa. Suponga que sus padres lo/la encuentran a Ud. y a unos amigos fumando marihuana. Examine la reacción de sus padres y prepare su defensa. O bien puede ser Ud. el/la que sorprende a sus padres. Use palabras del vocabulario y las formas del condicional simple.

   Ejemplo: Yo les **diría** que no me tragué el humo (*inhaled*).

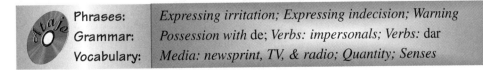

Phrases:	*Expressing irritation; Expressing indecision; Warning*
Grammar:	*Possession with* de; *Verbs: impersonals; Verbs:* dar
Vocabulary:	*Media: newsprint, TV, & radio; Quantity; Senses*

La pasión por lo verde

Inmaculada Moya y Julia Pérez

En este artículo, Inmaculada Moya y Julia Pérez, dos colaboradoras de la revista *Cambio 16,* hablan de la nueva actitud hacia los problemas y la recuperación del medio ambiente que surgió en España a finales de los años 80. (**¡Ojo!** La información que contiene este artículo se refiere a esos años. Si desea actualizar esta información, consulte en Internet las consejerías del Medio Ambiente creadas en España en la década de los 90.)

▶ Palabra por palabra

la **basura**	*garbage*
contaminar	*to pollute*
el **contenido**	*contents*
desperdiciar	*to waste*
la **investigación**	*research*
el **medio ambiente**	*environment*
la **moda**	*style, fashion*
preocuparse por/de	*to worry about*
reciclar	*to recycle*
el **recurso**	*resource*

▶ Mejor dicho

salvar	*to rescue, save from extinction*	Una mujer desconocida **salvó** al niño. Hay que **salvar** a las ballenas.
guardar	*to keep, put aside*	**Estamos guardando** las botellas en el garaje.
ahorrar	*to save up, set aside, or conserve*	Sus programas de lavado **ahorran** agua y energía.
proteger	*to protect, keep from harm*	Es preciso **proteger** los recursos naturales.

Práctica

En grupos, hagan las actividades siguientes según las instrucciones.

1. Escriban una definición falsa o verdadera de una de las palabras anteriores. Después, léansela a la clase para que decida si la definición es falsa o verdadera.

   Ejemplos: "Salvar" significa "librar de un gran peligro a alguien o a algo". (V)
   "Salvar" significa "economizar, guardar una parte del dinero de que se dispone". (F)

2. Escriban listas de las cosas que cada uno/a guarda y ahorra. Compárenlas y discútanlas entre Uds. y luego con la clase.

3. Imaginen un día en la vida de un/a ecologista fanático/a. Digan lo que hace usando las palabras del vocabulario.

Ejemplo: No desperdicia ni una gota de agua cuando lava los platos.

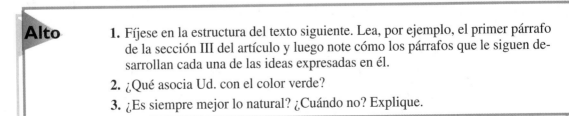

"PeZqueñines", ¿entiendes el juego de palabras?

Alto

1. Fíjese en la estructura del texto siguiente. Lea, por ejemplo, el primer párrafo de la sección III del artículo y luego note cómo los párrafos que le siguen desarrollan cada una de las ideas expresadas en él.

2. ¿Qué asocia Ud. con el color verde?

3. ¿Es siempre mejor lo natural? ¿Cuándo no? Explique.

La pasión por lo verde

Inmaculada Moya y Julia Pérez

Frigoríficos,[1] lavadoras, pilas,[2] coches... La publicidad presenta ahora todo como ecológico. Es el fruto del aumento de la enorme demanda de productos verdes, no contaminantes y naturales. El color verde conquista el mercado.

I

Los desodorantes eran de tubo[3] o de spray, ahora dicen ser ecológicos; las em-
5 presas[4] anunciaban calidad y productividad, ahora preservan el medio ambiente;
las pilas proclamaban su potencia,[5] ahora se definen como verdes. Los estantes[6]
de los supermercados comienzan a estar invadidos de huevos, legumbres y cítri-
cos denominados biológicos. Y los coches serán menos contaminantes.

El mensaje verde es utilizado desde hace escasos[7] meses como un reclamo[8]
10 publicitario que refleja los cambios de mentalidad que se están produciendo en la
sociedad española: envases[9] verdes, etiquetas[10] verdes, letras verdes y hasta ha
salido al mercado un coche que contamina igual que los demás pero que se presenta como verde.

La extrema sensibilidad[11] hacia las alteraciones del medio ambiente que desde
15 hace años está asentada[12] en Europa ha empezado a extenderse[13] a países
mediterráneos como España. Nadie tiene datos, pero todos coinciden en que algo
está cambiando desde la divulgación de catástrofes como Chernobil y del avance
del agujero[14] de la capa[15] de ozono que es seguido por científicos de todo el
mundo en la Antártida.

20 Esa sensibilidad se ha extendido a la Comunidad Económica Europea (CEE) que
ya ha adoptado acuerdos[16] tales como la reducción en un 85 por ciento de los
clorofluorocarbonos (CFC) para 1993, los gases causantes principales de la desaparición del ozono, y la obligatoriedad de introducir en el mercado, para 1993,
gasolina sin plomo[17] y catalizadores que filtren los gases que emiten los coches.
25 Ese año también será crucial para los fabricantes de pilas, que deberán reducir el
contenido de mercurio y cadmio.

Si el Parlamento europeo lo aprueba, en 1993 los productos que no dañen[18] al
medio ambiente podrán lucir[19] el mensaje de que son ecológicos y, encima, serán
más baratos.

---

[1] **frigoríficos** = refrigeradores   [2] **pilas** *batteries*   [3] **de tubo** *stick*   [4] **empresas** = compañías   [5] **potencia**
power   [6] **estantes** *shelves*   [7] **escasos** = pocos   [8] **reclamo** *lure*   [9] **envases** *packaging*   [10] **etiquetas**
labels   [11] **sensibilidad** *concern*   [12] **asentada** = establecida   [13] **extenderse** *to spread*   [14] **agujero** *hole*
[15] **capa** *layer*   [16] **acuerdos** *agreements*   [17] **sin plomo** *unleaded*   [18] **dañen** *harm*   [19] **lucir** *to display*

30   Sin embargo, el papel reciclado aún es un recurso poco utilizado. En toda Europa
se desperdician 210 kilos de papel por habitante y año. En otros países, como en
Estados Unidos, el reciclaje se realiza de una manera más generalizada: en muchos
lugares se tienen dos o tres cubos[20] de basura para separar lo desechable[21] de lo
que se puede reciclar. En España hay diversos puntos de reciclaje de papel a los
35   que llevar cartones[22] o periódicos viejos para que puedan ser reutilizados y evitar
así la tala[23] masiva de bosques. Este papel reciclado sólo supone[24] en España un
total de 1.446.900 kilos, mientras que se fabrican más de tres millones de papel y
cartón de primer uso.
    La tendencia a preocuparse por la conservación de la naturaleza ha aumen-
40   tado. Según la casa editorial[25] Espasa Calpe, en un año las ventas de libros sobre
ecología han crecido un 60 por ciento.

II

Para tener una tierra fértil, hay que rotarla[26] y respetar la estratificación. Las semillas[27] tienen que ser del lugar; las plagas se combaten con hormonas naturales y,
para las malas hierbas,[28] no hay nada como la mano y el calor. Los insecticidas se
45   consiguen del crisantemo y de la nicotina. Así, y no de otra forma, son las orde-
nanzas de la agricultura ecológica, también conocida como biológica.
    España, Francia y Dinamarca fueron las pioneras en reglamentar[29] esta produc-
ción, la más moderna y también la más antigua. Fue en noviembre de 1988 cuando
en España se concedió la denominación[30] de origen para esos productos ecológi-
50   cos. En realidad su garantía no es más que asegurar que todos ellos han sido con-
seguidos sin el empleo de productos químicos de síntesis.
    Entre hortalizas, frutas, cítricos, vides,[31] aceites, cereales y cultivos proteicos,[32]
la agricultura ecológica produce en España un total de 12.331 toneladas. Pero,
además, han conseguido una media de[33] 25.250 docenas de huevos, 120.000 kilos
55   de carne, más de millón y medio de litros de leche de vaca y cabra[34] y 20.000 kilos de miel.[35] La mitad se exporta al resto de Europa, lo que les supone unos ingresos[36] cercanos a los 500 millones de pesetas.

III

La búsqueda[37] de productos que no alteren el medio ambiente y la moda por lo
natural también ha irrumpido en los hogares. Desde los *sprays* hasta los frigorí-
60   ficos y lavadoras ecológicas y muebles bionaturales, junto a pinturas que rememoran[38] paisajes naturales y el aumento de la cosmética natural.

---

[20] **cubos** *cans* [21] **lo desechable** *trash* [22] **cartones** *cardboard boxes* [23] **tala** *cutting* [24] **supone** *amounts to*
[25] **casa editorial** *publishing house* [26] **rotarla** *rotate it* [27] **semillas** *seeds* [28] **malas hierbas** *weeds*
[29] **reglamentar** = regular [30] **denominación** *name* [31] **vides** *grapevines* [32] **proteicos** = variables [33] **una
media de** *an average of* [34] **cabra** *goat* [35] **miel** *honey* [36] **ingresos** *income, revenue* [37] **búsqueda** *search*
[38] **rememoran** = evocan

El compromiso de la CEE de reducir el consumo de los CFC ha traído consigo[39] que vayan a salir al mercado a principios del próximo año frigoríficos con una reducción del 50 por ciento de esos gases. Pero la mayor innovación está en
65 las lavadoras de la empresa Bosch. Sus programas de lavado[40] ahorran agua, energía y hacen un uso racional del detergente. Ya ha aparecido el detergente ecológico y se llama Bionatur.

Los muebles también tienen su apartado[41] verde, se llaman biomuebles y su símbolo es de ese color. Sus impulsores,[42] una fábrica valenciana, garantizan mue-
70 bles macizos[43] no tóxicos, no alérgicos y en cuya elaboración no ha intervenido ningún producto sintético o derivado del petróleo. Además, en su acabado se utilizan elementos naturales como la cera,[44] grasa, tierra[45] y extractos de árboles.

Fernando Cervigón es uno de los pintores especializados en una técnica que se llama el "trampantojo".[46] Una pared grande, una habitación oscura, un cuarto de
75 baño, son transformados con esta técnica, consiguiéndose paisajes en perspectivas, ventanas al mar, vistas idílicas.

Por último, la cosmética natural hace también furor.[47] Es el caso de los Body Shops que, provenientes de Inglaterra, se han implantado en España. Utilizan una proporción mínima de alcoholes, los tapones,[48] frascos[49] y etiquetas son biode-
80 gradables y en sus investigaciones no experimentan con animales. En España el producto que más se consume es todo lo que tenga zarzamora,[50] además de las sales de baño de frambuesa.[51]

¿Entendido?

Complete las frases siguientes según la lectura.

1. Tres cosas que perjudican el medio ambiente son...
2. Tres medidas que se están tomando para solucionar la contaminación ambiental incluyen:...
3. La agricultura ecológica consiste en...
4. Las lavadoras, frigoríficos y muebles que prefieren los españoles hoy día son...
5. La técnica pictórica del "trampantojo" tiene que ver con la ecología porque...

---

[39] **ha traído consigo** *has led to*   [40] **programas de lavado** *washing cycles*   [41] **apartado** = sección
[42] **impulsores** = promotores   [43] **macizos** = sólidos   [44] **cera** *wax*   [45] **tierra** *soil*   [46] **trampantojo** *trompe-l'oeil; lit. trick of the eye*   [47] **hace furor** *is all the rage*   [48] **tapones** *bottle caps*   [49] **frascos** *botellas pequeñas*   [50] **zarzamora** *blackberry*   [51] **sales... frambuesa** *raspberry bath salts*

6. Como el color verde, "bio-" es un prefijo que utiliza la publicidad para...

7. Un tema relacionado con el medio ambiente que no menciona la lectura es...

8. Un cosmético "natural" es aquel que...

MANTENER LA SALUD DE LOS BOSQUES ES VITAL PARA TODOS.

¡ATENTOS!

El 20% de nuestros árboles están enfermos. Reducir la contaminación, evitar las lluvias ácidas y frenar las emisiones de CO_2 es el único tratamiento.

Y también evitar los incendios.

En mi opinión

Expresen su opinión sobre el tema de la ecología contestando las preguntas siguientes en grupos.

1. ¿Qué efecto tiene, o ha tenido, la publicidad en nuestra preocupación por el medio ambiente? ¿Sabes lo que es el turismo rural? ¿Conoce Ud. organizaciones interesadas en la preservación del medio ambiente? ¿Cuáles?

2. ¿Por qué razón se emplean productos químicos en la agricultura? ¿Cómo pueden saber los consumidores el método de producción de ciertos alimentos? ¿Procura Ud. comprar productos naturales?

3. ¿Cree Ud. que la situación del medio ambiente debe tener prioridad sobre otras cuestiones políticas y sociales? Ponga las siguientes en orden de importancia y mencione algunas otras que sean más y/o menos importantes.

   a. los programas especiales de educación para niños/as muy inteligentes
   b. la deuda externa
   c. la construcción de armas para la defensa nacional
   d. la subvención de las artes

4. ¿Qué responsabilidad debe tener el individuo, el gobierno, los negocios, en cuanto a la recuperación del medio ambiente? Explique y dé ejemplos mencionando especialmente las medidas que se han tomado en su escuela o universidad.

Estrategias comunicativas para expresar preferencias

Personalmente yo prefiero...	*Personally I prefer . . .*
Para mí...	*In my opinion . . .*
A mí me parece mejor que...	*I think it is better to . . .*
Me gusta más...	*I like . . . better*
Después de pensarlo he decidido que...	*After thinking about it I have decided that . . .*

En (inter)acción

1. En pequeños grupos, comenten algunas de sus preferencias personales con respecto a la ecología o cualquier otro tema de actualidad usando las expresiones de **Estrategias comunicativas.**

2. En grupos de tres estudiantes, preparen una lista de tres productos ecológicos que podrían existir en el futuro. Después, preparen un anuncio televisivo o radiofónico para promocionar uno de ellos. Y por último, preséntenlo a la clase.

3. La clase se divide en dos grupos y cada miembro debe contestar sí o no a las siguientes recomendaciones ecologistas. Al final del ejercicio, se escriben en la pizarra los resultados obtenidos y se decide qué grupo es más verde. Cada respuesta afirmativa vale un punto.

¿Hasta qué punto es Ud. "verde"?	Sí	No
1. Tiende *(Hang up)* la ropa en lugar de usar la secadora eléctrica.		
2. No acepta bolsas *(bags)* de plástico cuando puede llevar en la mano lo que acaba de comprar.		
3. Se ducha en vez de bañarse.		
4. Usaría para sus hijos o hermanos pañales *(diapers)* lavables en casa.		
5. Escribe en las dos caras de una hoja de papel.		
6. Va en autobús o andando al trabajo o a la universidad y no en coche.		
7. Reserva una parte de su jardín para residuos orgánicos.		
8. No acepta frutas y verduras cultivadas con productos químicos.		
9. Planta un árbol todos los años.		
10. No emplea platos o vasos de papel en los picnics.		
11. Recicla aluminio, papel, vidrio y plástico.		
12. Usa sales de frambuesa en el baño.		
13. Sabe qué significa la regla de las tres erres (RRR).		

4. Primero, lean los siguientes consejos ecologistas. Luego, cada un/a de los/las estudiantes debe darle a la clase otro consejo que también contribuya como los anteriores a la preservación del medio ambiente.

Ejemplo: No gasten agua lavando el coche. Esperen a que llueva.

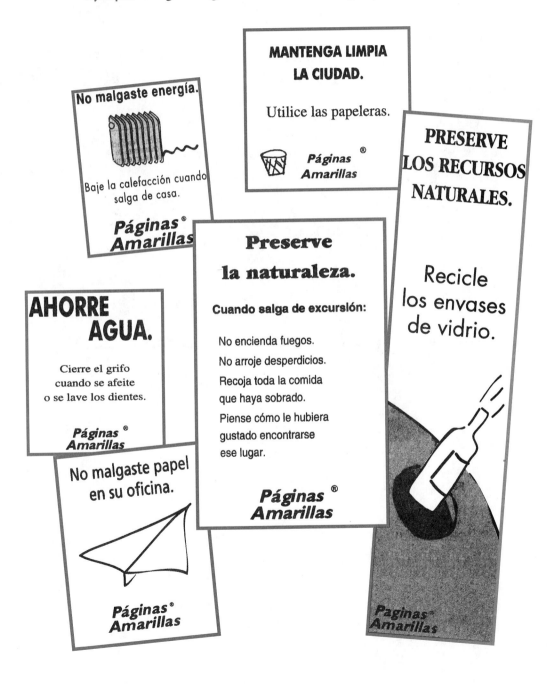

No malgaste energía.

Baje la calefacción cuando salga de casa.

Páginas®
Amarillas

**MANTENGA LIMPIA
LA CIUDAD.**

Utilice las papeleras.

Páginas®
Amarillas

**PRESERVE
LOS RECURSOS
NATURALES.**

Recicle
los envases
de vidrio.

Páginas®
Amarillas

AHORRE
AGUA.

Cierre el grifo
cuando se afeite
o se lave los dientes.

Páginas®
Amarillas

**Preserve
la naturaleza.**

Cuando salga de excursión:

No encienda fuegos.
No arroje desperdicios.
Recoja toda la comida
que haya sobrado.
Piense cómo le hubiera
gustado encontrarse
ese lugar.

Páginas®
Amarillas

No malgaste papel
en su oficina.

Páginas®
Amarillas

5. Clasifiquen los objetos siguientes en cuatro grupos: a. reciclables, b. no reciclables, c. biodegradables, d. contaminantes.

Izadia arriskuan dago. ¡ZAIN EZAZU!

Este mensaje ecologista en vasco dice:
"La naturaleza está en peligro. ¡Cuídala!"

Práctica gramatical

Repaso
gramatical:
El presente
perfecto
(*Cuaderno*, pág. 25)
El pluscuam-
perfecto
(*Cuaderno*, pág. 25)
Los números
(*Cuaderno*, pág. 25)

1. En parejas, digan lo que había ocurrido antes de la acción que presentan las frases siguientes.

   Ejemplo: Cuando oí decir que las pilas *(batteries)* contaminaban...
   ya las había tirado a la basura.

   a. Cuando vinieron los basureros hoy ya...
   b. Cuando acepté un empleo en un parque nacional ya...
   c. Cuando por fin aprendí a hacer hamburguesas vegetales ya...
   d. Cuando decidí cultivar mis propios vegetales ya...
   e. Cuando empezaron a comprar cosméticos que no usan animales en la investigación ya...

2. En parejas, contesten las siguientes preguntas con números aproximados.

   a. ¿Cuántas veces al mes cena en un restaurante?
   b. ¿Cuántas millas tiene su auto?
   c. ¿Cuántos cheques escribe al año?
   d. ¿En qué año empezó a estudiar en la universidad?
   e. ¿Cuántos refrescos toma al mes?
   f. ¿Cuál es el número de su casa, de su teléfono?

Creación

Escriba un diálogo entre un padre y su hijo sobre el futuro incierto del planeta.

¿Por qué causa
angustia el futuro?

Phrases:	*Asserting & insisting; Denying; Expressing conditions*
Grammar:	*Verbs (compound tenses); Progressive tenses; Adjective position*
Vocabulary:	*Automobile; Stores & products; Materials*

UNIDAD II
CONTRASTES CULTURALES

En el fondo todos los seres humanos somos iguales, es decir, compartimos el mismo ciclo de vida, idénticas necesidades básicas. Por eso resulta sorprendente la infinidad de formas de vivir presentadas por las distintas culturas.

Cuando somos pequeños pensamos que sólo hay un modo de hacer las cosas: el nuestro. Crecer es darnos cuenta de las opciones. Sin duda lo que nos es familiar es la norma que siempre usamos para medir otras costumbres y que el encuentro con una cultura diferente nos puede resultar desconcertante. Pero el mundo multicultural en que vivimos exige conocimiento y respeto por otras tradiciones que siempre acaban por enriquecer la propia.

Enfrentarse a lo desconocido implica siempre un replanteamiento (rethinking) de nuestra identidad y una revaloración de la propia cultura. La adaptación a un nuevo ambiente es un proceso tan interesante como lento. Así lo reconoce el famoso proverbio árabe cuando dice, refiriéndose a cualquier tipo de evolución psicológica/mental/espiritual, que "el alma viaja siempre a la velocidad de un camello".

El cuarto capítulo, **Así somos,** reúne algunos aspectos culturales significativos de las naciones que componen el mundo hispánico. La primera lectura es una breve selección de Carlos Fuentes sobre "La doble fundación de Buenos Aires" donde se pone de manifiesto el choque entre las culturas indígenas y la europea desde el comienzo de la conquista. La lectura siguiente contrasta España e Hispanoamérica en cuanto al uso del español ("Dime cómo hablas y te diré de dónde eres"). En la tercera lectura, "¡Qué guay!", establecemos algunas diferencias entre el mundo hispánico y los Estados Unidos, basadas en las frases hechas que demuestran que hablar español no es solamente una forma diferente de hablar sino todo un modo distinto de mirar a la vida.

En el quinto capítulo, **Así nos vemos / Así nos ven,** exploramos los estereotipos que son siempre el punto de partida cuando nos enfrentamos con el otro. Nuestra intención es desarrollar una conciencia de la presencia generalizada, y a veces insidiosa, de estas nociones. La primera lectura, "Hamburguesas y tequila", pretende cuestionar la validez de los estereotipos. En "El eclipse" tenemos una ilustración palpable del error que supone juzgar a otros de acuerdo con una imagen estereotipada. Finalmente, en "La historia de mi cuerpo", una escritora nacida en Puerto Rico debate las diferencias entre cómo ella se ve a sí misma y la manera en que personas de procedencia cultural distinta la ven.

En **Aquí estamos: los hispanos en EE UU,** el capítulo seis, se incluyen ejemplos concretos de las experiencias de inmigrantes y exiliados de origen hispano. Es fundamental tener una imagen clara de estos grupos por dos razones principales. Para empezar, casi siempre el primer contacto de muchos norteamericanos con la cultura hispánica es a través de ellos. Por otra parte los hispanos son una presencia muy visible ya, y a principios del nuevo milenio constituirán la minoría más grande de los Estados Unidos. Las selecciones exploran ángulos diferentes de la emigración. Este es un tema común a los hispanos de todas las naciones tanto a los que han venido por un período corto de tiempo, como a los que hace muchos años se han asentado (settled) definitivamente en Estados Unidos. "¡Ay, papi, no seas coca-colero!", "*In Between*", y los poemas "Nocturno chicano" y "Canción de la exiliada" constituyen ejemplos de reacciones a la nueva cultura, de las etapas en el acercamiento y la asimilación.

Que yo sepa

La clase se divide en dos grupos para debatir los temas siguientes. Luego ambos deben presentar sus ideas al resto de la clase.

1. Se ha dicho que Estados Unidos tiene tantos ingredientes como la salsa Heinz 57. No hay duda de que es el país multicultural por excelencia, en el sentido de que representa una impresionante mezcla de grupos étnicos y nacionales. ¿Cuáles cree Ud. que son algunos componentes perdurables de esa mezcla? Es decir, ¿qué grupos han influido más decisivamente en lo que es Estados Unidos hoy?

2. Según Mark Twain, la característica principal de sus compatriotas es su pasión por el agua con hielo. ¿Qué le parece a Ud. lo más auténticamente norteamericano? ¿Cuáles son algunas de las contribuciones de Estados Unidos a la cultura mundial?

3. ¿Cuáles son algunas costumbres que proceden de otras culturas pero que ahora forman parte de la vida norteamericana? Piense por ejemplo, en comidas, tipos de música o deportes.

4. Aparte de simple curiosidad y deseo de aventura, ¿tiene algún valor aprender sobre y/o experimentar otras culturas? ¿Cuál sería?

5. ¿Está de acuerdo Ud. con la frase de Anaïs Nin que dice que "no vemos las cosas como son, sino que las vemos como somos"? ¿Qué quiere decir?

6. ¿Qué le sugieren los dos tipos de cartas que aparecen en la página anterior? ¿Se le ocurren otras maneras de mostrar visualmente las diferencias entre la cultura hispana y la norteamericana? Mencione tres.

CAPITULO 4

Así somos

Así somos

http://aquesi.heinle.com

La doble fundación de Buenos Aires

Carlos Fuentes

Carlos Fuentes (1928, México) es autor de una extensa obra, principalmente ensayos y novelas, que le ha merecido reconocimiento internacional. Como parte de la conmemoración del quinto centenario de la llegada de Colón al Nuevo Mundo (1992), Fuentes escribió *El espejo enterrado,* y sirvió de narrador en la versión filmada. En el libro/documental Fuentes resume la historia de España y de los países de América Latina, y aprovecha la oportunidad para reflexionar sobre muchos de los temas planteados *(brought about)* por el encuentro entre culturas.

La lectura, procedente de *El espejo enterrado,* tiene que ver con la curiosa historia de la fundación de Buenos Aires por los conquistadores españoles.

▶ Palabra por palabra

País	Capital	Nacionalidad°
Argentina	Buenos Aires	argentino/a
Bolivia	La Paz / Sucre	boliviano/a
Chile	Santiago	chileno/a
Colombia	Bogotá	colombiano/a
Costa Rica	San José	costarricense
Cuba	La Habana	cubano/a
Ecuador	Quito	ecuatoriano/a
El Salvador	San Salvador	salvadoreño/a
España	Madrid	español/a
Guatemala	Ciudad de Guatemala	guatemalteco/a

Honduras	Tegucigalpa	hondureño/a
México	México D.F.	mexicano/a
Nicaragua	Managua	nicaragüense
Panamá	Ciudad de Panamá	panameño/a
Paraguay	Asunción	paraguayo/a
Perú	Lima	peruano/a
Puerto Rico	San Juan	puertorriqueño/a
República Dominicana	Santo Domingo	dominicano/a
Uruguay	Montevideo	uruguayo/a
Venezuela	Caracas	venezolano/a

° **¡Ojo!** Noten que la nacionalidad se escribe siempre en letra minúscula *(lowercase)* en español.

Mejor dicho

quedar (le)° **a uno/a**	*to have left*	Me **quedan** sólo dos días de vacaciones.
quedarse	*to stay, remain somewhere*	¿Cuánto tiempo **se han quedado** en Caracas?
quedarse + adj.	*to turn, become suddenly or gradually*	Ali **se quedó** muda *(speechless)* de la sorpresa. Pepe **se quedará** calvo *(bald)* muy pronto.

° **¡Ojo!** Se usa exclusivamente en tercera persona y la estructura es como la de **gustar.**

tomar	*to drink, intake*	Siempre **tomaba** Coca-Cola en el desayuno.
	to take a form of transportation (train, bus, plane, taxi)	**Tomaremos** el tren de las 10 de la mañana.
llevar°	*to carry, take (someone or something somewhere)*	Le **he llevado** el manuscrito al editor de Buenos Aires.
traer°	*to bring (someone or something somewhere)*	¿Podrías **traerme** las fotos cuando vengas a casa hoy?

° **¡Ojo!** El uso depende de la posición de quien habla:

from here to there = llevar
from there to here = traer

Práctica

1. **¿Quién lo sabe?** Todos/as los/las estudiantes se ponen de pie y el/la profesor/a menciona un país. Un/a estudiante debe mencionar la capital y el/la siguiente la nacionalidad. Quien lo diga bien, puede sentarse.

   Ejemplo: PROFESOR/A: Estados Unidos
                 ESTUDIANTE 1: norteamericana/o
                 ESTUDIANTE 2: Washington, D.C.

   Si disponen de mapas en clase, el/la profesor/a o un/a estudiante debe señalar los países a la vez que se nombran durante el ejercicio.

2. **Categorías.** Con toda la clase decidan cinco categorías (ríos, escritores, puertos, etc.) y cinco letras del alfabeto. Luego, divididos en grupos de cuatro, traten de rellenarlas con la mayor cantidad de datos posibles pertenecientes al mundo hispánico.

	categoría	categoría	categoría	categoría	categoría
letra					

3. En parejas, miren la siguiente lista de zonas de un barco transatlántico y hagan una agenda para un día a bordo. Utilicen las palabras de **Mejor dicho.**

   Ejemplo: Yo quiero llevar a mi novia a bailar. → de 11 a 2 de la madrugada en la discoteca

bar	restaurante	boutique	cafetería	cocina
discoteca	casino	salón de vídeo	piscina	gimnasio
vestíbulo	veranda	salón de música	cubierta *(deck)*	

4. Digan algunas de las cosas que sus padres les han traído de un viaje y si les han gustado o no.

Alto

1. Antes de leer sobre la fundación de Buenos Aires, recuerde todo lo que sabe de esta ciudad para incorporar a ello la nueva información. Luego lea la última frase del texto y trate de adivinar *(guess)* qué aspectos se van a presentar.
2. ¿Qué es lo que le llama más la atención cuando visita una nueva ciudad?
3. A medida que lee, busque diez cognados en el texto y luego escríbalos abajo.

_____ _____ _____

_____ _____ _____

_____ _____ _____

_____

4. ¿Qué es un mito *(myth)*? ¿Para que sirven?

Avenida
9 de Julio

La doble fundación de Buenos Aires

Carlos Fuentes

Esta ciudad fue fundada dos veces sobre las riberas del Río de la Plata. La primera vez en 1536, por Pedro de Mendoza. Llegó al Río de la Plata en búsqueda de más oro, en cambio encontró fiebre, hambre y muerte. Los indios de estas regiones sureñas eran pobres y no les tenían miedo ni a los caballos ni a las escopetas.[1]
5 Atacaron las fortificaciones españolas noche tras noche.

Quizás la única consolación para los españoles es que a esta expedición vinieron muchas mujeres, algunas de ellas disfrazadas de hombres. Prestaron servicios como centinelas,[2] animaron los fuegos[3] y, como escribió una de ellas,

---

[1] **escopetas** = rifles [2] **Prestaron... centinelas** = Sirvieron de guardias [3] **animaron los fuegos** *stoked the fires*

"comemos menos que los hombres". Pero pronto no había nada que comer; los
10 españoles devoraron las suelas[4] de sus botas y, se rumoreó, incluso canibalizaron
a sus muertos. Mendoza murió de sífilis y fue arrojado[5] al río. Acaso el único oro
jamás visto aquí fue el de los anillos[6] en los dedos del explorador al hundirse en
el turbio[7] Río de la Plata. Buenos Aires fue quemada y abandonada. La primera
fundación fue un desastre, el más grande de cualquier ciudad española de las
15 Américas. Pero 44 años más tarde, un sobrio administrador llamado Juan de
Garay, descendió de Asunción por el río Paraná y fundó Buenos Aires por segunda
vez, pero, en esta ocasión, la ciudad fue dispuesta a escuadra[8] y concebida no
como una población de aventureros y buscadores de oro, sino como ciudad del
orden, el trabajo y la eventual prosperidad, todo lo cual Buenos Aires llegó a ser.
20   La doble fundación de Buenos Aires sirve para dramatizar dos impulsos de la
colonización española en el Nuevo Mundo. Uno de ellos se fundó en la fantasía, la
ilusión, la imaginación. Los conquistadores fueron motivados no sólo por el hambre del oro, la fiebre del Perú, como se le llamó, sino por la fantasía y la imaginación. Se convencían fácilmente de ver ballenas con tetas[9] femeninas y tiburones
25 con dos penes,[10] peces voladores y playas con más perlas que arenas en ellas.
Cuando lograban ver sirenas,[11] sin embargo, podían comentar irónicamente que
no eran tan bellas como se decía. Pero su búsqueda de las fieras guerreras del
mito (las amazonas) les condujo por el largo camino desde California, así llamada
en honor de la reina amazona Califia, a la fuente misma del río más grande de la
30 América del Sur. ¿Se equivocaron en su búsqueda de la fuente de la juventud en
Florida, la tierra de las flores explorada por Ponce de León? La búsqueda paralela
de El Dorado, el jefe indio pintado en oro dos veces al día, les condujo en cambio
hasta Potosí, la mina de plata más grande del mundo. Y la búsqueda de las fabu-
losas siete ciudades de Cíbola llevó a Francisco de Coronado en su dramática
35 peregrinación hasta el descubrimiento de Arizona, Texas y Nuevo México.
    Jamás encontraron las ciudades mágicas. Pero, como lo demostró la segunda
fundación de Buenos Aires, fueron capaces de fundar las verdaderas ciudades, no
las del oro, sino las de los hombres.

¿Entendido?

Identifique los términos siguientes de acuerdo con la lectura.

1. Potosí   **3.** Río de la Plata   **5.** la fiebre del Perú   **7.** Las amazonas

2. El Dorado   **4.** Juan de Garay   **6.** Ponce de León   **8.** Pedro de Mendoza

---

[4] **suelas** *soles*   [5] **fue arrojado** *was thrown*   [6] **anillos** *rings*   [7] **turbio** *muddy*   [8] **dispuesta a escuadra** =
planificada   [9] **ballenas con tetas** *whales with breasts*   [10] **pene** = órgano sexual masculino   [11] **sirenas**
mermaids

En mi opinión

En grupos de tres estudiantes, discutan lo siguiente.

1. Los exploradores/colonizadores no siempre encuentran lo que esperan. Discutan otros ejemplos de ese tipo de experiencia (por ejemplo, la fiebre del oro en EE UU o los viajes al espacio).

2. ¿Cuándo se conoce bien un país o una ciudad? Hagan una lista de tres factores mínimos esenciales. Luego mencionen tres lugares de Estados Unidos que deben ser declarados Patrimonio de la Humanidad, es decir, lugares de gran valor histórico protegidos legalmente.

3. Hay varios términos distintos para referirse al bloque de naciones hispanohablantes del Nuevo Mundo: Latinoamérica, Hispanoamérica, Iberoamérica, Centro y Sur América. ¿Podrían explicar las diferencias entre ellos?

4. ¿Han viajado por alguno de los países hispánicos? ¿Cuál(es)? ¿Cuándo? Comenten sus impresiones. Y si no lo han hecho, ¿cuál de ellos les gustaría conocer? ¿Por qué? ¿Vale la pena salir de los Estados Unidos cuando es tecnológicamente el país más avanzado del mundo? ¿Por qué? ¿Qué pueden ofrecernos otros países?

5. ¿Pueden reconocer a qué país/ciudad hispánica pertenecen las cuatro fotos que siguen?

Estrategias comunicativas para pedir instrucciones de cómo llegar a algún sitio

¿Dónde queda... ?	*Where is (it located)?*
¿Por dónde voy hacia... ?	*Which is the way to . . . ?*
¿Me puede decir cómo llegar a... ?	*Can you tell me how to get to . . . ?*

... y para dar instrucciones de cómo llegar a algún sitio

Siga todo derecho hasta...	*Go straight ahead until . . .*
Tienes que doblar a la derecha/izquierda...	*You have to turn right/left . . .*
Dé la vuelta y suba por la primera calle...	*Turn around and go up the first street . . .*

¿Dónde queda la gasolinera?

En (inter)acción

1. Consulten el plano de Sevilla a continuación. Supongan que se encuentran en el Hotel Don Paco y, utilizando las **Estrategias comunicativas,** tengan un diálogo en parejas sobre cuál es el camino más corto para llegar hasta...

    a. la estación del ferrocarril (FF.CC.) Santa Justa

    b. la Giralda

    c. la Plaza de toros (la Maestranza)

El alma de Sevilla, su esencia, reside en su centro histórico. Y en él, rodeado de un rico entorno monumental, está HOTEL DON PACO.
Esta privilegiada situación en pleno corazón de la ciudad, le permitirá vivir Sevilla intensamente, saborearla a fondo.
El Hotel está dotado de 220 confortables Habitaciones, todas con TV vía satélite, música ambiental, teléfono, aire acondicionado y caja fuerte.

Además cuenta con Restaurante Buffet, Salones para Reuniones de Empresa, Piscina, Garaje propio y Parking público de 400 plazas muy próximo.
Usted también puede disponer de servicio de Telex y Fax.
A sólo cinco minutos del Hotel está la Estación de ff.cc., y a diez, el Aeropuerto.
HOTEL DON PACO contribuirá a que su visita a Sevilla -profesional o turística- sea inolvidable.

2. **Sabelotodo.** A continuación se mencionan algunos lugares o productos importantes de Centro y Sur América. Con la clase dividida en dos grupos, digan con qué país se pueden asociar y/o localícenlos en el mapa. (Texto, págs. xxii–xxiv)

    a. cataratas de Iguazú _____

    b. pirámides de Teotihuacán _____

    c. esmeraldas _____

    d. cerveza Tecate _____

    e. llamas _____

    f. vinos Concha y Toro _____

    g. animales prehistóricos _____

    h. pampas _____

    i. flores _____

    j. canal _____

3. **Sueños de aventuras.** Lean la propaganda turística siguiente y decidan cuál de estos lugares prefieren visitar y por qué.

MACHU PICCHU

Una excursión inolvidable a Machu Picchu, "La Ciudad Perdida de los Incas". Traslado a la estación para un viaje en autovagón a través del Valle Sagrado de los Incas. Visita guiada de la maravillosa ciudadela incluyendo el Reloj Solar, el Templo de las Tres Ventanas, el Torreón Circular y otros puntos notables. Disfrute del almuerzo en la Hostería de Machu Picchu antes de regresar a Cuzco y al hotel.

VALLE SAGRADO

Excursión al Valle Sagrado de los Incas, a una hora del Cuzco, salpicado de típicas aldeas andinas tal como Pisac, con su colorido mercado indio. Disfrute del almuerzo en una posada campestre y por la tarde explore la magnífica fortaleza de Ollantaytambo.

MERCADO DE CHINCHERO EN LA PLAZA INCA

Visita a la aldea de Chinchero y su mercado indígena, el más colorido en la zona del Cuzco. Admire el muro incaico de excelente factura en la plaza principal que fuera importante marco para sus festividades religiosas.

Aprecie también su iglesia que data de la época virreinal con interesantes frescos en el pórtico. Disfrute del almuerzo en una posada campestre y por la tarde explore la magnífica fortaleza de Ollantaytambo.

CIUDAD Y RESTOS ARQUEOLOGICOS ALEDAÑOS

Por la tarde visita a los monumentos históricos de la ciudad, la Plaza de Armas, la Catedral, convento de Santo Domingo (Templo de Koricancha) y los restos arqueológicos aledaños de los Baños del Inca de Tambomachay, el Anfiteatro de Kenko, Puca Pucara y la fortaleza de Sacsayhuaman que domina la ciudad del Cuzco.

CUZCO DE NOCHE

Un agradable recorrido por el pintoresco barrio de San Blas prosiguiendo hacia la Plaza de Armas para ver la Catedral de la ciudad y otros hermosos monumentos históricos. Disfrute de una fiesta andina con un excelente espectáculo folklórico mientras saborea una cena en un animado restaurante típico.

4. Supongo, querido Watson, que... Una amiga ha vuelto de un viaje por tierras hispanas. Observen los billetes (recibos, entradas) que ha traído y digan qué hizo en cada uno de estos lugares.

5. Relacionamos la cultura no solamente con la geografía sino también con la gente, ya que personas destacadas de todo tipo ayudan a definir lo que representa "ser" de algún sitio específico. ¿Pueden mencionar algunos/as hispanos/as famosos/as?

6. Inventen una historia fantástica para explicar la fundación de la ciudad en la que viven ahora. Pueden hacer referencias a la mitología clásica. Luego, preséntensela a la clase.

Práctica gramatical

Repaso
gramatical:
Las expresiones
de comparación:
igualdad y
desigualdad
(segundo repaso)
(*Cuaderno*, pág. 27)
El superlativo ab-
soluto y relativo
(segundo repaso)
(*Cuaderno*, pág. 27)

En pequeños grupos, hagan tres comparaciones de igualdad y tres de desigualdad entre algunos de los países hispanos que aparecen abajo usando las categorías siguientes: grande, pequeño, largo, montañoso, tropical, turístico, lejano, remoto. Enlacen los países que han comentado con un círculo y luego otros grupos pueden tratar de adivinar la comparación que han hecho.

Ejemplo: Perú y Chile
Perú es menos largo que Chile.

Colombia

Honduras   Chile

Ecuador   Panamá

España   Cuba

México   Perú

Bolivia   Venezuela

Argentina

Creación

Prepare el itinerario de un viaje de una semana por América del Sur. Debe visitar por lo menos dos países y tres ciudades. Especifique los sitios que desea visitar en cada una de las zonas y por qué. Puede obtener toda la información en Internet.

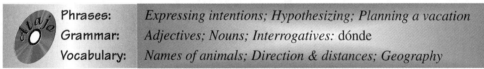

Phrases:	*Expressing intentions; Hypothesizing; Planning a vacation*
Grammar:	*Adjectives; Nouns; Interrogatives:* dónde
Vocabulary:	*Names of animals; Direction & distances; Geography*

Dime cómo hablas y te diré de dónde eres

La lengua es una entidad viva y dinámica que cambia y evoluciona constantemente. Por eso se ha llegado a decir, medio en broma medio en serio, que Inglaterra y Estados Unidos son dos naciones separadas por un mismo idioma. Este dinamismo es la causa de diferencias no sólo entre distintos países que hablan el mismo idioma, sino también entre diversas regiones del país, o entre personas de diferentes generaciones, profesiones y niveles de educación.

A continuación se presentan algunas de las diferencias, que ocurren principalmente en el lenguaje cotidiano, entre el español hablado en España y el de algunos países de Latinoamérica.

▶ Palabra por palabra

cotidiano/a	*daily*
la **creencia**	*belief*
el **disparate**	*nonsense*
equivocarse	*to make a mistake*
insultar	*to insult*
el **orgullo**	*pride*
por otro lado	*on the other hand*
sabroso/a	*tasty*
la **tarea**	*task, homework*

▶ Mejor dicho

(ser) confuso/a	*to be unclear, confusing (inanimate subject)*	Estas instrucciones para armar la bici **son** muy **confusas.**
(estar) confundido/a	*to be mixed up, wrong, confused (animate subject)*	Después de leer a Kant **estábamos** completamente **confundidos.**

tratar (a alguien)	*to treat (someone)*	¿Cómo **te está tratando** la vida últimamente?
tratar de + inf.	*to try to*	Siempre **he tratado de** no ser pesado.
tratar de + sust.	*to deal with*	¿De qué **trata** la novela?
tratarse de	*to be a question of*	**Se trataba de** ganar el campeonato.

Práctica

En pequeños grupos, hagan lo indicado a continuación.

1. Digan antónimos o sinónimos para cinco palabras o más del vocabulario.

   Ejemplo: alto → bajo (antónimo)
   fuerte → musculoso (sinónimo)

2. Trabajando en parejas, relacionen las expresiones **es confuso / está confundido** con las situaciones que aparecen a continuación.

   Ejemplo: Desde el accidente mi vecino tiene amnesia.
   Está muy confundido.

   a. Santiago contestó que "blanco" se dice *black* en inglés.
   b. El timbre del teléfono acaba de despertar a Iván de un profundo sueño.
   c. Al trabajo escrito de Carola le faltan páginas.
   d. Hay dos exposiciones de pintura y Gabriel no sabe a cuál ir.
   e. El uso del subjuntivo depende de múltiples factores.

3. **Rey/Reina por un día.** Digan cómo les gustaría que los/las trataran un día muy especial.

   Ejemplo: **Quiero que me traten con cariño.**

4. Digan lo que tratan de hacer en estas circunstancias.

   a. Estás en el cuarto de baño y alguien necesita entrar urgentemente.
   b. Estás hablando por teléfono en una cabina pública y alguien quiere llamar.
   c. Vas por la calle y ves a un niño que se acaba de caer de la bicicleta.
   d. Tienes que llegar rápidamente a casa y en la autopista el tráfico es horrible.
   e. Llegas tarde al aeropuerto y pierdes el vuelo.

Alto

1. Fijándote en las primeras oraciones de cada párrafo, presta atención a la estructura del texto, es decir, el orden en que se presentan las ideas principales. Subráyalas.

2. La lengua a veces causa situaciones cómicas o confusión, por ejemplo, cuando una palabra tiene más de un significado. ¿Cuál sería un ejemplo?

3. ¿Tienes dificultad en entender a alguien cuando habla inglés? ¿A quién y por qué? ¿Entenderían tus abuelos todo lo que dicen tus amigas/os?

¿En serio?

Dime cómo hablas
y te diré de dónde eres

Algunas personas consideran a los hispanos un grupo homogéneo por el hecho de hablar la misma lengua. Para darnos cuenta del disparate que representa tal percepción bastaría aplicar la misma regla a Inglaterra y Estados Unidos. Aunque sin duda existen muchas semejanzas, estos países distan de poseer costumbres y
5 creencias idénticas. En el mundo hispano la situación se complica aún más por tratarse de veinte países. Al viajar por ellos o conocer a personas de España o de Latinoamérica las diferencias se hacen inmediatamente evidentes. Una de las más sutiles e interesantes es el uso del español, que da cabida a[1] múltiples acentos y palabras locales dentro de una sola lengua.
10 Para averiguar de dónde es un hispanohablante, observe cómo pronuncia palabras como **za**pato, **ce**rdo, **ci**nco, **zo**ológico y **zu**rdo. Si pronuncia el primer sonido como /z/ (esto es, como la "th" de *think),* no hay duda que se trata de un español (excepto de Andalucía y de las islas Canarias). Pero si escuchó /s/ en su lugar, entonces la persona puede ser de cualquier país de Latinoamérica, de
15 Andalucía o de las islas Canarias. Al fenómeno lingüístico de pronunciar za, ce, ci, zo, zu como sa, se, si, so, su, se llama "seseo".[2]

El seseo crea situaciones ambiguas y a veces cómicas. Imagínese el diálogo tan absurdo que pueden tener dos hispanohablantes en el caso de que uno le comunique al otro que "se va a casar". Aunque puedan sonar igual, "casar/se" *(to marry)*
20 y "cazar" *(to hunt)* son dos actividades bastante diferentes.

---

[1] **da cabida a** *has room for*   [2] El fenómeno de pronunciar la /s/ como /z/ (señor como "ceñor" /th/) se llama "ceceo" y se limita a unas pocas zonas de Andalucía.

En segundo lugar, preste atención a los pronombres y las formas verbales. Si charlando con sus amigos una persona se dirige a ellos usando el pronombre "vosotros" o las formas verbales correspondientes "sois/tenéis/vivís/estáis", en-

25 tonces puede asegurar sin miedo a equivocarse que la persona es española. En Latinoamérica, en las mismas circunstancias, se diría "ustedes son/tienen/viven/están". Por otro lado, si utiliza el singular "vos sós/tenés/

30 vivís/estás" para la segunda persona en lugar de "tú eres/tienes/vives/estás", este individuo habrá nacido en un país centroamericano o en la región del Río de la Plata (Argentina, Paraguay y parte

35 de Uruguay). Esta segunda peculiaridad lingüística se denomina "voseo" y se extiende por casi dos terceras partes del mundo hispanohablante.

En cuanto al vocabulario, si oye de-

40 cir a alguien que no tiene "coche", pero sí "carnet de conducir", no puede ser más que de la Península Ibérica. En cambio, si oye decir que no tiene "carro", pero sí "licencia o permiso de

45 manejar", indudablemente se trata de un latinoamericano.

Otras palabras que sitúan al hablante en el área europea o americana son:

"Vos" se usa en lugar de "tú" con familiares y amigos.

En Chile la distinción es de clase social: "vos" lo usa la gente de un nivel económico bajo.

España		Latinoamérica
sellos	*stamps*	estampillas
chaqueta	*jacket*	saco
fontanero	*plumber*	plomero
echar	*to throw out*	botar
zumo	*juice*	jugo
manzana	*(street) block*	cuadra
días de fiesta	*holidays*	días feriados

Aún podría ser más precisa la identificación geográfica del hispano, si el tema de
50 conversación fuera sobre los medios de transporte. Un mexicano mencionará la
palabra "camión", un paraguayo o un peruano "ómnibus", un cubano o un puertorriqueño "guagua",[3] un guatemalteco "camioneta", un argentino "colectivo", un español "autobús" y un colombiano "bus", para referirse todos al mismo tipo de
vehículo que puede transportar a más de 10 personas a la vez.

55 Sin duda alguna, dentro de los productos alimenticios es donde existe mayor
diversidad léxica en español y, por tanto, resulta ser el área más compleja. Pero,
por otro lado, es más fácil saber, mediante el uso de una palabra, dónde nació una
determinada persona. Si bien hay productos conocidos en todas partes con el
mismo sustantivo (por ejemplo, arroz), en otros casos la variedad léxica es sor-
60 prendente. Sirva como ilustración, el tipo de verduras conocido en inglés como
green beans; según el país o la región del mundo hispano, se llamarán judías verdes,
ejotes, vainitas, chauchas, porotos verdes, habichuelas, etc. A esta riqueza de vocabulario ha contribuido la incorporación al español de términos del quechua,
náhuatl, guaraní, es decir, de las lenguas habladas por los pobladores indígenas de
65 América.[4]

Aunque la multiplicidad de palabras que reciben ciertos productos puede crear
confusión, también resulta desconcertante el que dos hispanohablantes usen la
misma palabra para referirse a diversas entidades. Por ejemplo, si Ud. va a un
restaurante en Acapulco y pide "tortillas", el mesero le traerá unas sabrosas tor-
70 tas hechas de maíz; pero, si va a un bar de Barcelona y pide una "tortilla", el ca-
marero le servirá algo parecido a una pizza pero hecho de patatas y huevos, es
decir, una *omelette.* Más aún, si un mexicano intenta comer la comida típica de su
país, los tacos, en España, se enterará de que allí los tacos no se comen sino que
se dicen. Así se llaman las malas palabras. ¡La simple tarea de comer puede con-
75 vertirse en una aventura con estos obstáculos!

Otra manera de saber de dónde es alguien, es observar su reacción a ciertas
palabras cotidianas, aparentemente inocentes, como "tirar" *(to throw),* "fregar"
(to scrub), "coger" *(to take).* Si al oír alguno de estos términos la persona abre
desmesuradamente los ojos, se sonroja[5] o se ríe, es posiblemente porque para
80 ella estas palabras tienen connotaciones sexuales. Aunque el primer término tiene
más impacto en la zona central de los Andes (Bolivia, Perú, Ecuador), el segundo
en el cono sur (Chile, Argentina, Uruguay) y el tercero en México, estos vocablos
son también conocidos en otras partes de Latinoamérica.

---

[3] Cuidado con la palabra "guagua" pues en muchos lugares, excepto en estas islas del Caribe y en las Canarias,
significa "niño/a". [4] Algunas palabras del quechua son: coca, papa, alpaca; del náhuatl: chicle, tomate, chocolate;
del guaraní: piraña, ananá. [5] **se sonroja** *blushes*

Por último, los términos que se usan para insultar son a menudo peculiares de
85 ciertos lugares y por lo tanto útiles para distinguir entre los hispanohablantes. Por
supuesto, también sirven para otros propósitos. Además de los insultos internacionales, y posiblemente intergalácticos, como estúpido, idiota, imbécil o tonto,
existen otros más característicos de las regiones del mundo hispánico: en la zona
del Caribe "pendejo" (estúpido), en Chile y Perú "huevón" (lento, perezoso), en
90 Argentina "boludo" (tonto, pesado), en España "gilipollas" (estúpido).

Quizás, después de leer estas observaciones sobre el español, se encuentre Ud.
un poco desconcertado sobre el tipo de español que ha aprendido hasta el momento y se pregunte si le entenderán o no en algunos países de habla española.
En realidad, aproximadamente el 90 por ciento del español es común a todas las
95 naciones hispanohablantes. El 10 por ciento que es diferente se asimila fácilmente
viviendo en cualquiera de los países o conversando con personas procedentes de
esas regiones, quienes seguramente le explicarán con orgullo las peculiaridades de
su lengua.

¿Entendido?

Completa el cuadro a continuación de acuerdo con el contenido de la lectura.

peculiaridades lingüísticas	Latinoamérica	España
la pronunciación		
la gramática		

el vocabulario:
  ropa
  transportes
  insultos
  connotaciones sexuales
  otros ejemplos		

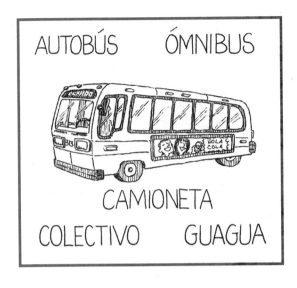

¿Qué indican estos
dos dibujos sobre
el uso del español?

En mi opinión

En grupos, contesten las preguntas siguientes.

1. Presten atención a la pronunciación de su profesor/a de español (y de otros hispanohablantes si fuera posible). Si es de origen hispánico, ¿pueden determinar de dónde es? Si es de otra procedencia, ¿pueden notar si el español que ha aprendido es peninsular (llamado también "castellano") o latinoamericano? ¿Cómo lo saben? ¿Es posible tener dos acentos distintos al mismo tiempo?

2. Así como ocurre en español, ¿cuáles son algunas palabras inglesas que significan algo diferente en Inglaterra, Estados Unidos y Australia? ¿Hay otras con significados divergentes en distintas partes del mismo país?

3. ¿Qué impresión les causa el acento de una persona? ¿Tienen creencias estereotipadas de gente con acento sureño o de Nueva York o Boston, por ejemplo?

4. ¿Qué opinión tienen del bilingüismo? ¿Creen que debe aprenderse más de una lengua desde pequeño/a? ¿Debe ser obligatorio? ¿Qué les parece el Spanglish que se habla cada vez más en lugares de grandes concentraciones de hispanos como en el oeste de EE UU o en Miami?

Estrategias comunicativas para que alguien repita lo que ha dicho

Perdone, no lo/la entendí.	*Sorry, I did not understand you.*
¿Cómo has dicho?	*What did you say?*
¿Qué dice?	*What are you saying?*
¿Cómo?	*How's that?*

En (inter)acción

En parejas, hagan las actividades siguientes.

1. Lean en voz alta las siguientes oraciones según las pronunciarían una persona que sesea y otra que no lo hace.

   a. Cinco y cinco son diez.
   b. Me fascinan el arroz, los garbanzos y el azúcar.
   c. Hemos visto ciervos en el zoológico.

2. El anuncio de RENFE es muy ingenioso en términos de la ambigüedad del lenguaje. ¿En qué consiste su ingenio? ¿Cuáles son algunas ventajas de viajar en tren según este anuncio?

CONDUZCASE CON PRUDENCIA

Comida, café, copa y vídeo.
Estos son los ingredientes de un viaje apetecible.
Mézclelos a su gusto. En tren.
En su próximo viaje estamos para servirle.
Sin parar.

Obras públicas para disfrutar en privado. Cómodamente.
No pare hasta llegar al final.
Hasta su destino.

Si tienes menos de 11 años, juega a los trenes en la guardería.
Si tienes más, disfruta de las ventajas que tiene el tren mientras tus hijos juegan.

3. Hablar por teléfono es de las cosas más difíciles para alguien que está aprendiendo una nueva lengua. Mantengan una conversación telefónica en español en la que un/a estudiante es un/a vendedor/a y el/la otro/a un/a posible cliente/a que tiene dificultad entendiendo lo que le dice. Usen algunas de las **Estrategias comunicativas.**

¿Sabes cómo contestar el teléfono en los veinte países en los que se habla español?

Práctica gramatical

Repaso gramatical:
Los interrogativos
(*Cuaderno*, pág. 27)
Los exclamativos
(*Cuaderno*, pág. 28)
La nominalización de los adjetivos
(*Cuaderno*, pág. 29)

1. **Un concurso.** La clase se divide en dos grupos. Cada grupo escribe cinco preguntas sobre Latinoamérica para hacérselas al otro grupo y ver cuál de los dos sabe más. Deben usar cinco palabras interrogativas diferentes.

   Ejemplo: —¿Qué idioma se habla en Brasil?
   —En Brasil se habla portugués.

2. **Sesión de chismes.** Hagan exclamaciones con adjetivos, sustantivos y adverbios sobre sus compañeros/as de clase o de residencia. Usen palabras exclamativas diferentes.

   Ejemplos: ¡Cómo me exasperan sus costumbres!
   ¡Qué disciplinada es!

3. Los/Las estudiantes se ponen de pie formando un círculo. Un/a estudiante empieza diciendo un sustantivo y a continuación el/la compañero/a que está a su derecha dice otro. Y así sucesivamente hasta que les haya tocado a todos/as varias veces. Durante el ejercicio, quien tarde en responder, se equivoque o repita un sustantivo, pierde y se debe sentar. Luego pueden hacer lo mismo con adjetivos. •[Se puede hacer el ejercicio usando una letra del alfabeto. Es decir, sustantivos que empiecen con A, adjetivos que empiecen con B, etc.]

4. **Nominalizaciones.** En grupos de tres estudiantes, uno/a empieza diciendo un sustantivo, otro/a añade un adjetivo y el/la tercero/a añade otro adjetivo precedido del artículo definido.

   Ejemplo: ESTUDIANTE 1: el coche
   ESTUDIANTE 2: el coche rojo
   ESTUDIANTE 3: el coche rojo y el blanco

Creación

A continuación hay una lista de expresiones que usa la juventud española. Usando algunas de ellas, y otras palabras aprendidas en esta lectura, invente un diálogo entre un/a chico/a español/a y un/a hispanoamericano/a que no se entienden. Decida dónde ocurre el encuentro (en la calle, en un bar, en un museo) y sobre qué están hablando. Escriba al menos 6–7 frases para cada uno/a de los/las interlocutores/as.

alucinante	*wild*	**asfixiado/a**	*penniless*
bocata	*sandwich*	**pasarlas canutas**	*to have a rough time*
ponerse ciego/a	*to get drunk*	**colgado/a**	*stoned*
currar	*to work*	**fardar**	*to brag*
flipar	*to flip over something*	**tío**	*guy*
pelas	*pesetas*	**follón**	*problem, mess, trouble*
litrona	*a liter/bottle of beer*	**pasta**	*money*
talego	*jail*	**ligar**	*to pick up with sexual intentions*

Phrases:	*Apologizing; Attracting attention; Making an appointment*
Grammar:	*Prepositions; Articles: definite & indefinite*
Vocabulary:	*Traveling; Senses; Telephone*

¡Qué guay!

El estudio de los refranes (y expresiones idiomáticas) del español y del inglés constituye otra manera de apreciar las diferencias culturales. Los refranes son dichos populares que se transmiten de generación en generación y que contienen enseñanzas, consejos, advertencias útiles para todo el mundo. Pero si los analizamos con detenimiento, descubriremos que los refranes revelan también aspectos característicos de la sociedad en que han surgido, como son sus valores, su actitud hacia la vida, su percepción de la existencia humana y muchas cosas más.

Palabra por palabra

acostarse (ue) (con)	*to go to bed, lie down, sleep with*
destacar	*to highlight, stand out*
estrenar	*to use for the first time, debut a film or play*
la **expresión idiomática**	*idiom*
el **refrán**	*saying*
la **trampa**	*trap*
valer la pena	*to be worthwhile*

Mejor dicho

pensar + inf.	*to intend or plan*	Nunca **había pensado estudiar** arquitectura.
pensar en	*to have something or someone in mind, think about*	Deberíamos **pensar** más **en** las consecuencias de nuestras acciones.
pensar de°	*to have an opinion about*	¿Qué **piensas de** los tatuajes *(tattoos)*?

°**¡Ojo!** Para contestar preguntas con esta estructura se usa **pensar que.**

próximo/a	*next (for future actions)*	Iremos de vacaciones la **próxima** semana.
siguiente	*next (for past actions)*	Fuimos de vacaciones a la semana **siguiente.**

Práctica

1. En parejas, comenten:
   a. Lo que más destaca de su aspecto físico y de su personalidad.
   b. Lo que hizo para estrenar su libertad en la universidad.
   c. Algunas expresiones idiomáticas o palabras que le irritan.
   d. La hora a la que se acuesta generalmente.
   e. Algo en que piensa a menudo y por qué.
   f. Algunas cosas sobre las cuales no sabe qué pensar.
   g. Lo que piensa hacer después de graduarse.
   h. Lo que considera una trampa.

2. Pregúntele a un/a compañero/a qué piensa hacer...

   a. el próximo fin de semana
   b. el próximo verano
   c. las próximas Navidades
   d. la próxima vez que llueva
   e. los próximos cinco años

y qué hizo al día siguiente de...

   f. tener su primer coche
   g. tener su primer accidente
   h. llegar a la universidad
   i. quedarse sin ropa limpia
   j. empezar una dieta

Al final, pueden comparar las respuestas con todos/as los/las demás estudiantes de la clase.

Alto

1. ¿Conoce Ud. muchos refranes en inglés (como *Better late than never)?* ¿Los usa a menudo? ¿De quién los aprendió? ¿Cuál es su favorito? ¿Existen refranes contemporáneos? Escriba dos.

_____

_____

2. Escriba tres expresiones contemporáneas que una persona extranjera no entendería. (Ejemplos: *out to lunch, the bottom line)*

_____

_____

_____

3. Un ejemplo del cambio entre una cultura y otra nos lo ofrecen los títulos de películas o programas de TV. ¿Podría adivinar a cuáles se refieren los siguientes?

  a. Películas:
    Lo que el viento se llevó _____

    La guerra de las galaxias _____

  b. Programas de TV:
    "Expediente X" _____

    "Urgencias" _____

    "Los vigilantes de la playa" _____

¿De qué se ríen?

¡Qué guay![1]

Estudiar una lengua extranjera es un proceso de descubrimiento a través del cual nos damos cuenta de que hay más de una forma de expresar la misma idea; es decir, más de una forma de entender la vida. Esto resulta evidente cuando, al tratar de traducir, notamos que no es tan simple como echar mano al diccionario ya que
5 muy a menudo no existen equivalencias exactas entre las distintas lenguas. Por eso el uso del diccionario es, a veces, menos una ayuda que una frustración. Un ejemplo clásico de las trampas de la traducción literal es el del hispano que intenta expresar la cortés frase "Entre y tome asiento" y le pide a su amigo anglo-parlante que *Between and drink a seat.* Otro ejemplo divertido, entre los muchos
10 que hay, es el de la mujer cuyo esposo se pone enfermo de repente y sale a pedir ayuda gritando: *Help, my husband is bad!,* lo cual sorprende, pero no alarma, a quienes la oyen, que simplemente le recomiendan *Get another one!*

Los refranes representan un buen punto de partida para el análisis de una lengua y su cultura. Son frases hechas[2] que no cambian con el uso, ideas que pasan
15 de una a otra generación y guardan la sabiduría popular de los pueblos. A pesar de las diferencias culturales entre el mundo anglosajón y el mundo hispano muchos de estos refranes coinciden en ambas lenguas y muestran una actitud similar ante la vida.

---

[1] **guay** *cool* (en España)   [2] **frases hechas** *ready-made phrases*

    1. Más vale tarde que nunca.

20   2. Quien ríe (el) último ríe mejor.

    3. No es oro todo lo que reluce.

Hay algunos proverbios que comienzan a dar señas de divergencias culturales; refranes que son casi, pero no del todo iguales.

    1. Ojos que no ven, corazón que no siente.
25   *Out of sight, out of mind.*

    2. Más vale pájaro en mano que cien volando.
      A bird in hand is worth two in the bush.

    3. Les das un dedo y se toman el brazo.
      Give them an inch and they take a mile.

30 ¿A qué se pueden atribuir estas pequeñas variaciones? En estas diferencias comenzamos a ver el hecho de que la lengua es una manera especial de vivir, de pensar y de relacionarse con los otros. Los ejemplos abundan y valdría la pena comentar cada caso por separado.

En el próximo grupo de refranes se expresa la misma idea de modo radical-
35 mente distinto en los dos idiomas. Aquí se destacan las diferencias culturales.

    1. En boca cerrada no entran moscas.
      Silence is golden.

    2. A quien madruga, Dios le
40   ayuda.
      The early bird catches the worm.

    3. Que me quiten lo bailado.
      Eat, drink, and be merry.

45 Hay también expresiones idiomáticas coloquiales en esta categoría:

    1. chiste verde – *dirty joke*

    2. de carne y hueso – *flesh*
50   *and blood*

    3. acostarse con alguien – *to sleep with someone*

¿Con qué refrán se relaciona el dibujo?

4. cuento chino – *tall tale*

5. no tener pelos en la lengua – *not to mince words*

6. martes 13 – *Friday the 13th*

55 Finalmente, hay expresiones que están tan íntimamente ligadas a la cultura que no tienen equivalente alguno en la otra lengua. Algunas son:

español

estrenar (ropa, etc.)

ser una mosquita muerta – *to give the impression of being a shy, naive, candid person, and actually be just the opposite*

60 la casa chica – *the house a married man maintains for his lover*

caminar con los codos – *to be a very stingy person*

inglés

couch potato

65 *to have a green thumb*

to keep up with the Joneses

workaholic

Y no debemos olvidar tanto las palabras internacionales (taxi) como las "prestadas" *(borrowed)* entre una lengua y otra. Hay cosas curiosas como, por 70 ejemplo, el hecho que la palabra *lunch* viene de la comida que hacían los españoles a "las once".

Escuchemos, pues, con atención las palabras y expresiones que pueden revelarnos muchos secretos de la cultura de la cual provienen.

¿Entendido?

Conteste las preguntas siguientes de acuerdo con el contenido de la lectura.

1. ¿Por qué es con frecuencia inefectivo el uso de un diccionario para traducir a/de otra lengua?

2. ¿Cuál es la relación de la lengua con la cultura? Es decir, ¿por qué las mismas ideas se expresan de modo distinto en las diversas lenguas?

3. Elija uno de los refranes que aparecen en el texto. ¿Puede explicar/comentar las diferencias entre la versión española y la inglesa?

4. ¿Cuál es la idea principal de la lectura?

En mi opinión

En grupos, comenten lo siguiente.

1. A continuación hay varios refranes y expresiones en español. Piensen en cuál sería su equivalente en inglés y decidan a cuál de las siguientes categorías pertenecen.

	igual	casi igual	distinto
a. Amor con amor se paga.			
b. Con paciencia se gana el cielo.			
c. Levantarse con el pie izquierdo.			
d. De sabios es rectificar.			
e. El tiempo es oro.			
f. Lo que no mata, engorda.			
g. Caminando se llega a Roma.			
h. Piensa mal y acertarás.			

2. Los grupos de palabras siguientes forman refranes. Con la ayuda del significado en inglés, intenten ordenarlos de manera que digan algo parecido.

a. astilla, tal, de, palo, tal   *Like father, like son.*
b. se, ellos, Dios, juntan, cría, los, y   *Birds of a feather flock together.*
c. ruido, pocas, mucho, nueces   *Much ado about nothing.*

3. Mencionen una palabra o expresión (en inglés y en español) que les gusta mucho y una que les hace reír.

Ejemplo: papalote *(kite)* o *wet behind the ears*

4. Mencionen algunas palabras que vienen del español o del inglés y que se usan en el otro idioma.

5. Den consejos a sus compañeros/as de cómo debe usarse el diccionario correctamente para averiguar el significado de una palabra que nunca antes ha oído o visto.

6. En Francia, recientemente, trataron de eliminar de la lengua, sin éxito, todas las palabras extranjeras. Imagínense las que habría que eliminar del inglés en un caso así. Mencionen al menos tres (del español) pensando en productos alimenticios, nombres de restaurantes, expresiones, etc.

Ejemplo: Los Angeles, burritos, *No way,* José.

Estrategias comunicativas: el lenguaje del cuerpo

saludar dándose la mano o besándose	*handshakes and kisses as greetings*
saludar o despedirse con la mano	*waving hello/good-bye*
otros gestos:	*other gestures:*
tacaño: tocar la mesa o la mano con el codo	*stingy: tap the table or the hand with the elbow*
amenaza: mover la mano horizontalmente con la palma hacia arriba	*threat: move the hand horizontally with the palm facing up*
perfecto: hacer un círculo con los dedos	*perfect: make a circle with two fingers*
no sé, no me importa: encogerse de hombros	*don't know, don't care: shrug of the shoulders*

En (inter)acción

En grupos de tres estudiantes, hagan las siguientes actividades.

1. **Adivinanzas** *(Riddles).* Hagan un concurso para ver cuál de los grupos adivina más.

   Ejemplo: Mato a quien me está matando. (el hambre)

   a. ¿Qué cosa es que cuanto más grande es menos se ve?
   b. Vence al tigre y al león, vence al toro embravecido, vence a señores y reyes que caen a sus pies vencidos.
   c. A pesar de tener patas, yo no me puedo mover; llevo a cuestas la comida y no la puedo comer.

2. **¿Cómo dices?** Los niños pequeños muchas veces no entienden las expresiones idiomáticas porque las interpretan literalmente. Por ejemplo, imaginen lo que pensarán cuando oyen decir que "¡Alguien ha nacido con el pan debajo del brazo!" (lo que significa que ha nacido en el seno de una familia adinerada). Hagan una lista de algunas expresiones así en inglés o en español para presentar a la clase.

3. **El lenguaje del cuerpo.** Cada estudiante hace a sus compañeros/as preguntas que éstos/as puedan contestar con los gestos típicos mencionados en las **Estrategias comunicativas.**

Práctica gramatical

Repaso
gramatical:
Formas del
presente de
subjuntivo
(*Cuaderno*, pág. 29)
El subjuntivo
con expresiones de
duda y negación
(*Cuaderno*, pág. 31)
El subjuntivo
con expresiones
impersonales
(*Cuaderno*, pág. 31)

1. En la universidad. En grupos, digan lo que es preciso que haga o no una persona para conseguir lo siguiente.

Ejemplo: entrar en una organización estudiantil
              Es preciso que solicite la entrada.

a. ser elegida presidenta del consejo de estudiantes
b. ser aceptada en la Facultad de Empresariales *(Business School)*
c. formar parte del equipo de fútbol
d. vivir en una residencia de estudiantes
e. no tener mononucleosis
f. no retrasarse *(fall behind)* en los cursos

2. En parejas, comenten una noticia reciente y expresen duda o certeza sobre los detalles que aparecen en los periódicos. Cada uno/a debe inventar tres oraciones usando expresiones impersonales o verbos que expresan duda o negación.

Ejemplo: (Noticia) Un estudio concluye que los jóvenes piensan constantemente en divertirse.
              No creo que sus conclusiones sean válidas, pues yo tengo otras prioridades.

Creación

Escoja uno de los refranes de la lectura (u otro que Ud. conozca) y escriba un cuento que le sirva de ilustración.

Phrases:	*Expressing a need; Warning; Weighing evidence*
Grammar:	*Negations; Adverbs; Prepositions*
Vocabulary:	*Personality; Professions; Sickness*

CAPÍTULO 5

Así nos vemos / Así nos ven

Hamburguesas y tequila

Un conocimiento superficial de otros países y culturas se produce casi siempre a través de estereotipos. A continuación se presentan y cuestionan algunos estereotipos para concienciarnos de su frecuente presencia en la vida actual y de cómo afectan nuestras acciones. Se trata de imaginar y comprender el punto de vista del "otro/a", de ponernos en su situación y, sí, ¡de reírnos un poco de nosotros/as mismos/as!

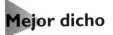

Palabra por palabra

al contrario	*on the contrary*
a menudo	*often*
estar bien/mal visto/a	*to be socially approved/disapproved*
el **malentendido**	*misunderstanding*
odioso/a	*hateful, unpleasant*
la **pereza**	*laziness*
el **prejuicio**	*prejudice*

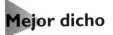

Mejor dicho

el **tópico**	*cliché*	El autor de esa novela no va más allá de los **tópicos.**
el **tema**	*topic*	Tengo que buscar un **tema** de investigación.
el **sujeto**	*subject (person)*	Mi jardinero era un **sujeto** muy sospechoso.
la **materia** o la **asignatura**	*subject (course of study)*	La química siempre ha sido una **materia/asignatura** impenetrable para mí.

Práctica

1. En grupos de tres estudiantes, discutan lo siguiente.

   a. Tres cosas que les parecen odiosas.

   b. Tres cosas que están bien vistas y tres que están mal vistas por los jóvenes, por los padres o por la sociedad en general.

   c. Los lugares dónde se ven o escuchan tópicos a menudo.

   d. Un tema cultural que les apasiona y les gustaría discutir.

   e. Una materia/asignatura que les interesa mucho en la universidad.

   f. Tres prejuicios comunes en su universidad.

2. Con la clase dividida en dos grupos, se reparten entre los/las estudiantes todas las fichas de un juego de *Scrabble* y tratan de formar palabras con el vocabulario de esta lección y de las anteriores en un tiempo limitado. Se pueden formar otras palabras pero recibirán solamente la mitad de los puntos.

Alto

1. Durante la primera lectura del texto, subraya las palabras que no entiendes y después, al releer, trata de descifrar su significado según el contexto.

2. Busca en la lectura las palabras "estereotipos" y "estereotipados". ¿Puedes explicar cuándo se usa una u otra palabra?

3. ¿Hay estereotipos en tu universidad? ¿Cuáles?

Hamburguesas y tequila

A pesar del considerable aumento en las posibilidades de viajar que personas de todas las clases sociales tienen hoy en día o, acaso, por la brevedad de las visitas a países extranjeros, aún predomina la tendencia a pensar en otros en términos estereotipados. Según la definición que nos ofrece el diccionario, "los
5 estereotipos son imágenes o ideas simplistas comúnmente aceptadas por un grupo o sociedad con carácter inmutable". Aunque estas ideas e imágenes casi siempre contienen un grado de verdad, a menudo impiden la apreciación en profundidad de algo o alguien que nos es extraño, ya que tienden a reducir la compleja realidad humana a un esquema simplista, superficial e invariable.

10   Todos tenemos una serie de ideas preconcebidas respecto a culturas, razas o religiones que no son las nuestras y desgraciadamente, muchas veces, no nos damos ni cuenta.[1] Gran parte de los malentendidos entre las personas y entre las naciones es el resultado de estas nociones estereotipadas. Examinemos con atención, por ejemplo, lo que hace ya algunos años afirmaba Fernando Díaz Plaja, un

15 conocido ensayista español, en su libro *Los siete pecados capitales en los Estados Unidos*:

"Perder el tiempo" es la frase más odiosa para un norteamericano que se respete.[2] El pecado[3] capital de la Pereza no existe en los Estados Unidos. El trabajo es el dios unificador.[4] No estar ocioso es la gran virtud

20 del norteamericano y, como todas las grandes virtudes, se paga con la desaparición de un placer.[5] En este caso el del goce de la vida pasiva, desde la puesta de sol paladeada[6] sensualmente hasta esa flor de la civilización y la pereza que se llama conversar. El chicle representa, a menudo, la solución al problema de la inactividad. Da la sensación de comer cuando no se

25 come, de beber cuando no se bebe y, lo más importante, la sensación de hacer algo continuamente.

     Decir que en los Estados Unidos está mal vista la inactividad (el no hacer nada, la pereza, el conversar por conversar, etc.) constituye una observación aguda[7] por parte de Díaz Plaja, así como una interpretación ingeniosa de un fenó-

30 meno cultural, que además corresponde con la imagen universalmente aceptada del ciudadano norteamericano. Pero, ¿hasta qué punto es cierta? ¿O es tal vez más exacta la imagen que sobre ellos nos transmiten la televisión y el cine, según la cual todos los norteamericanos son trabajadores y materialistas, viven en mansiones suntuosas con alarmas y profusión de candados,[8] y son muy dados[9] a la

35 violencia? ¿Y qué decir de la visión de los hispanos como seres perezosos, hedonistas,[10] muy pocos blancos, que siempre están de fiesta o haciendo revoluciones? Aceptar los estereotipos anteriores implica, entre otras cosas, olvidarnos de la gran diversidad que caracteriza tanto a los Estados Unidos como al mundo hispano así como de los individuos que se desvían[11] de la norma.

40   Resulta imprescindible reconocer las formas de pensar estereotipadas, pues en la llamada villa global que es el mundo hoy vamos a entrar en contacto, más temprano o más tarde, con gente diferente a nosotros. Y si al acercarnos a esa gente, buscamos confirmación a los estereotipos en lugar de relacionarnos abiertamente y sin expectaciones previas, perderemos gran parte de la riqueza de

45 otras formas de vida, de su valor como respuestas a la experiencia humana.

---

[1] **no... cuenta** *we don't even realize it*   [2] **se respete** *with good self-esteem*   [3] **pecado** *sin*   [4] **dios unificador** *unifying god (principle)*   [5] **placer** *pleasure*   [6] **puesta... paladeada** *a sunset savored*   [7] **aguda** *acute*   [8] **candados** *locks*   [9] **muy dados** *prone to*   [10] **hedonistas** *pleasure seekers*   [11] **se desvían** *deviate*

Otra razón por la que hay que examinar o cuestionar los estereotipos es que pueden convertirse fácilmente en prejuicios. Mientras que los estereotipos representan casi siempre simples impresiones, los prejuicios tienen implicaciones mucho más profundas en términos sociales, políticos y morales.

¿Entendido?

Decide si las oraciones siguientes son verdaderas o falsas según la lectura. Si son falsas cámbialas para que sean verdaderas.

1. _____ Los norteamericanos no saben gozar de los placeres de la inactividad.

2. _____ El chicle sirve para hacer la digestión.

3. _____ Los estereotipos son siempre ofensivos y se deben evitar.

4. _____ Las personas, al autodefinirse, se identifican con un grupo específico. Los demás se convierten en "los otros".

5. _____ Los estereotipos dificultan las relaciones entre extraños (*people unfamiliar with each other, strangers*).

6. _____ La televisión contribuye a formar y a solidificar los estereotipos.

7. _____ A menudo no nos damos cuenta de que pensamos en términos muy estereotipados.

8. _____ Hoy día aunque se viaja más, se sigue cayendo en generalizaciones superficiales sobre los demás.

9. _____ Las hamburguesas y el tequila son cosas estereotípicas de dos culturas.

En mi opinión

En grupos, contesten y/o discutan los siguientes puntos.

1. ¿Están de acuerdo con la imagen que otras personas tienen de su país? ¿Les sorprende, les halaga (*flatter*) o les molesta? ¿Qué podemos hacer para defendernos de estas nociones?

2. Rellenen el cuadro siguiente y después comenten en grupo las diferencias entre el estereotipo del norteamericano y del hispano.

	norteamericanos	hispanos
familia		
trabajo		
comida/bebida		
limpieza		
dinero		
gestos		
puntualidad		
ropa		

3. ¿Cuáles son otros grupos que sufren a causa de los estereotipos? Mencionen al menos tres.

4. Piensen en algún anuncio o un programa de TV que explote un estereotipo. Comenten su impacto y efectividad.

5. Discutan la diferencia entre estereotipos y prejuicios. ¿Es posible estar libres de ellos? ¿Por qué resultan especialmente peligrosos en una sociedad multicultural?

6. Hagan una encuesta en su grupo para determinar cuáles de estas categorías corresponden a estereotipos o a prejuicios. Luego compartan los resultados con toda la clase.

idea	estereotipo	prejuicio
En Minnesota el clima es horrible.		
Los viejos no saben conducir.		
Las personas guapas son también honestas.		
Los colombianos ricos todos venden drogas.		
Los atletas son poco inteligentes.		
Es imposible ser demasiado rico/a y demasiado flaco/a.		
Las mujeres son muy sensibles y lloran con facilidad.		

Estrategias comunicativas para terminar una conversación

Tengo mucha prisa. Hablamos más mañana.	*I am in a big hurry. We'll talk more tomorrow.*
Es muy tarde, tengo que irme.	*It's very late, I need to go now.*
Te vuelvo a llamar pronto, ¿vale?	*I'll call you back soon, OK?*
Bueno, te dejo. Hasta luego.	*Listen, I'll let you go now. So long.*

En (inter)acción

En grupos, hagan las siguientes actividades. Para dar por terminados estos ejercicios empleen algunas de las expresiones de **Estrategias comunicativas.**

1. Mencionen dos estereotipos que no les molestan personalmente explicando por qué los consideran inocentes. ¿Hay algunos prejuicios que no están mal vistos por la sociedad en general actualmente?

2. **Espejo de la cultura.** Con dos compañeros/as, rellenen el cuadro siguiente con reacciones rápidas y automáticas. Después, comenten los resultados y compárenlos con los de otros grupos.

palabra	imagen	juicios/sentimientos	fuentes *(sources)*
casa/hogar	chalet de dos pisos, piscina y jardín, gatos	alegría, tranquilidad, bienestar	propia experiencia
artistas			
pena de muerte *(death penalty)*			
universidad			
homosexuales			
matrimonio			
extranjeros/as			
dinero			
mecánicos/as			
inmigrantes			
abogados/as			
gordos/as			
aborto *(abortion)*			
viejos/as			
hombres blancos			

3. Los estereotipos también pueden resultar dañinos de otros modos, ya que las normas a veces causan ansiedad a quienes no las pueden seguir, por ejemplo, la imagen de la belleza femenina. Esto ha contribuido a crear problemas como la anorexia, la bulimia y hasta la automutilación. ¿Por qué afectan más estas enfermedades a las mujeres que a los hombres? ¿Qué otras aflicciones tienen su origen en estas nociones estereotipadas?

Maastrich es un tratado reciente por el cual los países de la Unión Europea se comprometen a mantener cierta uniformidad laboral, política, económica.

Práctica gramatical

Repaso gramatical: Las expresiones temporales con **hace** (*Cuaderno*, pág. 32)

Preguntas indiscretas. En parejas, háganse al menos cinco preguntas con **hace.**

Ejemplo: —¿Cuánto tiempo hace que no te lavas la cabeza?
—¡Huyyyyy, hace muchos días que no me la lavo!

Creación

Escribe un párrafo políticamente incorrecto explicando por qué las personas de ojos verdes no deben poder conducir o cualquier otra situación igualmente ridícula. Haz referencias a precedentes históricos (inventados o reales) usando las expresiones temporales con **hace.**

Phrases:	*Describing (people, the past, objects); Expressing (irritation, conditions)*
Grammar:	*Relative clauses; Progressive tenses; Verbs:* conocer & saber
Vocabulary:	*Media (TV & radio); Clothing; Gestures*

El eclipse

Augusto Monterroso

Augusto Monterroso (Guatemala, 1921) es un escritor contemporáneo conocido por sus cuentos satíricos. Ha publicado, entre otros libros, *La palabra mágica* (1983), *Las ilusiones perdidas* (1985) y *Los buscadores de oro* (1993). En *El eclipse* (1952), Monterroso se remonta a los tiempos de la conquista de América para mostrarnos el contraste entre los españoles y los indígenas. Monterroso muestra hábil e ingeniosamente las ideas preconcebidas que tenían los españoles de los indígenas.

Palabra por palabra

confiaren	*to trust*
engañar	*to deceive, fool*
la **prisa**	*haste*
renunciara	*to give up*
sentarse	*to sit*
sentir(se) (ie, i)	*to feel*
todavía (no)	*still (not yet)*

Mejor dicho

el tiempo°	*weather*	Hizo muy buen **tiempo** ayer.
	measurable time	¿Cuánto **tiempo** tengo para hacer este examen?
la hora	*clock time*	¿Qué **hora** es?
	moment for	Por fin llegó la **hora** de comer.
la vez°	*time as instance, repeatable*	Nos hemos visto sólo dos **veces** este mes.

° **¡Ojo!** Hay muchas expresiones con **tiempo** y **vez.**

con tiempo	*with time to spare*	**de vez en cuando**	*from time to time*
a tiempo	*on time*	**a la vez**	*at the same time*
		a veces	*sometimes*

el cuento	*short story or tale*	Nos hizo todo el **cuento** de su accidente.
la cuenta	*the bill = $$$*	Ese tipo siempre desaparece a la hora de pagar la **cuenta.**
la historia	*history or story*	Lola cuenta unas **historias** divertidísimas.
contar (ue)°	*to tell a story*	**Cuéntame** algo, anda.

° **¡Ojo! Contar** también significa *to count.*

Práctica

1. En parejas, miren las siguientes ilustraciones y describan lo que ocurre usando palabras del vocabulario.

2. **Competición.** En grupos de tres estudiantes, formen una oración que contenga el mayor número de palabras del vocabulario. Tienen sólo tres minutos.

   Ejemplo: Si me engaña otra vez, no volveré a confiar en él.

<table>
<tr><td>

Alto

</td><td>

1. ¿Sabe Ud. algo de las civilizaciones indígenas precolombinas *(before Columbus)?*

2. ¿Se ha equivocado alguna vez al juzgar a alguien basándose en la primera impresión?

3. En la primera lectura del texto, subraye todos los verbos que encuentre. Luego note su lugar en la frase. ¿Van delante o detrás del sujeto?

</td></tr>
</table>

El eclipse

Augusto Monterroso

Cuando fray[1] Bartolomé Arrazola se sintió perdido aceptó que ya nada podría salvarlo. La selva poderosa de Guatemala lo había apresado, implacable y definitiva. Ante su ignorancia topográfica se sentó con tranquilidad a esperar la muerte. Quiso morir allí, sin ninguna esperanza, aislado, con el pensamiento fijo en la
5 España distante, particularmente en el convento de Los Abrojos, donde Carlos Quinto[2] condescendiera una vez a bajar de su eminencia[3] para decirle que confiaba en el celo religioso de su labor redentora.[4]

Al despertar se encontró rodeado por un grupo de indígenas de rostro[5] impasible que se disponían[6] a sacrificarlo ante un altar, un altar que a Bartolomé le
10 pareció como el lecho[7] en que descansaría, al fin, de sus temores, de su destino, de sí mismo.

Tres años en el país le habían conferido[8] un mediano[9] dominio de las lenguas nativas. Intentó algo. Dijo algunas palabras que fueron comprendidas.

Entonces floreció en él una idea que tuvo por digna de su talento y de su cul-
15 tura universal y de su arduo conocimiento de Aristóteles. Recordó que para ese día se esperaba un eclipse total de sol. Y dispuso,[10] en lo más íntimo, valerse[11] de aquel conocimiento para engañar a sus opresores y salvar la vida.

—Si me matáis —les dijo— puedo hacer que el sol se oscurezca en su altura.[12]

Los indígenas lo miraron fijamente y Bartolomé sorprendió la incredulidad en
20 sus ojos. Vio que se produjo un pequeño consejo,[13] y esperó confiado, no sin cierto desdén.

---

[1] **fray** *friar*   [2] **Carlos Quinto** = rey de España en el siglo XVI   [3] **condescendiera... eminencia** *magnanimously stepped down from his pedestal*   [4] **celo... redentora** *religious zeal of his attempt to convert (the natives)*   [5] **rostro** = cara   [6] **se disponían** *were getting ready*   [7] **lecho** = cama   [8] **conferido** = dado   [9] **mediano** = de nivel intermedio   [10] **dispuso** = decidió   [11] **valerse** = hacer uso   [12] **se... altura** *the sun grow dark in the sky*   [13] **consejo** *council gathering*

Dos horas después el corazón de fray Bartolomé Arrazola chorreaba[14] su sangre vehemente sobre la piedra de los sacrificios (brillante bajo la opaca luz de un sol eclipsado), mientras uno de los indígenas recitaba sin ninguna inflexión de voz,
25 sin prisa, una por una, las infinitas fechas en que se producirían eclipses solares y lunares, que los astrónomos de la comunidad maya habían previsto y anotado en sus códices sin la valiosa ayuda de Aristóteles.

¿Entendido?

Indique si las siguientes afirmaciones son verdaderas o falsas. Si son falsas, cámbielas para que sean verdaderas.

1. _____ Hacía tres años que fray Bartolomé estaba en el Nuevo Mundo.
2. _____ Los indígenas persiguieron y capturaron al fraile.
3. _____ Fray Bartolomé se sentía intelectualmente superior a los indígenas.
4. _____ Los indígenas sabían las fechas de los eclipses porque conocían la obra de Aristóteles.
5. _____ El fraile aceptó su destino y no luchó para salvarse.
6. _____ Los sacrificios se hacían para conmemorar el fenómeno natural del eclipse.
7. _____ El fraile sabía hablar la lengua de los indígenas.
8. _____ Los indígenas no mataron al fraile porque sentían miedo de él.

En mi opinión

En grupos de tres estudiantes, hablen de los temas siguientes.

1. Al entrar en contacto con algo nuevo la gente tiene distintas reacciones. ¿Cuál creen Uds. que debe ser nuestra actitud? Anoten varias (al menos tres) reacciones posibles.
2. ¿Cómo habría sido diferente el cuento si el protagonista, en lugar de ser un fraile, hubiera sido un conquistador, un explorador, una monja *(nun)?*
3. ¿Podemos aprender algo de otras culturas tecnológicamente menos avanzadas? ¿Hasta qué punto depende nuestro bienestar y satisfacción de los adelantos técnicos?
4. Personalmente, ¿han sido víctimas o culpables de una noción estereotipada? Expliquen y comenten el episodio.
5. En EE UU los jóvenes suelen ir a la universidad lejos de su casa. ¿Ha representado ese cambio una transformación para Uds.? ¿Han tenido momentos de descubrimiento, de miedo, de nostalgia?

---

[14] **chorreaba** *was dripping*

Estrategias comunicativas para quejarse

Siento tener que decirle que...	*I'm sorry to have to tell you that . . .*
¡Esto es el colmo!	*This is the last straw!*
Estoy perdiendo la paciencia.	*I am losing my patience.*
La verdad es que...	*The truth is that . . .*
¡No puedo aguantar más!	*I can't take it anymore!*

En (inter)acción

En grupos de tres estudiantes, hagan las siguientes actividades.

1. **¡De impacto!** Organicen un programa de TV *(talk show)* con un moderador y algunos panelistas para discutir el tema de las primeras impresiones. ¿Se puede confiar en ellas? ¿Cuándo sí/no? Expliquen sus ideas y den ejemplos.

2. **¿Cuánto tiempo estarán de visita?** Hagan un diálogo (entre diez y doce oraciones) del primer encuentro entre los indígenas del Nuevo Mundo y Cristóbal Colón y sus compañeros de viaje. Usen las **Estrategias comunicativas** anteriores (por ejemplo, para mostrar la indignación de los indígenas ante la posibilidad de que los extranjeros se queden a vivir entre ellos).

3. **¡Socorro!** *(Help!)* Supongan que se encuentran en una situación incómoda. Busquen una excusa para salir airosamente *(wiggle out of)* de ella.

   Ejemplo: —Un policía le está escribiendo una multa *(fine)* por aparcar el coche en una zona prohibida.
   —Ay, ya me iba, sólo vine a dejar un documento en el banco.

   a. Su mejor amiga/o lo/la encuentra coqueteando *(flirting)* con su novio/a.
   b. Le dice a su profesor/a que está enfermo/a y luego lo/la ve en una cafetería.
   c. Ha comido en un restaurante y luego no tiene suficiente dinero para pagar.

Práctica gramatical

> **Repaso gramatical:**
> La **a** personal *(Cuaderno,* pág. 33)
> Los pronombres de objeto directo e indirecto *(Cuaderno,* pág. 34)
> El pronombre *it* *(Cuaderno,* pág. 35)
> **Lo:** uso del pronombre neutro *(Cuaderno,* pág. 36)

1. En grupos, digan las cosas y las personas que se ven (o no) en los siguientes lugares. Para cada ejemplo el/la estudiante debe nombrar una cosa o una persona, y el ejercicio debe hacerse rápidamente usando la *a* **personal** cuando sea necesario.

   Ejemplo: en el concierto
   Veo a los rockeros. No veo nada por el humo.

   a. en el ascensor
   b. en la clase
   c. en su dormitorio
   d. en la cafetería
   e. en el gimnasio
   f. en la papelera *(waste basket)*
   g. en el centro comercial
   h. en la iglesia
   i. en el refrigerador
   j. en el armario *(closet)*

2. **La mudanza.** En parejas, decidan lo que van a hacer con los siguientes objetos que Uds. ya no necesitan. Al final añadan uno más a la lista.

Ejemplo: la bicicleta
—¿Se la regalamos a tu primito?
—Está bien. Se la podemos dar a él.

a. el paraguas doble
b. la computadora grande
c. la cámara fotográfica vieja
d. los animales de peluche *(stuffed animals)*
e. los discos de Frank Sinatra
f. las barajas *(playing cards)*
g. el sofá-cama
h. los disfraces de Halloween
i. la correa *(leash)* del perro
j. ¿?

3. En parejas, digan tres oraciones en inglés con el pronombre *it* como sujeto y otras tres como objeto. Otra pareja de estudiantes debe traducirlas al español.

Ejemplo: ESTUDIANTE 1: *It's easy to recycle paper.* (sujeto)
ESTUDIANTE 2: (ø) Es fácil reciclar papel.
ESTUDIANTE 1: *The newspaper? I read it every week.* (objeto)
ESTUDIANTE 2: ¿El periódico? Lo leo todas las semanas.

4. Hágale las siguientes preguntas a un/a compañero/a de clase que debe contestar negativamente y ofrecer otra alternativa.

Ejemplo: —¿Crees que me parezco a Claudia Schiffer?
—No, no lo creo. Te pareces más a Roseanne.

a. ¿Son tus amigos responsables?
b. ¿Estás harta de *(fed up with)* tantos consejos de salud?
c. ¿Parecen necesarias tantas precauciones?
d. ¿Son todos los coches iguales?
e. ¿Te parecen interesantes los libros de antropología?
f. ¿Crees que vale la pena arreglar los aparatos eléctricos?

Creación

El beneficio de la duda. Escriba una carta a su hermano/a menor diciéndole en quién puede confiar o no y por qué.

Phrases:	*Describing objects & people; Asking for information*
Grammar:	*Ser & estar; Passive; Reflexive*
Vocabulary:	*Dreams & aspirations; Media: newsprint; Personality*

La historia de mi cuerpo

Judith Ortiz Cofer

El color de la piel es uno de los aspectos fundamentales por los que todavía se juzga a las personas en muchas sociedades. En esta selección se relata cómo éste y otros factores afectaron la autoestima de la autora.

Judith Ortiz Cofer, nacida en Puerto Rico y una de las escritoras latinas mejor conocidas en Estados Unidos, es autora de una novela, *In the Line of the Sun,* así como de poemas, ensayos y cuentos. Ha recibido numerosos premios literarios y actualmente es profesora de inglés en la Universidad de Georgia. Esta narración apareció en una antología titulada *The Latin Deli: Telling the Lives of Barrio Women* (1993).

▶ Palabra por palabra

embarazoso/a	*embarrassing*
escoger	*to choose*
flaco/a	*thin*
lo de siempre	*the usual*
moreno/a	*tanned, dark-skinned*
la **pareja**	*mate, couple*
el/la **pariente/a**	*relative*
la **piel**	*skin*
el **tamaño**	*size*

▶ Mejor dicho

hacer falta	*to need*	No veo bien. Creo que me **hacen falta** gafas.
faltar	*to lack, be short on something*	Le **faltaban** dos pulgadas para medir seis pies.
	to have distance/ time still to go	Les **faltan** aún dos años para poder votar.

¡Ojo! Estos verbos se usan de la misma forma que "gustar".

hacer(se) daño	*to harm someone or hurt oneself*	Se ha caído esquiando y **se ha hecho** muchísimo **daño** en una pierna.
lastimar(se)		**Me lastimé** la mano derecha ayer y ahora no puedo escribir.
doler (ue)°	*to ache or hurt*	Se acostó temprano porque le **dolía** la cabeza.

° **¡Ojo!** El sujeto gramatical es una parte del cuerpo y la persona es el objeto indirecto.

¿Qué les duele?

Práctica

En parejas, hagan las siguientes actividades.

1. **Charadas.** Cada uno/a de los/as estudiantes debe expresar con mímica el significado de una de las palabras de éste y anteriores vocabularios y los/las demás
   deben adivinarla.

2. **Hipocondríacos anónimos.** Imaginen que están en la sala de espera del
   médico. Describan sus síntomas más enigmáticos y preocupantes. Los otros
   deben sugerir remedios usando las palabras del vocabulario.

   Ejemplo: — A mí me duele mucho la espalda y a veces escupo *(spit out)* pelos.
              — Está clarísimo. Lo que te hace falta es nadar todos los días y
              tomar tranquilizantes.

3. Expliquen qué falta o hace falta en las siguientes ilustraciones.

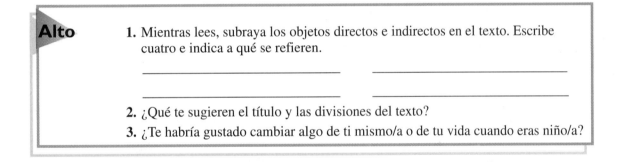

Alto

1. Mientras lees, subraya los objetos directos e indirectos en el texto. Escribe cuatro e indica a qué se refieren.

_____   _____

_____   _____

2. ¿Qué te sugieren el título y las divisiones del texto?

3. ¿Te habría gustado cambiar algo de ti mismo/a o de tu vida cuando eras niño/a?

"La migración es la historia de mi cuerpo."

Víctor Hernández Cruz

La historia de mi cuerpo

Judith Ortiz Cofer

Nací blanca en Puerto Rico pero me volví trigueña[1] cuando vine a vivir a Estados Unidos. Mis parientes puertorriqueños decían que yo era alta; en el colegio norteamericano algunos de los compañeros más malos me llamaban la Huesos o la Enana[2] porque, durante toda la escuela primaria, yo fui la más pequeña de todas
5   mis clases. En el sexto grado alcancé mi altura adulta de cinco pies.

---

[1] **trigueña** = morena   [2] **Enana** *dwarf, here, shrimp*

Color

En el mundo animal indica peligro: los animales de colores muy vivos con frecuencia son los más venenosos.[3] El color es además un modo de atraer y seducir a una pareja de su especie. En nuestro mundo, el de los seres humanos, el color desen-
10 cadena[4] reacciones más variadas y complejas, a menudo mortales. Como puertorriqueña de padres "blancos", pasé los primeros años de mi vida oyendo a la gente llamarme blanca. Mi madre insistía en que me protegiera del intenso sol isleño porque yo tenía tendencia a quemarme, mucho más que mis amigos más trigueños. Todo el mundo comentaba el bonito contraste entre mi pelo tan negro
15 y mi piel tan pálida. Yo nunca pensaba conscientemente en el color de mi piel, a menos que oyera a los adultos hablando del cutis.[5] Este tema parece ser mucho más frecuente en las conversaciones de gente de raza mixta que en la sociedad dominante norteamericana, donde hablar de esto es difícil y embarazoso, excepto en un contexto político. En Puerto Rico se oyen muchas conversaciones sobre el
20 color de la piel. Yo soy una mezcla de dos tonos, ya que soy aceitunada,[6] más clara que mi madre pero más oscura que mi padre. En América me consideran una persona de color, evidentemente latina. En la isla me llamaban la gringa.

Tamaño

Mi madre mide[7] apenas cuatro pies y once pulgadas, lo normal en las mujeres de
25 su familia. Cuando, a los doce años, yo llegué a los cinco pies, ella se quedó asombrada y empezó a usar la palabra "alta" para referirse a mí. Igual que con el color de mi piel, yo no pensaba conscientemente en mi tamaño hasta que otros lo mencionaban. En América los divertidos juegos infantiles se vuelven ferozmente competitivos un poco antes de la adolescencia. Hay que probar que uno es mejor que
30 los demás. Fue en relación con los deportes que empezaron mis problemas de tamaño. Es lo de siempre, el tormento del niño o la niña a quien escogen el/la último/a para un equipo. En las escuelas públicas de Patterson, New Jersey, a las que asistí, los juegos de voleibol o sófbol eran para los niños el campo de batalla que es la vida. Los negros contra los puertorriqueños, los blancos contra los negros
35 contra los puertorriqueños. Yo era flaquita, pequeña, llevaba gafas y era indiferente a la avidez[8] de muchos de mis compañeros de clase a jugar como si en eso les fuera la vida. Yo prefería leer un libro a sudar,[9] gruñir[10] y correr el riesgo de hacerme daño. Mi ejercicio favorito en esa época era ir caminando a la biblioteca que quedaba[11] a muchas cuadras del barrio.

---

[3] **venenosos** *poisonous*   [4] **desencadena** = causa   [5] **cutis** = piel de la cara   [6] **aceitunada** *olive skinned*
[7] **mide** *is . . . tall*   [8] **avidez** *eagerness*   [9] **sudar** *to sweat*   [10] **gruñir** *to grunt*   [11] **quedaba** = estaba situada

40 *Belleza*

Mis primeras fotos muestran una niña sana y hermosa. Yo era toda ojos, ya que siempre fui flaca y de huesos pequeños. En las fotos veo, y también recuerdo, que siempre estaba bien vestida. Mi madre me encontraba bonita, lo cual la enorgullecía,[12] y me vestía como a una muñeca[13] para que todos me vieran en misa o en
45 casa de los parientes. ¿Cómo iba yo a saber que ella, y todos los que me encontraban tan linda, representaban una estética que no tendría vigencia[14] cuando yo fuera a la escuela en los Estados Unidos?

En la universidad me volví una mujer "exótica". Durante algunos años salí muchísimo con mis compañeros, pero después me cansé y me casé. Necesitaba
50 estabilidad más que vida social. Era lista, desde luego, y tenía talento para escribir. Estos sí son los hechos constantes de mi vida. En cambio el color de mi piel, mi tamaño y mi apariencia han sido variables, cosas que se juzgaban de acuerdo con mi imagen del momento, los valores estéticos de la época, el lugar donde estaba, la gente a quien conocía.

¿Entendido?

1. Haga asociaciones con los siguientes términos de acuerdo con la información obtenida en la lectura.

   Ejemplo: belleza
   chica flaca, joven, exotismo, elogios

   a. Patterson, New Jersey
   b. fotos
   c. colegio
   d. exótica
   e. gringa
   f. imagen
   g. la isla
   h. tamaño
   i. constantes
   j. color

2. Haga una lista de las partes del cuerpo que se mencionan en la lectura.

---

[12] **la enorgullecía** *made her proud*   [13] **muñeca** *doll*   [14] **no tendría vigencia** *would not be fashionable*

En mi opinión

En parejas, contesten y comenten las preguntas que siguen.

1. ¿Saben Uds. cómo se define a alguien "de color" en los Estados Unidos? ¿De dónde viene este método de definir/clasificar a la gente? ¿Es así en todos los países?

2. ¿Notan Uds. las diferencias en el tratamiento de gentes de distintos colores en su ciudad, su escuela, la universidad, los empleos? ¿Ha cambiado en los últimos años?

3. ¿Cuáles son tres cosas que han cambiado en su vida? ¿Cuál es una que no lo ha hecho?

4. ¿Cómo podemos saber quiénes somos si siempre estamos cambiando (la edad, el peso, el color del pelo y su forma, etc.)? ¿De qué factores depende nuestro verdadero "ser"? En términos psicológicos, ¿es saludable intentar ser lo que no se es? Por ejemplo, con la ayuda de la cirugía estética.

5. **¿Quién soy yo?** Explíquele a su compañero/a qué aspectos son los más importantes de su identidad (origen étnico o geográfico, sexo, religión, creencias, familia, profesión, físico, etc.).

Estrategias comunicativas para expresar sorpresa o desconcierto

¡No lo puedo creer!	I can't believe it!
¡Mentira!	You are kidding me!
¿De verdad?	Is that true?
¡Qué raro!	That's odd!
¡No me digas! ¿En serio?	You don't say! Seriously?

En (inter)acción

1. **Traumas escolares.** En grupos de cuatro estudiantes, hagan una lista de situaciones que los horrorizaban en la escuela. Luego compárenla con la de otra pareja y reaccionen con sorpresa o desconcierto usando las expresiones de las **Estrategias comunicativas.**

    Ejemplo: tener un nombre raro o gracioso

2. **A primera vista.** El propósito de esta encuesta es averiguar qué es lo que más/menos les impresiona a los/las estudiantes cuando conocen a alguien por primera vez. Para realizar la encuesta, se le asigna a cada estudiante uno de los factores siguientes. A continuación el/la estudiante debe ir por la clase preguntando a sus compañeros/as y tomando nota de sus respuestas. Al final, se escriben los resultados en la pizarra y se comentan entre todos utilizando algunas de las expresiones de **Estrategias comunicativas.**

factor	crucial	importante	no me importa	no sé
pelo				
ropa				
dientes				
ojos				
casa				
joyas				
cuerpo				
cara				
coche				
voz				
tamaño				
conducta				
higiene				

3. Con dos compañeros/as, comenten las siguientes afirmaciones y den ejemplos para ilustrar su postura.

	Sí	No
Lo hermoso es hermoso siempre y en todo lugar.		
Es posible definir lo que es una "raza".		
La idea del hombre perfecto y la mujer perfecta ha cambiado mucho a través de los años.		
Es difícil apreciar la belleza en alguien que es muy distinto a nosotros/as.		

4. En grupos de tres estudiantes, miren las fotos y decidan cuál de las dos mujeres es más bonita y cuál de los hombres es más guapo. Comenten su criterio.

5. **De eso no se habla...** Cada sociedad tiene sus reglas, aunque no estén escritas en ningún lado, de lo que se puede decir o no delante de ciertas personas. A continuación, y escogiendo un término de la columna de la izquierda y varios de la derecha, discutan de qué temas se puede hablar con los siguientes grupos y de cuáles no.

Ejemplo: Con la policía no se debe hablar de lo rápido que manejamos.

Grupos	**Temas**
padres/madres/parientes	pecados *(sins)*
profesores/as	dinero
amigos/as	enfermedades, higiene
terapistas	viajes
taxistas	obsesiones, aberraciones
médicos/as	notas
camareros/as	prácticas religiosas
sacerdotes/rabinos/reverendos	preferencias/prácticas sexuales

Práctica gramatical

Repaso
gramatical:
**Hay que / tener
que / deber (de)**
(*Cuaderno*, pág. 36)
Formas y usos del
presente perfecto
de subjuntivo
(*Cuaderno*, pág. 36)

En grupos, contesten las siguientes preguntas. Luego comparen sus respuestas con las de sus compañeros/as de clase.

1. ¿Qué hay que hacer para...

   a. pasar el detector de metales en un aeropuerto?

   b. ponernos morenos/as?

   c. sacar buenas fotos?

   d. ser muy popular?

2. ¿Qué no debemos hacer nunca...

   a. en público?

   b. después de comer?

   c. cuando estamos solos/as?

   d. por teléfono?

3. Mencionen tres cosas que tiene que hacer...

   a. hoy.

   b. todos los meses.

   c. antes de salir de viaje.

4. Utilizando el presente perfecto, un/a estudiante menciona algo que ha aprendido a hacer desde que llegó a la universidad y los/las otros/as reaccionan positiva o negativamente usando el presente perfecto de subjuntivo.

   Ejemplo: compartir el cuarto con otra persona

            —He aprendido a compartir el cuarto con otra persona.

            —¡Qué bueno que hayas aprendido a compartir el cuarto con otra persona!

            —¡Cuánto siento que hayas tenido que compartir tu cuarto con un/a extraño/a!

   (Algunas sugerencias: comer comida de cafetería, organizar el tiempo, ser más independiente, manejar el dinero sensatamente...)

Creación

Tomando el punto de vista de alguien que sufre de problemas de autoestima (por feo, bajo, gordo, flaco, pobre, etc.), prepara un autorretrato para un/a psicólogo/a o cirujano/a plástico/a. Procura usar las palabras aprendidas y los puntos gramaticales repasados.

Phrases:	*Expressing compulsion/conditions; Describing health; Asking for help*
Grammar:	*Personal & possessive pronouns; Verbs – gerund*
Vocabulary:	*Clothing; Sickness; Personality*

CAPÍTULO 6

Aquí estamos: los hispanos en EE UU

Aquí estamos: los hispanos en EE UU

¡Ay, papi, no seas coca-colero!

Luis Fernández Caubí

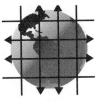

http://aquesi.heinle.com

Cubano de nacimiento y corresponsal del periódico de Miami *El Diario de las Américas,* Luis Fernández Caubí relata una anécdota personal que le sucedió durante los primeros meses como exiliado político en Estados Unidos. El proceso de integración de cada inmigrante a una nueva cultura es siempre muy personal. En esta selección se presentan las reacciones de dos personas de distintas edades.

▶ Palabra por palabra

en cuanto	*as soon as*
en fin	*in short*
el esfuerzo	*the effort*
el llanto	*crying*
llorar	*to cry*
el puesto (de trabajo)	*the position (job)*
tardar (en + inf.)	*to delay (take . . . time)*

▶ Mejor dicho

lograr	*to succeed in, manage*	**Logré** terminar mi composición a tiempo.
tener éxito en + cosas con + personas	*to be successful°*	Mi vecino siempre **ha tenido** mucho **éxito en** los deportes y **con** las chicas.

° **¡Ojo! Suceder** *(to happen or follow)* no significa <u>nunca</u> *to be successful.*

trabajar	*to work (subject = human being)*	Yo tenía que **trabajar** todos los sábados.
funcionar	*to work (subject = machine)*	Tengo que llevar el camión al taller de reparaciones pues no **funciona.**

Práctica

1. En parejas, describan las siguientes ilustraciones usando palabras del vocabulario.

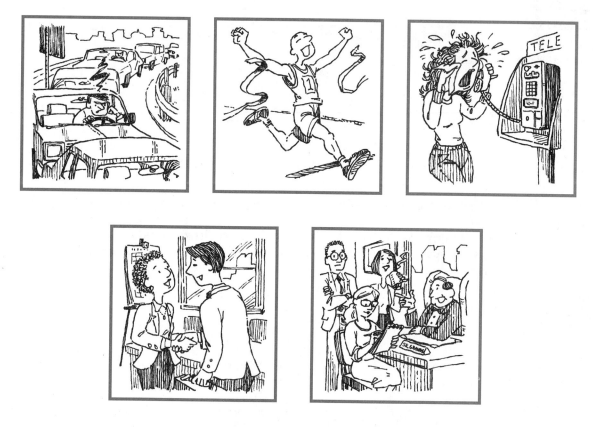

2. Con todos/as los/las estudiantes de pie, deben completar rápidamente la frase siguiente sin repetir lo mismo. Cuando lo hagan correctamente, pueden sentarse. El ejercicio debe continuarse hasta que todos/as hayan logrado decir una frase.

Me irrito mucho cuando no funciona mi...

3. ¿Trabaja o funciona? Con la participación de toda la clase, los/las estudiantes se turnan diciendo el nombre de una profesión, de una máquina o de un instrumento. Los/Las demás responden "trabaja" o "funciona". No pueden repetir la misma palabra.

Ejemplos: ESTUDIANTE 1: El teléfono.
    TODOS/AS: Funciona.
    ESTUDIANTE 2: La secretaria.
    TODOS/AS: Trabaja.

Alto

1. Es fundamental conocer el contexto histórico en que se sitúan los hechos de un cuento para poder entenderlo. Ud. comprenderá mejor este texto si sabe por qué viven tantos cubanos en Estados Unidos. Si no lo sabe, busque esta información en Internet.

2. Según sugiere el título, ¿quiénes van a ser los protagonistas de este cuento?

3. Busque tres palabras en el texto y luego escriba algunos de sus derivados a continuación.

   Ejemplo: esfuerzo – fuerza – esforzarse; exilio – exiliado – exiliarse

   _____

   _____

   _____

4. La terminación **-ero/a** se añade a ciertos sustantivos para indicar el trabajo que realiza una persona.

   leche   →   lechero/a = el/la que trae la leche

   carta   →   cartero/a = el/la que trae las cartas

   carne   →   carnicero/a = el/la que corta y vende la carne

   De acuerdo con esta regla, decida qué quiere decir "coca-colero" en la lectura.

5. Traduzca al inglés las palabras siguientes.

   a. barbero _____

   b. peluquera _____

   c. cocinero _____

   d. bombero _____

   e. carpintera _____

   f. mesera _____

   g. obrero _____

   h. jardinera _____

   i. mensajero _____

¡Ay, papi, no seas coca-colero!

Luis Fernández Caubí

En aquellos primeros días de exilio, un buen amigo de la infancia, Abelardo Fernández Angelino, me abrió las puertas de la producción en este mercado afluente y capitalista de los Estados Unidos. Me llevó a una oficina donde no tardaron dos minutos en darme mi *Social Security* y de allí fuimos a una embote-
5 lladora[1] de Coca-Cola situada en el Noroeste, donde me esperaba un trabajo de auxiliar[2] en un camión. "*Come on, Al*", le dijo el capataz,[3] "*This is an office man, he*

---

[1] **embotelladora** *bottling plant*   [2] **auxiliar** *assistant-loader*   [3] **capataz** *foreman*

will never make it in the field." Pero Abelardo, ahora convertido en Al, insistió:"*Don't worry, I'll help him out.*" Y me dieron el puesto.

10 Y con el puesto me dieron un uniforme color tierra[4] con un anuncio de Coca-Cola a la altura del corazón y me montaron[5] en un camión lleno de unos cilindros metálicos, duros y fríos.

Para centenares[6] de personas (los cilindros) significarían una pausa refrescante; a mí se me convirtieron en callos[7] en las manos, dolores en la espalda, martirio en los pies y trece benditos dólares en el bolsillo[8] vacío. Era 1961. Todo el mundo

15 hablaba de los ingenios[9] y las riquezas que tuvieron en Cuba. Yo, por mi parte, tenía el puesto de auxiliar del camión conseguido por Abelardito, a regalo y honor dispensado por la vida.

Sucede que yo no había tenido otro ingenio[10] en Cuba que el muy poco que quiso Dios ponerme en la cabeza. Pero, sí tenía una práctica profesional de abo-

20 gado que me permitía y me obligaba a andar siempre vestido de cuello y corbata[11] y con trajes finos.[12]

En fin, volviendo al tema, que cuando llegué a mi casa, entrada la tarde,[13] con mi traje color tierra, mis manos adoloridas, el lumbago a millón,[14] la satisfacción de haberle demostrado al capataz que "*I could do it*" y los trece dólares bailándome

25 en el bolsillo, me recibió mi hija de cuatro años. En cuanto me vio, empezó a llorar como una desesperada al tiempo que me decía,

"Ay, papi, yo no quiero que tú seas coca-colero."

Me estremeció.[15] Pensé que le había impresionado[16] el contraste entre el traje fino y el uniforme color tierra y comencé a consolarla. Yo tenía que trabajar, es-

30 taba feliz con mi camión, los cilindros no eran tan pesados... trataba de convencerla mientras, desde el fondo del alma, le deseaba las siete plagas[17] a Kruschev, a Castro y a todos los jefes políticos que en el mundo han sido.[18] Mis esfuerzos no tuvieron éxito. Mi tesorito[19] seguía llorando al tiempo que repetía:

"Papi, papi, yo no quiero que tú seas coca-colero."

35 Pero, en la vida todo pasa, hasta el llanto. Y cuando se recuperó de las lágrimas, con los ojitos brillosos[20] y las mejillas mojadas[21] me dijo:

"Papi, papi, yo no quiero que tú seas coca-colero; yo quiero que tú seas pepsi-colero."

Y, no obstante[22] el lumbago, los callos y la fatiga, por primera vez desde mi lle-

40 gada a Miami pude disfrutar de una refrescante carcajada.[23]

---

[4] **color tierra** *khaki*   [5] **montaron** = pusieron   [6] **centenares** = cientos   [7] **callos** *calluses*   [8] **bolsillo** *pocket*
[9] **ingenios** *sugar refineries and plantations*   [10] **ingenio** *wit*   [11] **cuello y corbata** *shirt and tie*   [12] **finos** = elegantes   [13] **entrada la tarde** *in the late afternoon*   [14] **el... millón** *my back aching*   [15] **Me estremeció** *I shuddered*   [16] **impresionado** = afectado   [17] **plagas** = cosas malas   [18] **han sido** = han existido
[19] **tesorito** *little treasure (here, sweetheart)*   [20] **brillosos** = brillantes   [21] **mejillas mojadas** *wet cheeks*
[22] **no obstante** *in spite of*   [23] **carcajada** *burst of laughter*

¿Puede ser esta niña la del cuento?

¿Entendido?

Decida si las siguientes afirmaciones son verdaderas o falsas según la lectura. Si son falsas corríjalas para que sean verdaderas.

1. _____ Fernández Caubí aceptó un puesto para el que hacía falta tener estudios superiores.
2. _____ Para trabajar en EE UU hay que ser ciudadano de ese país.
3. _____ El capataz no estaba seguro de si debía contratar al narrador.
4. _____ Los cilindros metálicos son las latas de Coca-Cola.
5. _____ Los cilindros metálicos tienen el mismo significado para los/las consumidores/as que para el narrador.
6. _____ En 1961 hubo elecciones en Cuba.
7. _____ Cuando la niña llegó a la casa su padre se alegró de verla.
8. _____ A la niña no le gustó el color del uniforme de su papá.
9. _____ El malentendido fue causado por la diferencia de edades.
10. _____ El padre se enfadó por el malentendido.

En mi opinión

En grupos, discutan las siguientes preguntas.

1. ¿Qué quería ser Ud. cuando era pequeño/a? ¿Cómo han cambiado sus aspiraciones a través de los años? ¿Cuál fue su primer puesto? ¿Cómo lo consiguió?

2. ¿Quién tarda más, generalmente, en adaptarse a las nuevas circunstancias, un adulto, un joven o un niño? ¿Qué factores aceleran o retrasan el proceso de adaptación? ¿Hasta qué punto deben los inmigrantes mantener su cultura y lengua?

3. Como le ocurre a la niña, ¿se han avergonzado Uds. *(have you been embarrassed)* alguna vez de su familia? ¿Por qué? ¿Hay problemas de comunicación entre las generaciones de su familia? Comenten y expliquen.

4. Hagan una lista de tres factores imprescindibles para tener éxito (a) en la vida, (b) en su puesto de trabajo y (c) en el amor.

5. ¿Es el concepto norteamericano del éxito diferente del de otras naciones? Den algunos ejemplos. ¿Es su noción del éxito diferente de la de sus amigos? ¿Y de la de sus padres? Expliquen.

Estrategias comunicativas para atraer la atención de alguien

Oiga, por favor...	*Listen, please . . .*
Perdone, ¿me podría ayudar?	*Excuse me, could you help me?*
Hola, buenos días/tardes/noches, necesito...	*Good morning/afternoon/evening, I need . . .*
Por favor, ¿podría decirme... ?	*Please, could you tell me . . .?*

En (inter)acción

En pequeños grupos, hagan las actividades siguientes.

1. Imaginen que son inmigrantes a EE UU (por ejemplo, el coca-colero mismo) y que van a la oficina del gobierno a preguntar cómo solicitar el permiso de residencia. Preparen un diálogo utilizando las expresiones de **Estrategias comunicativas** y luego representen la escena delante de la clase.

2. En la sección de anuncios del periódico (página 155) busquen un empleo para el protagonista del cuento y expliquen por qué sería bueno para él.

3. Supongan que van a ir de niñera/o *(au pair)* a un país hispano y hoy tienen una entrevista con la familia que los/las va a contratar. Un/a estudiante debe hacer el papel del padre o de la madre de familia y otro/a del/de la interesado/a en el puesto. Discutan el sueldo, las condiciones, los niños, sus talentos, los días libres, etc.

$$$$

Distribuidores. Línea exclusiva. Productos de ZABILA. 884-3410

Instituto técnico. Solicita encuestadoras. Salario más comisión. 553-2748

Hombre con experiencia en mantenimiento de edificios. Debe hablar y escribir inglés. 756-0769

¿NECESITA TRABAJO? Llámenos al 538-6606. No es agencia.

Compañía Nacional

Busca personas capacitadas en Relaciones Públicas. Oportunidad para vendedores y ejecutivos. Llame al 888-4255; 3-9 pm.

Chapistero y pintor experto para hacerse cargo de taller en funcionamiento. Referencias. 856-6930

Guardias de seguridad. Edificio de aptos. No requiere armas. Llamar 823-0000, 10am a 2pm. Lun. a vier.

Chofer para grúa. Se entrenará. 532-3672

Empresa hispana solicita persona para promover programa educativo. Formación universitaria. Inglés NO necesario, carro SI. 649-4600

Mecánicos de autos. Hasta $30 la hora más beneficios. Inmediato. 976-9675

Aprendices para reparadores de TV/radio. $21,000 año. 641-2928

Profesionales universitarios para posiciones ejecutivas. Llamar 598-9099.

4. Debatan los méritos de la Coca-Cola y la Pepsi-Cola con la clase dividida en dos grupos de partidarios de las dos bebidas.

5. En la lectura, Abelardo tiene un nombre más breve, "Al", que usan sus familiares, amigos y compañeros de trabajo. En inglés también es frecuente este tipo de abreviación y/o terminación (Robert = Bob, Bobby; William = Bill). Miren las dos columnas e intenten relacionar los nombres de una lista con los de la otra.

a. José, Josefa	_____ Lupe, Lupita
b. Francisco, Francisca	_____ Manolo, Manolito
c. Mercedes	_____ Pepe, Pepa, Chepe
d. Manuel	_____ Paco, Paca, Paquito, Paquita, Curro, Pancho
e. Guadalupe	_____ Lola, Lolita
f. Dolores	_____ Carmiña, Carmencita
g. Enrique	_____ Perico
h. María Teresa	_____ Chuchi, Susi
i. Jesús	_____ Quique
j. Pedro	_____ Merche, Mecha, Meche
k. Carmen	_____ Maite

Práctica gramatical

Repaso
gramatical:
El imperativo
(*Cuaderno*, pág. 38)
El subjuntivo con
verbos de deseo y
emoción
(*Cuaderno*, pág. 40)

1. En parejas, cada estudiante debe preparar tres preguntas referentes a la organización de una fiesta. Otro/a debe contestarlas con un mandato afirmativo y otro negativo.

   Ejemplo: —¿A quién debo invitar?
   —Invita a Mauricio pero no invites a Tomás.

2. **Discrepancias.** En parejas, hagan oraciones combinando palabras de las tres columnas para expresar desacuerdo entre Ud. y otros (explique quién es ese otro).

   Ejemplo: Yo quiero llegar a tiempo pero mis amigos españoles quieren que lleguemos un poco tarde a la recepción.

yo	otros	cuestión
a. estudiar literatura	consejeros	estudiar informática
b. ir a Stanford	padres	ir a MIT
c. pasar las vacaciones en casa	amigas	ir a esquiar
d. viajar a Chile	familia	visitar Alemania
e. ver una película	vecinas	jugar a las cartas
f. pasear en coche	primos	montar en bicicleta
g. comprar una moto	banquero	invertir el dinero

Creación

Escriba un cuento muy breve usando el título de la lectura. O reescriba el mismo cuento desde el punto de vista de la niña.

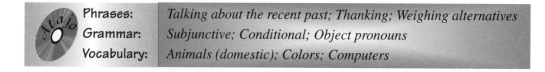

Phrases: *Talking about the recent past; Thanking; Weighing alternatives*
Grammar: *Subjunctive; Conditional; Object pronouns*
Vocabulary: *Animals (domestic); Colors; Computers*

In Between

Mirta Toledo

Mirta Toledo nació en Argentina y reside en Estados Unidos donde ha adquirido fama por sus pinturas, esculturas y escritos. En esta selección la autora nos relata una anécdota que presenta la extrañeza, la nostalgia y la tristeza comunes a muchos emigrantes aun cuando estén contentos de haber abandonado su tierra natal.

◣ Palabra por palabra

el **banco**	*bench, bank*
la **certeza**	*certainty*
comprobar (ue)	*to check out, verify*
coqueto/a	*flirtatious*
el/la **desconocido/a**	*stranger*
deshacerse de	*to get rid of*
pertenecer (a)	*to belong (to)*
el **recuerdo**	*memory*
soltar (ue)	*to let go*

◣ Mejor dicho

echar de menos, extrañar	*to miss something or someone*	Mari Trini **echaba de menos** la comida de su país. **Extraño** mucho a mi perro.
perder(se) (ie)	*to miss an event or get lost*	**Me perdí** la boda de mi hermana porque estaba enferma.
faltar a	*to miss an event, not attend*	No **faltes a** la última reunión del departamento.

mover(se) (ue)	*to move around (self or objects)*	Margarita siempre **está moviendo** los muebles de su casa de un lado para otro.
mudar(se)	*to change houses, cities, or countries*	Cuando nació el niño tuvimos que **mudarnos** a una casa más grande.
trasladar(se)	*to transfer for reasons of work*	La compañía lo **ha trasladado** a la sucursal de Colombia por dos años.

Práctica

1. En parejas, completen las frases siguientes de modo original.

    a. Para distraerme yo muchas veces...
    b. Siempre debemos comprobar...
    c. Ella es muy coqueta...
    d. ¿Tienes la certeza de que...?
    e. ¡... es el colmo!
    f. ... un desconocido.
    g. Mis mejores recuerdos son...
    h. Durante las vacaciones voy a deshacerme de...

2. Dígale a su compañero/a lo siguiente.

    a. Dos cosas o personas que extraña o no.
    b. Dos cosas que ha perdido.
    c. Dos actividades a las que ha faltado.
    d. Dos organizaciones a las que desea pertenecer.
    e. Las veces que se ha mudado en su vida.
    f. El tipo de puesto por el que estaría dispuesto/a a *(willing)* trasladarse a menudo.

Alto

1. Reflexione sobre el título del cuento. ¿Por qué estará en inglés?

2. Lea con mucho cuidado los dos primeros párrafos y determine de quién se está hablando. Explique cómo lo sabe. Recuerde que en inglés siempre se expresa el sujeto pronominal de la oración *(he, she, it,* etc.) y en español no es necesario. Por ejemplo: Llamó ayer. → *He/She called yesterday.* A continuación hay una lista de verbos. Escriba el sujeto que corresponde a cada uno, según la lectura.

    a. _____ sé   g. _____ veo
    b. _____ duerme   h. _____ llevo
    c. _____ salgo   i. _____ es
    d. _____ hiciera   j. _____ recuerda
    e. _____ está   k. _____ tiene
    f. _____ sería   l. _____ distraigo

3. Mientras lee, preste atención a alguna expresión típica del Cono Sur.

4. ¿Se ha sentido marginado/a alguna vez, como que no pertenece a ningún sitio?

A mitad de camino

In Between

Mirta Toledo

No sé si duerme allí, debajo del banco, porque después de las seis de la tarde no salgo ni loca.[1] Además, aunque lo hiciera, esa calle no está iluminada, así que me sería muy difícil comprobarlo.

La veo todas las mañanas, cuando llevo a los nenes al colegio. Es menuda[2] y algo
5 coqueta, siempre aferrada[3] a esa cartera negra. Me recuerda a mi tía Angela, porque tiene como un halo de dignidad que la rodea y es precisamente por mirar ese halo que me distraigo y me gano un bocinazo,[4] cosa rara en estos pagos.[5]

¿Qué la llevó a esa vida? No lo sé... ¿Qué sentirá tan aislada de la presencia humana? Porque aquí sólo hay coches. Autos de todo tipo que van y vienen, que
10 pasan sin parar a su lado. ¡Qué extraña esta sociedad llamada "móvil"! De automóvil, claro está... Un auto por individuo y los garajes atiborrados[6] de coches que van y vienen, que pasan sin siquiera rozarse.[7]

---

[1] **ni loca** = de ningún modo [2] **menuda** = pequeña [3] **aferrada** *hanging on to* [4] **bocinazo** = protesta de otros conductores [5] **pagos** = lugares [6] **atiborrados** = llenos [7] **rozarse** = tocarse

Cuando llegué a esta ciudad, no entendía nada. Parecía desierta, con sus calles solitarias y sin veredas.[8] ¡Claro, para qué, si acá nadie camina! Como no salía de
15 mi asombro[9] y encima lo pregonaba,[10] alguien me explicó lo de la sociedad móvil y, entonces claro, ya no dije más.

—¿Está loca, mami? —me preguntó Angel al verla, más de una vez.

—Abandonada solamente —le contesté siempre, sin quitarle los ojos de encima a ella, que estaba sacudiendo[11] el banco, o pateando[12] las piedritas que lo
20 rodean, o arrancando[13] el pastito[14] que crece alrededor de las patas en primavera.

—¿Entonces por qué vive así, en la calle? —reflexionó Santiago con angustia.

—Porque no tiene coche —le dije muy segura de mí misma.

Salgo todos los días porque tengo que hacerlo, pero aquí salir también es diferente. Del patio de atrás directamente al auto y, una vez adentro, a la calle. Nada
25 de respirar tormentas, mucho menos mojarse de improviso, y ¡ni que hablar de las caricias de las hojas en otoño! No, nada de eso.

Tengo siempre la certeza de que no me voy a encontrar con nadie, esa ficción de doblar una esquina y tropezarse[15] con una cara conocida, se transformó en una mentira para mí. Me ajusto el cinturón porque ahora me gusta la velocidad y des-
30 pués pongo algo de música, ya no sólo por placer, sino para sentirme acompañada.

Latinos en Estados Unidos / ya casi somos una nación...

Cada día la misma rutina: antes de las ocho llevo a los chicos a la escuela y después a mi marido a su trabajo. Les digo chau[16] a los tres sin salir del coche, no sé si será porque allí los besos son más íntimos.
35 *...Venimos de la América india / del negro y del español...*

Algunas veces bajo, como cuando voy al supermercado o a una librería para saber qué hay de nuevo, o si dicen algo de "allá", de mi Argentina.

...En nuestra mente emigrante / a veces hay confusión...

Otras veces voy a la biblioteca. Y, por supuesto, al correo que sigue siendo un
40 lugar de citas sagrado, a pesar de las respuestas que no llegan.

...No dejes que te convenzan / que no se pierda el idioma español...

Cuando salgo de cada lugar nuestro autito azul siempre me está esperando. Ya no sé qué haría sin él, porque ni bien[17] pongo la llave me abraza con la voz de Celia Cruz que no para de cantarme:
45 *América Latina vives en mí / quiero que este mensaje / llegue hacia ti...*

Invariablemente a eso de las diez de la mañana llego a casa. Pero aunque tenga varios caminos para elegir, siempre que puedo paso por Trail Lake para ver a la mujer del banco. Siento que hay algo que nos une además de la curiosidad que me provoca, con su cartera negra y el hecho de que no la suelte nunca.

---

[8] **veredas** sidewalks   [9] **no... asombro** *I was thoroughly bewildered*   [10] **pregonaba** = decía   [11] **sacudiendo** = limpiando   [12] **pateando** = moviendo con el pie   [13] **arrancando** *tearing out*   [14] **pastito** = hierba   [15] **tropezarse** = encontrarse   [16] **chau** = chao   [17] **ni bien** = tan pronto como

50 —¿Qué llevará adentro, mami? —preguntaron mis hijos, porque están en esa edad en la que aún creen que yo lo sé todo.

—A mí también me intriga —les dije—. ¡La abraza[18] con tanta fuerza!

Cuando salgo del coche lo cierro con llave y ya estoy "a salvo"[19] en el patio de atrás, en casa. Me preparo un café y me meto en el cuartito del fondo, mi lugar de 55 trabajo...

—¡Este lugar podría estar en la China, en Italia, en Australia o en Japón! —me comentó una vez mi esposo—. Total, es lo mismo, porque este lugar sos vos. Este cuartito no está aquí sino en Buenos Aires...

—Es verdad, lo admito. Y para colmo ¡cada vez se me nota más![20] Pero, en-60 tonces, ¿dónde estoy, si no es ni aquí ni allá?

—¡*In between*, mami! ¡En inglés se dice "*in between*"!

Sí, "*in between*", ¡tan lejos de Fort Worth como de Buenos Aires, tan anclada[21] *in between* que no sé cómo pegar el salto[22] para ninguno de los dos lados! ¿Será éste mi lugar definitivo? *In between*...

65 ¡Y las cartas que no llegan! Es porque no escriben, porque para mis familiares y amigos yo soy sólo una ausencia, un recuerdo que ya no pertenece a Buenos Aires, una desconocida que habla inglés y vive en un país del "Primer Mundo". Pero para mí ellos son una presencia continua, los fantasmas[23] de los afectos ver-daderos, los que hablan mi idioma, los únicos que pueden llegar a conocerme: los 70 que sueñan mis sueños.

Con los recuerdos de mis seres queridos llené las valijas[24] cuando me fui, las mismas que cargué en aduanas y aeropuertos cada vez que nos mudábamos de ciudad...

—¡Tirá algo, mami! —me decían inocentes los nenes. Pero yo no, yo me 75 aferraba aún más a esas valijas tan pesadas.

—¡Pero ché![25] ¿Me vas a decir que no podés deshacerte de algo? —porque a mi esposo le gustaba viajar liviano.[26]

—¡Cálmate! ¡Reflexiona! —además mi marido se quejaba.

—¿Para qué te puede servir lo que hay adentro? ¡Ya pasaron tantos años!

80 Y yo le contestaba con mis manos convertidas en garras,[27] y ellos viajando siempre conmigo, aún sin saberlo, adentro de mis valijas.

—¿Llevará un tesoro en la cartera, mami? —me preguntaron ayer al verla.

—Sí, queridos. Y en castellano se dice "recuerdos".

---

[18] **abraza** *holds, hugs*   [19] **a salvo** = fuera de peligro   [20] **se me nota** *it shows*   [21] **anclada** *anchored*
[22] **pegar el salto** *make the leap*   [23] **fantasmas** *ghosts*   [24] **valijas** *suitcases*   [25] **ché** *look, hey, come on*
(expresión argentina)   [26] **liviano** = sin mucho equipaje *(luggage)*   [27] **garras** *claws*

¿Entendido?

Asocie o identifique los términos siguientes de acuerdo con la información de la lectura.

Ejemplo: auto → automóvil → sociedad móvil

1. tesoros
2. valijas
3. desconocida
4. Santiago y Angel
5. Argentina
6. abandonada
7. correo
8. a salvo
9. fantasmas
10. Celia Cruz

Y ahora, ¿a dónde?

En mi opinión

En parejas, contesten las preguntas siguientes.

1. ¿Qué creen Uds. que contienen las valijas? Si fueran suyas, ¿qué tendrían dentro?

2. ¿Qué forma parte de su concepto de "hogar"? Expliquen.

3. ¿Qué objetos especiales se llevaron de su casa al venir a la universidad? Si Uds. fueran a vivir a otro país, ¿qué se llevarían?

4. ¿Tienen Uds. la costumbre de guardar o coleccionar muchas cosas? ¿De qué tipo? ¿Por qué?

5. ¿Se identifica la narradora con la mujer del banco? Mencionen algunas cosas que tienen en común.

6. ¿Hay alguna música o canción que personalmente les trae recuerdos felices de su casa, de su niñez? ¿Cuál es?

▶ Estrategias comunicativas para expresar nostalgia

¿Te acuerdas qué bonito... ?	*Do you remember how beautiful . . .?*
No puedo dejar de pensar en...	*I can't stop thinking about . . .*
Cuánto quisiera volver a ver/estar/ser...	*How I wish I could again see/be . . .*
Ojalá pudiera...	*I wish I could . . .*

En (inter)acción

Hagan las actividades siguientes como se indica a continuación.

1. **El túnel de los recuerdos.** En grupos de tres estudiantes, comenten algunas cosas que han cambiado en su casa, su escuela o su ciudad natal desde que Ud. se fue de casa. Reaccionen a estos cambios utilizando las expresiones de las **Estrategias comunicativas.**

    Ejemplo: Me acuerdo cuando iba a jugar al parque de la esquina todos los días...

2. **Tengo en la mochila...** Con toda la clase, el/la profesor/a y cada uno/a de los/ las estudiantes describen algún objeto y los/las demás deben adivinar lo que es. (El/La profesor/a puede llevar varios objetos curiosos a la clase.)

    Ejemplo: —una cosa suave y de colores que se usa de adorno
    —un pañuelo

3. En grupos de cuatro estudiantes, hagan un pequeño sondeo para averiguar lo siguiente de cada uno/a:

    a. ¿De qué país son sus antepasados?
    b. ¿Se habla alguna otra lengua en su casa? ¿Cuál?
    c. ¿Hay alguien de la familia que no hable inglés?
    d. ¿Han salido del país alguna vez? ¿Cuándo y a dónde fueron?

	1	2	3	4
a				
b				
c				
d				

4. Los Estados Unidos es un país de inmigrantes. Con sus compañeros/as decida cuándo se llega a ser *realmente* norteamericano/a. ¿Después de cierto tiempo de vivir aquí? ¿Tras hacer los trámites de ciudadanía y jurar fidelidad a la bandera? ¿Al adquirir el pasaporte? ¿Al adoptar la lengua y las costumbres norte-americanas? ¿Tras tener hijos aquí o casarse con alguien del país?

5. Se ha dicho que hay cuatro etapas principales en el proceso de aclimatación a una nueva cultura: la luna de miel *(honeymoon),* la hostilidad, el humor y la aceptación. Discutan en qué etapa creen que están los personajes de esta lectura y de la anterior.

6. Lean y escuchen la canción de Celia Cruz, "Latinos en Estados Unidos", y luego discutan la postura de la cantante con respecto a la identidad de los emi-grantes hispanos.

Latinos en Estados Unidos

Latinos en Estados Unidos,
ya casi somos una nación
venimos de la América india, del negro y del español.
En nuestra mente emigrante
a veces hay confusión
pero no hay quien nos engañe*   *deceive*
el alma y el corazón
porque vivimos soñando
volver al sitio de honor.

Latinos en Estados Unidos,
vamos a unirnos, vamos a unirnos
claro que sí
vamos a unirnos, vamos a unirnos.

Que en la unión está la fuerza
y al pueblo respetan y le dan valor
no dejes que te convenzan
que no se pierda el idioma español.

Simón Bolívar, Sarmiento
Benito Juárez, Martí*   *héroes de América Latina*
dejaron un gran comienzo
para el camino a seguir.
Debemos dar el ejemplo
con la solidaridad.
Soy latinoamericano
no tengas miedo decir
pues todos somos hermanos
en un distinto país.

Latinos en Estados Unidos…
Que en la unión está la fuerza…

Seamos agradecidos*   *grateful*
con esta tierra de paz
que nos da un nuevo futuro
y una oportunidad.
Pero ya que estamos lejos
de nuestro suelo natal
luchemos por el encuentro
con nuestra propia verdad,
debajo de cualquier cielo
se busca la identidad.

Latinos en Estados Unidos…
Que en la unión está la fuerza…
Latinos en Estados Unidos…

Somos hermanos, buenos es decirlo
Latinos en Estados Unidos…
No discrimines a tus hermanos
siempre que puedas dales la mano
Latinos en Estados Unidos…

América Latina vives en mí
quiero que este mensaje llegue hacia ti
Latinos en Estados Unidos…
Debemos unirnos para que tú veas
que si estamos unidos ganamos la pelea.
Latinos en Estados Unidos…
Nunca debemos de dividirnos
Latinos en Estados Unidos…
Ay vamos dejando ese tiqui tiqui*
vamos a unirnos, lo dijo Titi*
América Latina dame la mano
únete hermano, únete.
Latinos en Estados Unidos…
No niegues tu identidad
tu tierra te premiará.
Vamos a unirnos, vamos a unirnos.
Dame la mano
tú eres mi hermano latino.
Vamos a unirnos, vamos a unirnos.
Soy latinoamericano
no tengas miedo decirlo.
Vamos a unirnos, vamos a unirnos.
Dame la mano
dale la mano a tu hermano.
Vamos a unirnos, vamos a unirnos.
Si niegas tu identidad
no estás diciendo verdad.
Vamos a unirnos, vamos a unirnos.
Dale la mano a tu hermano
y el camino se hace llano.
Vamos a unirnos, vamos a unirnos.
Solo palo no se monta
se queda solo.
Vamos a unirnos, vamos a unirnos.
Y te respetan y te dan valor
que no se pierda el idioma español.

discusión por cosas sin importancia
autora de la letra

Práctica gramatical

Repaso gramatical:
El subjuntivo con verbos de petición y mandato
(*Cuaderno*, pág. 41)
Formas y usos del imperfecto de subjuntivo
(*Cuaderno*, pág. 41)

1. En parejas, usando verbos de petición y mandato, y el tiempo pasado, comparen las demandas de su familia, sus clases, sus amigos/as.

Ejemplo: —¿Qué te exigía tu familia?
            —Me exigía que estudiara y sacara buenas notas.

2. En parejas y usando el imperfecto de subjuntivo, sugiéranles a la narradora y/o a la mujer del banco lo que deben hacer.

Ejemplo: A la narradora nosotros le sugeriríamos que tirara algunas de sus cosas.

Creación

Escriba la historia de la mujer del banco. ¿Quién es y cómo llegó hasta allí? Describa su apariencia y sentimientos (¿qué edad tiene, cómo es su familia, cuál es su historia, por qué no tiene casa?).

	Phrases:	*Describing health; People; The past*
	Grammar:	*Preterite & imperfect; Subject pronouns*
	Vocabulary:	*Face; Body; Gestures*

Nocturno chicano

Margarita Cota-Cárdenas

Canción de la exiliada

Alicia Partnoy

Margarita Cota-Cárdenas (1941) nació en un pueblecito de California cercano a la frontera de México, de donde es su familia. Es co-fundadora de Scorpion Press, profesora de literatura en una universidad de Arizona y autora de poesía bilingüe de/sobre mujeres. En este poema, "Nocturno chicano" que forma parte de *Noches despertando inconciencias* (1977), Cota-Cárdenas expresa su preocupación con la imagen de los chicanos *(Mexican Americans)* y algunas de sus consecuencias.

Alicia Partnoy (Argentina) fue expulsada de su país en los años 80, durante la dictadura de la junta militar, después de haber sido secuestrada y torturada por sus ideas políticas. Ha escrito un libro muy famoso sobre esos años de represión titulado *The Little School.* (Ver Unidad III, pág. 222.) El poema "Canción de la exiliada", que forma parte de *La venganza de la manzana,* tiene un tono vengativo *(vengeful)* al expresar sus sentimientos por haber sido expulsada del lugar en que nació.

Estos dos textos presentan distintos sentidos de alienación. En el primero se trata de gente que vive en su propio país pero no se siente parte de él, por lo que sufre una especie de exilio interior. El segundo, en cambio, da voz a quienes han sido exiliados a la fuerza.

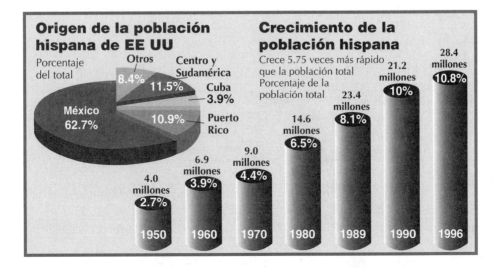

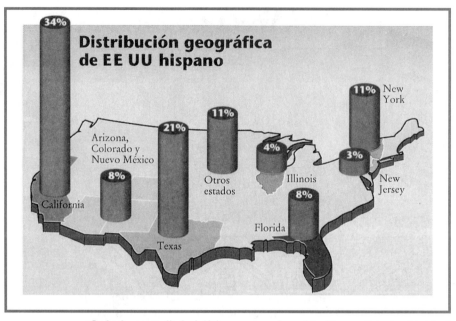

Distribución geográfica de EE UU hispano

34% California
8% Arizona, Colorado y Nuevo México
21% Texas
11% Otros estados
4% Illinois
8% Florida
11% New York
3% New Jersey

¿Cuándo se realizó el último censo de población en Estados Unidos?

Palabra por palabra

aislar	*to isolate*
aterrorizar	*to terrorize*
atreverse	*to dare to*
bastar	*to be enough*
cortar	*to cut*
el espejo	*mirror*
obscuro/a	*dark*
quejarse	*to complain about*

Mejor dicho

querer decir	*to mean (animate and inanimate subjects)*	Yo no **quise decir** eso.
significar	*to mean (only inanimate subjects)*	La palabra "libertad" **significa/quiere decir** *freedom*.

actualmente	*at the present time*	**Actualmente** la situación política de mi país es muy difícil.
realmente	*truly, really, actually*	Todos han estado **realmente** preocupados.

¿Qué expresa este rostro?

Práctica

1. En parejas, den antónimos y sinónimos para las palabras del vocabulario

    Ejemplo:

    aterrorizar $\begin{cases} = \text{calmar (antónimo)} \\ = \text{horrorizar (sinónimo)} \end{cases}$

2. En grupos de tres estudiantes, comenten y expliquen lo siguiente.

    a. Tres cosas de las que se quejan.

    b. Tres cosas que no se atreven a hacer.

    c. Algo que siempre les ha aterrorizado.

    d. Cuándo y por qué se miran en el espejo.

Alto

Hay que recordar que muchas partes de América del Norte fueron colonizadas por los españoles antes de la llegada de los emigrantes ingleses. La parte suroeste de los Estados Unidos perteneció a México hasta mediados del siglo XIX. Es allí, en los estados de Texas, Arizona, California, Colorado y Nuevo México, donde vive casi el 70% de los norteamericanos de origen hispano. Son los llamados chicanos. Uno de sus problemas es que, a pesar de llevar muchas generaciones en Estados Unidos, a menudo se los confunde, por ignorancia o prejuicios, con los inmigrantes ilegales.

1. ¿Qué sabe de los chicanos? Si no sabe nada, busque información en Internet sobre ellos.

2. ¿Entiende la diferencia entre un/a exiliado/a y un/a inmigrante?

3. Preste atención a las técnicas poéticas empleadas en los dos poemas (por ejemplo, la repetición de palabras) y trate de explicar la razón de su uso.

Nocturno chicano

Margarita Cota-Cárdenas

cuando éramos niños
   el plonquito° y yo   mi hermano
    no había
      sirenas
5   por la noche
       por el día
       de bomberos°   firefighters
      de ambulancias
      de la policía
10 aterrorizando asustando
    a los grandes
     a los jóvenes
      y a los hermanitos
   sólo había   bastaba
15   "LA MIGRA"[1]

¿Entendido?

1. Analice el poema a la luz de los contrastes culturales. Es decir, ¿por qué los niños sienten terror no de los bomberos sino de "la Migra"?

2. Describa detalladamente, usando los datos obtenidos y la imaginación, el lugar, los personajes y cómo se sienten, y la situación presentada en el poema.

---

[1] **Migra** = Departamento de Inmigración de Estados Unidos

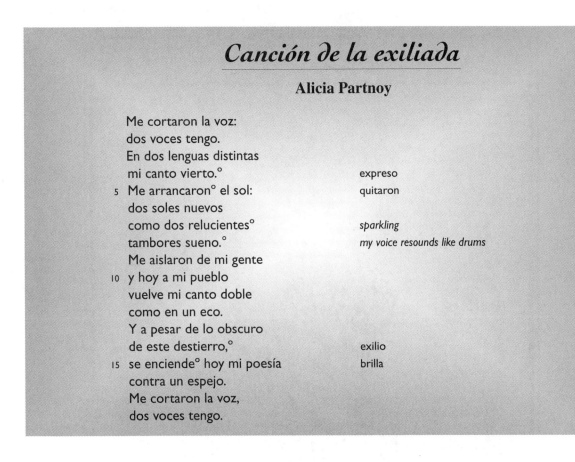

Canción de la exiliada

Alicia Partnoy

Me cortaron la voz:
dos voces tengo.
En dos lenguas distintas
mi canto vierto.°   expreso
5 Me arrancaron° el sol: quitaron
dos soles nuevos
como dos relucientes°   sparkling
tambores sueno.°   my voice resounds like drums
Me aislaron de mi gente
10 y hoy a mi pueblo
vuelve mi canto doble
como en un eco.
Y a pesar de lo obscuro
de este destierro,°   exilio
15 se enciende° hoy mi poesía   brilla
contra un espejo.
Me cortaron la voz,
dos voces tengo.

¿Entendido?

1. Exprese en sus propias palabras lo que dice el poema y las emociones que presenta.
2. Explique por qué la autora dice que tiene dos voces.
3. Relacione el poema con otras lecturas de esta unidad.

La Feria de abril es una fiesta muy popular que se celebra en Sevilla, España, todas las primaveras. Entonces, ¿por qué anuncia este póster que la Feria tendrá lugar en Nueva York? ¿Y por qué está vestida la Estatua de la Libertad de esa manera?

En mi opinión

1. En grupos de tres estudiantes, discutan la emigración a otro país teniendo en cuenta los distintos sentimientos y condiciones que entran en juego.

    a. como exiliado/a político/a

    b. por razones económicas

    c. por causa de los negocios

    d. para estudiar

    e. ilegalmente

2. Sorpresa. En grupos, lean el siguiente párrafo y luego comenten la situación y la experiencia que ha tenido el emigrante.

> La idea era lavar platos o algo así. Cualquier cosa que le pagara las clases de inglés. Pero este chico español de 25 años no esperaba que su trabajo en Londres fuera a llamarse Charlotte. Charlotte es una niña de cinco años y Eduardo, licenciado en ciencias de la información y *masters* en relaciones internacionales, es su niñero. A las 15.30 recoge a la pequeña en el colegio. Juegos, baño, cena y un cuento al acostarla. Eduardo está encantado con el empleo. Y Charlotte también.
>
> *El País* (124, XVIII, p. 16)

Mirta Toledo, *Pura diversidad*

Estrategias comunicativas para expresar solidaridad o compasión

¡Qué pena!	*What a pity! Too bad!*
¡Cuánto lo siento!	*I am so sorry.*
Es terrible.	*That's terrible/awful.*
La/El pobre.	*Poor thing.*

En (inter)acción

1. En grupos de cuatro estudiantes, preparen una lista con al menos tres preguntas que les gustaría hacerles a un/a inmigrante, a un/a exiliado/a, a un/a trabajador/a ilegal. Luego tengan una entrevista en que cada uno/a de los/las estudiantes hace un papel distinto, incluyendo un/a entrevistador/a.

2. Lean la canción de Daniel Santos, "En mi viejo San Juan", (o si pueden conseguir el disco, escúchenla) y comenten lo que dice y los sentimientos que expresa usando las **Estrategias comunicativas.**

En mi viejo San Juan

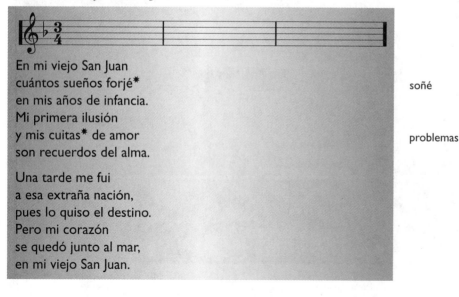

En mi viejo San Juan
cuántos sueños forjé*   soñé
en mis años de infancia.
Mi primera ilusión
y mis cuitas* de amor   problemas
son recuerdos del alma.

Una tarde me fui
a esa extraña nación,
pues lo quiso el destino.
Pero mi corazón
se quedó junto al mar,
en mi viejo San Juan.

Adiós, (adiós, adiós),
Borinquen* querida,
tierra de mi amor.
Adiós, adiós, adiós,
mi diosa del mar
(reina del palmar).

Me voy, (ya me voy),
pero un día volveré
a buscar mi querer,*
a soñar otra vez
en mi viejo San Juan.

Pero el tiempo pasó
y el destino burtó
mi terrible nostalgia.
Y no pude volver
al San Juan que yo amé,
pedacito de patria.

Mi cabello blanqueó,*
hoy mi vida se va,
ya la muerte me llama
y no quiero morir
alejado de ti,
Puerto Rico del alma.

Adiós, (adiós, adiós),
Borinquen querida,
tierra de mi amor.
Adiós, adiós, adiós,
mi diosa del mar
(reina del palmar).

Me voy, ya me voy,
pero un día volveré
a buscar mi querer,
a soñar otra vez
en mi viejo San Juan.

nombre indígena original
de la isla

amor

se volvió blanco

3. Al entrar en los Estados Unidos hay una serie de regulaciones aduaneras *(customs)* con respecto a los siguientes objetos. ¿Saben Uds. cuáles son? En grupos, intenten rellenar el cuadro siguiente.

objeto	prohibido	limitado	ilimitado
dinero			
ropa			
frutas y vegetales			
tabaco			
medicinas			
bebidas alcohólicas			
libros			

Práctica gramatical

Repaso
gramatical:
Los prefijos
(*Cuaderno*, pág. 43)
Los sufijos
(*Cuaderno*, pág. 44)

1. En grupos, formen palabras añadiendo alguno de los prefijos estudiados (**re-, a-, em-, in-**) a las palabras siguientes. Luego expliquen su significado o úsenlas en oraciones.

Ejemplo: elegir
reelegir (volver a elegir)
A George Bush no lo reeligieron presidente.

esperar   cubrir   tocar   isla   formar   probar   terror

2. En grupos, formen palabras añadiendo alguno de los sufijos estudiados (**-dad, -ción, -ista, -mente**) a las palabras siguientes. Luego expliquen su significado o úsenlas en oraciones.

Ejemplo: confiar
confiable (que se puede confiar en él o ella)
Alfredo no era muy confiable.

obscuro   estudiar   constante   optimismo   curioso   transformar

Creación

Tomando el punto de vista de un/a chicano/a o un/a exiliado/a, escriba una carta a alguien de quién se acaba de enamorar contándole algunas de sus experiencias (de su niñez, de la emigración, etc.) que han determinado su carácter o lo/la han traumatizado.

Phrases:	*Self-reproach; Talking about the present; Thanking*
Grammar:	*Imperative & future tenses; If clauses*
Vocabulary:	*Senses; Countries; Upbringing*

Será magnífico el día

en que

nuestras escuelas

reciban todo el dinero

que necesitan

y la fuerza aérea

tenga que organizar

una rifa

para comprar

un avión

de bombardeo

En esta unidad presentamos textos sobre personas cuyos derechos humanos han sido violados, ya sea porque se los ha marginado o porque en su momento fueron "enemigos" políticos del gobierno.

Empezamos con "Los marginados". El primer texto "Declaración de principios de la organización de los indígenas oaxaqueños" es una denuncia colectiva al tratamiento que han recibido los indígenas de Oaxaca, y por extensión de toda América, a manos de los sucesivos gobiernos. La canción "México insurgente" alude a un hecho histórico reciente y bien conocido: la rebelión de los indígenas en Chiapas. El artículo que sigue, "Gitanos", es sobre la reacción a un incidente que ilustra la situación de los gitanos en España. Este grupo procedente de la India ha sufrido, y sigue sufriendo, discriminación racial y étnica. Este primer capítulo termina con un poema de la escritora cubana Nancy Morejón titulado, "Mujer negra", que habla de las mujeres afroantillanas y de su condición de esclavas al llegar al Nuevo Mundo.

El segundo capítulo, titulado "Los sobrevivientes", gira en torno a individuos que han sido víctimas de gobiernos totalitarios. "Testimonios de Guatemala" y la canción que sigue, "La vida no vale nada", expresan la responsabilidad que tiene cada individuo de transformar y mejorar la sociedad en que vive. En *Preso sin nombre, celda sin número* y "Pan" sus protagonistas nos relatan, y testimonian, el tratamiento que recibieron en cárceles clandestinas y los recursos que utilizaron para sobrevivir en esas condiciones. Tan arbitrarias y absurdas son las normas en estas cárceles como la reacción del militar que aparece en la tira cómica "Los pájaros y la libertad de expresión".

En el tercer capítulo titulado "Concienciación y aperturas", tanto "1976, en una cárcel de Uruguay: pájaros prohibidos" como "La literatura del calabozo" nos muestran formas ingeniosas de superar momentos difíciles. En este capítulo hay un apartado dedicado a los derechos de los niños. "Epigrama" describe la manipulación ideológica y hasta el abuso físico de que han sido objeto bajo gobiernos totalitarios, y "Los derechos humanos" nos obliga a tomar conciencia de que el maltrato puede empezar en la familia misma. Los textos "Sabotaje" y *Un día en la vida* nos muestran posibles y frecuentes formas de resistencia a los abusos del poder: el humor y la religión, especialmente el nuevo enfoque de la teología de la liberación.

Que yo sepa

En grupos de cuatro estudiantes, contesten y comenten los temas siguientes.

1. ¿Qué exactamente entienden Uds. por derechos humanos? Mencionen algunos específicos.

2. ¿Deben preocuparnos las violaciones de los derechos humanos en otros países? ¿Por qué sí/no? ¿Se violan los derechos humanos en Estados Unidos?

3. Mencionen algunos casos de violaciones de los derechos humanos en la historia.

4. Comenten el cartel que encabeza esta unidad. ¿Qué debe tener prioridad en el presupuesto (*budget*) nacional, la defensa militar o la educación?

CAPITULO 7

Los marginados

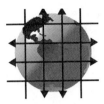

http://aquesi.heinle.com

Declaración de principios de la organización de los indígenas oaxaqueños

Desde la llegada de los españoles al Nuevo Mundo, los indígenas latinoamericanos fueron sometidos a la autoridad de los colonizadores.

La lectura siguiente presenta las demandas de los indios zapotecas de Oaxaca, México, quienes se han organizado para reclamar sus derechos. Entre otras cosas exigen un buen sistema de enseñanza para sus hijos, servicios médicos y auto-determinación, esto último para poder así conservar su cultura y recuperar su independencia.

▶ Palabra por palabra

alcanzar	*to attain, reach*
el **antepasado**	*ancestor*
el **asombro**	*amazement, astonishment*
conducir	*to lead, drive*
cuidar (de)	*to take care of*
estar dispuesto/a (a)	*to be willing to*
no obstante	*nevertheless*
el **principio**	*principle, beginning*
el **reparto**	*division, distribution*

▶ Mejor dicho

la lucha **luchar (por)**	*struggle* *to struggle*	En las diferentes **luchas** de liberación, los indígenas han participado activamente. **Luchemos por** la paz.
el combate **combatir**	*fight (combat)* *to fight*	El **combate** de los gladiadores fue feroz. Les enseñaremos a **combatir** el fuego en un bosque.
la pelea **pelear**	*fight (quarrel)* *to fight*	Muchas veces una **pelea** entre niños termina pronto. Dos no **pelean,** si uno no quiere.

el respeto	*consideration for another person*	Hoy día se va perdiendo el **respeto** a la familia y a los mayores.
respecto de, con respecto a	*with regard to*	No han dicho nada **respecto de/con respecto a** nuestras demandas.

Práctica

1. Toda la clase improvisa una historia a la que tiene que ir incorporando poco a poco las palabras del vocabulario. Un/a estudiante empieza el cuento usando una palabra y luego otro/a estudiante continúa el cuento y emplea otra palabra.

Ejemplo: Voy a contarles una historia fascinante de mis antepasados.

2. En parejas, describan las ilustraciones siguientes usando palabras del vocabulario.

Alto

1. Busque Oaxaca en el mapa de México, página xii. ¿Dónde está? ¿Sabe algo de los zapotecas?

2. Piense en algunas causas actuales que le interesan a Ud. y lo que hace por ellas. ¿Participa en manifestaciones *(demonstrations)*, recoge firmas, dinero, etc.?

3. ¿Qué valor(es) tienen la lengua y las tradiciones de una cultura marginada?

4. El propósito de este texto es motivar a los oaxaqueños para que se organicen y protesten contra el trato desigual que han recibido por parte del gobierno. Al leer, preste atención a las expresiones empleadas para animarlos.

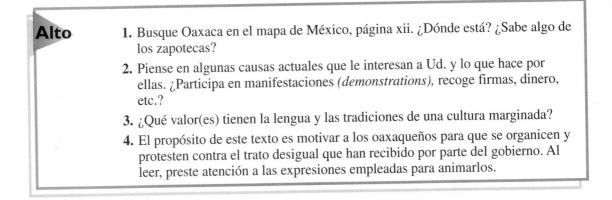

Declaración de principios de la organización de los indígenas oaxaqueños

Han transcurrido[1] 460 años desde que los conquistadores occidentales llegaron a nuestras tierras para despojarnos[2] de nuestros patrimonios y ahora, a pesar de los diferentes movimientos revolucionarios que se han suscitado,[3] seguimos siendo víctimas de vejaciones[4] por parte de los descendientes del colonizador. En las
5 diferentes luchas de liberación nacional [a las] que se ha enfrentado[5] nuestro país, los indígenas oaxaqueños hemos participado activamente y hemos dado, en los momentos más difíciles, ejemplo de unidad y valentía para no perder la soberanía nacional.

Nuestro estado, Oaxaca, dio a México y al mundo un hombre invencible ante las
10 injusticias. Su ejemplo de lealtad, de honradez y de disciplina ante una causa injusta, debe ser el ejemplo de todos y orgullo de los indígenas, no sólo de los oaxaqueños, sino de México y de Latinoamérica; ese hombre no ha muerto, ese hermano aún vive, porque Benito Juárez García,[6] zapoteca, indio al igual que nosotros, es y debe ser el símbolo de nuestra inspiración en la lucha, debe ser el aliento[7] para
15 luchar en contra de quienes, tras la máscara de amigos, son nuestros más crueles enemigos. El indio zapoteca jamás dio un paso atrás cuando los traidores de nuestra patria quisieron dividirnos trayendo a México un emperador extranjero.[8]

---

[1] **Han transcurrido** = Han pasado   [2] **despojarnos** *to deprive us*   [3] **se han suscitado** *have been emerging*   [4] **vejaciones** = humillaciones   [5] **se ha enfrentado** *has confronted*   [6] Benito Juárez García fue elegido presidente de México en 1867 y 1871.   [7] **aliento** *encouragement*   [8] **emperador extranjero** = Maximiliano de Habsburgo. Fue emperador de México desde 1864 a 1867.

De la conquista a la fecha, nuestros antepasados, nuestros abuelos, nuestros padres, nuestros hermanos se han entregado a la lucha y han soportado en silen-
20 cio las injusticias, las vejaciones, las represiones, las manipulaciones de que han sido víctimas; no obstante, al igual que en otros movimientos, en la revolución mexicana también ofrendaron[9] sus vidas, pero, ¿cuáles han sido los beneficios que los indios hemos recibido a cambio de la sangre que derramaron[10] nuestros padres? Ahora tenemos escuelas, mas la educación que nos imparten no es la que
25 deseamos; ahora tenemos algunos servicios, pero seguimos recibiendo injusticias y esas injusticias no pueden acabarse si seguimos callados; nunca seremos libres si lo seguimos permitiendo con los brazos cruzados. El sistema económico social en que nos encontramos inmersos, día a día sentimos que nos ahorca,[11] cada día se abandona el *tequio* (la ayuda mutua, el intercambio y el reparto de productos), el
30 respeto a la familia, a los mayores, a los ancianos; cada día se pierde más el amor al trabajo, a la lealtad, a la humildad, al respeto a los demás, virtudes que aún cuidamos. Además estamos seguros que así como en Oaxaca, en otras partes del país no existe un solo indio que no sea explotado económicamente, que no sea conminado culturalmente,[12] que no sea discriminado racialmente, que no sea ma-
35 nipulado e invisible políticamente. Por esta situación colonial en que nos encon-tramos, tenemos que buscar urgentemente un camino que nos conduzca hacia nuestra emancipación política, económica, cultural y social.

Por eso nos vamos a organizar, para luchar juntos en la búsqueda de la solución a nuestros problemas y por nuestra unidad como hermanos históricamente sub-
40 yugados pero aún dispuestos a seguir luchando por nuestra liberación. La historia nos ha mostrado que solamente unidos podemos alcanzar los objetivos que de-seamos para nuestra sobrevivencia como grupos culturalmente diferenciados y poseedores de un pasado histórico lleno de gloria y de civilizaciones, que aún es motivo de asombro para propios y extraños.[13]

45 Estamos seguros de que éste es el camino ansiosamente esperado y no permi-tiremos que nada nos doblegue,[14] no admitamos en nuestros corazones ni en nuestros pensamientos ninguna duda, avancemos unidos con firmeza y con fe en el mañana construido conscientemente por nosotros mismos.

Oaxaca, Oax., 9 de octubre de 1982

---

[9] **ofrendaron** = ofrecieron   [10] **derramaron** *spilled*   [11] **ahorca** *suffocates*   [12] **conminado culturalmente** = obligado a asimilarse a la cultura dominante   [13] **para... extraños** = para nosotros mismos y para los demás   [14] **nos doblegue** *make us give in*

¿Entendido?

Complete las oraciones siguientes según el contenido del texto.

1. Hace cinco siglos que...
2. Los indígenas oaxaqueños han participado en...
3. Algunas de las tradiciones oaxaqueñas son...
4. Los indígenas han sido víctimas de...
5. La organización de los indígenas propone que los oaxaqueños busquen...
6. Sus objetivos son...
7. La historia les ha enseñado que...

En mi opinión

En grupos de tres estudiantes, contesten y/o discutan lo siguiente.

1. ¿Cuál ha sido su reacción a la lectura? Por ejemplo: interés, frustración, indignación, etc.
2. ¿Qué podemos aprender de hechos históricos como el holocausto? ¿Y de las guerras civiles? ¿Y de la lucha por el sufragio universal?
3. ¿Cuáles son algunos de los movimientos revolucionarios o grupos terroristas de los que han oído hablar?
4. ¿En qué circunstancias la gente puede (o no) exigir los mismos derechos?
5. ¿Cuál es la mejor manera de luchar contra la opresión: el terrorismo, la resistencia pasiva, huelgas de hambre, manifestaciones... ?

▶ Estrategias comunicativas para animar a alguien a hacer algo

Es crucial. Debemos participar.	*It's crucial. We must participate.*
¿No ves que... ?/¿No te das cuenta de que... ?	*Don't you see/realize that . . . ?*
Si no lo hacemos nosotros, ¿quién lo hará?	*If we don't do it, who will?*
No es justo que...	*It's not fair that . . .*

En (inter)acción

1. Desde hace algún tiempo los indígenas de Chiapas se están enfrentando a las autoridades mexicanas. Para saber el porqué de estos enfrentamientos, lean y escuchen la letra de la canción siguiente. Mientras leen y escuchan, subrayen las frases que presentan ideas similares a las de la lectura.

México insurgente
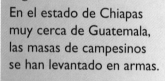

Cantante: Ismael Serrano

En el estado de Chiapas
muy cerca de Guatemala,
las masas de campesinos
se han levantado en armas.

El subcomandante Marcos
se llama aquel que les manda
y lucha junto a los indios
para liberar la patria.

Los milicos* le persiguen
y quisieran que acabara
como aquel héroe del pueblo
comandante Che Guevara.*

El primer día de enero
bajaron de las montañas
guerrilleros zapatistas*
para lanzar sus proclamas.*

Piden tierra y libertad
como Emiliano Zapata
y a lomos* de su caballo
toda América cabalga.*

Los hijos de mil derrotas*
y su sangre derramada
van a reescribir la historia
y han empezado con Chiapas.

Emiliano Zapata, Diego Rivera

los soldados

líder revolucionario que luchó con Castro en la Revolución Cubana y murió en Bolivia

Emiliano Zapata, indio zapoteca y líder de la Revolución Mexicana 1910–1917 / demandas

back
rides

defeats

Piden tierra y libertad
como Emiliano Zapata
y declaran este estado
zona revolucionaria.

Mejor que morirse de hambre
es pelear con dignidad
y que sirva cada bala*
para defender la paz.

¡Vivan los héroes de Chiapas
y el subcomandante Marcos!
¡Que vivan Villa* y Zapata y
que caigan los tiranos! (Bis)

bullet

Pancho Villa, otro héroe de la
Revolución Mexicana

2. En grupos de tres estudiantes, contesten las preguntas siguientes.

   a. ¿Qué ha hecho el subcomandante Marcos?
   b. ¿Qué saben del Che Guevara?
   c. ¿Por qué hay tantas referencias a otros revolucionarios?
   d. ¿Qué tiene más impacto: la canción o la lectura?

3. En grupos, organicen una protesta contra la calidad de la comida en la cafetería o la falta de estacionamiento en la universidad. Primero tienen que convencer a los otros estudiantes de que se unan a la causa, luego elegir un/a líder y después presentar sus demandas a la administración. Hagan carteles. Usen algunas de las expresiones de **Estrategias comunicativas.**

Práctica gramatical

Repaso
gramatical:
Los verbos de
comunicación
con el indicativo
y el subjuntivo
(*Cuaderno*, pág. 45)
El subjuntivo y
el indicativo en
cláusulas adver-
biales de tiempo
(*Cuaderno*, pág. 46)

1. **Los experimentos con animales.** En parejas, un/a estudiante menciona la información que sabe sobre este tema, usando los verbos de comunicación (**decir, repetir, escribir, indicar**) + un verbo en indicativo. A continuación, su compañero/a, utilizando esos mismos verbos + un verbo en subjuntivo, presenta un plan de acción.

   Ejemplo: ESTUDIANTE I: Dicen que los que buscan una vacuna contra el SIDA experimentan con monos. (indicativo)

   ESTUDIANTE 2:   Pues hay que decirles que no los maltraten. (subjuntivo)

2. **Cuando yo tenía tu edad.** Utilizando **cuando, después de que, hasta que** y otros adverbios temporales, en parejas improvisen una conversación entre un/a abuelo/a y su nieto/a. Deben incluir preguntas sobre acciones futuras, habituales y del pasado.

   Ejemplo: —Abuelo, cuando eras un niño, ¿cuánto costaba el metro? (pasado)
   —Abuelo, ¿por qué lloras siempre que ves estas fotos? (habitual)
   —Abuelo, en cuanto terminemos de charlar, ¿adónde quieres que te lleve? (futuro)

Creación

Busque información en Internet, o en una enciclopedia, sobre algunas de las figuras siguientes: Ernesto "Che" Guevara, Dolores Ibarruri, Pancho Villa, Vilma Espín, Emiliano Zapata, Tupac Amaru, etc. Escriba un párrafo destacando su importancia histórica.

Phrases:	*Describing people; Expressing an opinion; Weighing evidence*
Grammar:	*Next:* siguiente, que viene, próximo; *Relatives:* que; *Verbs: preterite & imperfect*
Vocabulary:	*City; Dreams & aspirations; People*

Gitanos

Rosa Montero

Rosa Montero (España, 1951) es una conocida novelista y periodista merecedora de diversos premios por su labor literaria. Entre sus novelas se encuentran *Te trataré como una reina, Amado amo, Temblor, La hija del caníbal.* Sus artículos periodísticos intentan concienciarnos sobre los sucesos absurdos, injustos, sexistas de la sociedad española y del mundo actual.

"Gitanos" (1989) es representativo del estilo periodístico de Montero. En el artículo nos presenta un ejemplo del extremado racismo del que son víctimas los gitanos.

▶ Palabra por palabra

el **asunto**	*matter*
chocante	*shocking*
cobrar	*to charge*
desde luego	*of course, certainly*
la **entrada**	*ticket, entrance*
más bien	*rather*
la **medida**	*measure, step*
molestar	*to bother*
la **piscina**	*swimming pool*

▶ Mejor dicho

el derecho (sustantivo)	*right*	No todos tenemos **los** mismos **derechos.**
	law	Mi novio estudia en la facultad de **derecho.**
derecho/a (adjetivo)	*right*	Nacho, ¿qué ocultas en la mano **derecha?**
	straight	Chus, no te sientes así y ponte **derecha.**
derecho (adverbio)	*straight*	Siguió **derecho** hasta la calle ocho.
correcto/a	*correct, right (answer)*	La respuesta es **correcta.**
tener razón (sujeto = persona)	*to be right*	Según Ernesto, él siempre **tiene razón.**

¡Ojo! **La derecha** significa *the right hand, right wing.*

Práctica

1. En parejas, completen las siguientes oraciones de manera original.

    a. Una entrada de cine cuesta... y una para un concierto...

    b. Los músicos y cantantes tienen el derecho de cobrar...

    c. Lo más chocante que me ha pasado en una piscina es...

    d. Tres cosas que me molestan son...

    e. Una medida que todo el mundo debe tomar es...

2. Reaccione a las oraciones a continuación con una palabra de **Mejor dicho.**

    a. Puedo criticar al presidente.   _____

    b. Contestamos bien todas las preguntas del examen.   _____

    c. Mi mamá me dijo que iba a llover pero no lo creí.   _____

    d. Samuel es abogado.   _____

    e. No soy zurda.   _____

    f. Si continúas por esta calle, vas a llegar al museo.   _____

    g. Ganamos el pleito.   _____

    h. Quiero que cambien estas leyes. No son justas.   _____

    i. —¿Te fue bien en el examen? —Creo que sí.   _____

Alto

1. En este texto Rosa Montero, escandalizada al enterarse del tratamiento recibido por unos gitanos, expresa su indignación con ironía. Al leer el artículo, busca frases irónicas y subráyalas.

2. El tiempo verbal del futuro a veces expresa probabilidad. Busca y subraya ejemplos de esto en el texto.

3. Si no te permiten entrar en un bar o club privado, ¿es esto discriminación? ¿Qué se puede hacer en estos casos?

4. La tendencia de los medios de comunicación es destacar las noticias chocantes. ¿Es esto profesional o morboso?

¿Qué le darías?

Gitanos

Rosa Montero

Afortunadamente, y como de todos es sabido, en este país no somos nada racistas, certidumbre ésta[1] la mar de[2] tranquilizadora, desde luego. Porque así, cuando escuchas por la radio que en Atarfe, un pueblo de Granada, hay una piscina que cobra 350 pesetas[3] de entrada al personal[4] pero 600 pesetas[5] a los gitanos, no
5 puedes caer en la zafia[6] y simplista explicación de que se trata de una arbitrariedad racial. Eso, ya está dicho, es imposible: los españoles somos seres[7] virginales en cuanto a discriminaciones de este tipo.

Claro que entonces me queda la inquietud[8] de preguntarme el porqué de una medida tan chocante. Dentro de la lógica de una sociedad capitalista, si han de pa-
10 gar más, será que consumen más servicios. ¿Qué tendrán los gitanos que no tengamos los payos[9] para desgastar[10] la piscina doblemente? ¿Serán quizá de una avidez natatoria inusitada[11] y acapararán[12] las aguas todo el día? ¿O tal vez, y por el aquel de[13] poseer una piel más bien cetrina,[14] aguantarán doble ración de sol que los demás?

---

[1] **certidumbre ésta** *this certainty*   [2] **la mar de** = muy   [3] **350 pesetas** *US $2.50*   [4] **personal** = público
[5] **600 pesetas** *US $5.00*   [6] **zafia** *coarse, rude*   [7] **seres** = personas   [8] **inquietud** *uneasiness*   [9] **payos** = los
que no son gitanos   [10] **desgastar** *wear out*   [11] **avidez... inusitada** *unusual eagerness for swimming*   [12] **acapararán** *probably monopolize*   [13] **por... de** *due to the fact of*   [14] **cetrina** *dark*

15   Estaba sumida en el desasosiego[15] de estas dudas cuando el dueño de la piscina explicó el asunto. No es verdad que se cobre más sólo a los gitanos, dijo, sino que también el aumento se aplica a todos los que puedan molestar a los bañistas. Profundas palabras de las que se pueden extraer esclarecedoras[16] conclusiones. Primera, que por lo que se ve[17] los gitanos no son bañistas. Segunda, que, por

20 tanto, la entrada que se les cobra no es para bañarse, sino para molestar a los demás. Y tercera que, puesto que pagan por semejante[18] derecho un precio exorbitante, espero que puedan ejercerlo libremente y que se dediquen a escupir[19] a los vecinos, meterles el dedo en el ojo a los infantes, pellizcar las nalgas temblorosas[20] de los obesos y arrearle un buen rodillazo en los bajos[21] a ese dueño

25 tan poco racista. Porque las 600 pesetas dan para[22] cometer un buen número de impertinencias y maldades.[23]

¡Todos al agua!

¿Entendido?

Da un resumen del texto utilizando estas palabras.

piscina	molestar	payos	escupir
dueño	entrada	bañistas	discriminación

---

[15] **Estaba... desasosiego** *I was stressing out*   [16] **esclarecedoras** *illuminating*   [17] **por... ve** *apparently*
[18] **semejante** *such*   [19] **escupir** *to spit*   [20] **pellizcar... temblorosas** *to pinch the flabby buttocks*
[21] **arrearle... bajos** *to kick him where it hurts*   [22] **dan para** = *permiten*   [23] **maldades** *naughty acts*

En mi opinión

En parejas, contesten las preguntas a continuación.

1. ¿Se discrimina a los jóvenes de alguna manera? ¿Qué sentido tiene que en los EE UU a los dieciocho años puedan ir a la guerra, casarse y votar, pero no puedan beber?

2. ¿Por qué ciertas personas tienen más privilegios que otras? ¿Por qué algunos seres humanos se creen superiores a otros? ¿Qué piensan de sus razones?

3. ¿Cuál es el tono del artículo? ¿Lo consideran apropiado para tratar el tema del racismo? ¿Por qué?

4. Decidan si estas prácticas son discriminatorias o no.

   a. Una agencia inmobiliaria no alquila apartamentos a menores de veinte años.
   b. Si fuma, puede asistir al concierto pero la entrada le costará el doble.
   c. Si un/a turista lleva pantalones cortos no puede entrar en la iglesia.
   d. Esa empresa contrata solamente a graduados de Harvard.
   e. Las mujeres pueden entrar gratis en el bar Vaqueros los lunes.

▶ Estrategias comunicativas para expresar indignación o rabia

Pero, ¿qué dices?	*What are you saying?*
¡Qué barbaridad!	*Good grief!*
¡Qué sinvergüenza eres!	*You've got no shame!*
¡Qué caradura!	*Of all the nerve!*

En (inter)acción

1. **Reservado el derecho de admisión.** Con un/a compañero/a, improvisen un diálogo entre el dueño de un lugar público y una persona a quien no dejan entrar porque no lleva zapatos, camiseta, corbata, invitación... Ya que están enojados/as, usarán algunas de las expresiones de **Estrategias comunicativas.** Luego presenten el diálogo delante de la clase.

2. **Pleito.** En un caso reciente ocurrido en Los Angeles, dos mujeres fueron contratadas y luego despedidas por hablar español entre sí en una oficina. La clase se divide en tres grupos. Un grupo de estudiantes preparará la posición del/de la fiscal, otro grupo la del/de la juez y otro la de las acusadas. Después delante de toda la clase, un miembro de cada grupo representará a su grupo en el pleito. Al final, entre todos, se decide una sentencia.

Práctica gramatical

Repaso
gramatical:
Se: usos y
valores
(*Cuaderno*, pág. 47)

En grupos de tres estudiantes, usando la estructura impersonal, digan lo que se
hace o debe hacer en estas circunstancias/situaciones.

Ejemplo: para ponerse moreno/a sin quemarse
Se debe usar una loción para proteger la piel.

1. para ser socio/a de un club de caza *(hunting)*

2. para ayudar a los discapacitados *(handicapped)*

3. para luchar contra el mal gusto

4. para preparar un mitin político

5. para conseguir entradas para un acto muy popular

Creación

Carta al/a la director/a. Escríbele una carta al/a la director/a de un periódico
explicando algún suceso reciente relacionado con la discriminación racial o étnica
y exponiendo tu punto de vista.

Phrases:	*Agreeing & disagreeing; Asserting & insisting; Warning*
Grammar:	*Comparisons: inequality; Interrogatives:* ¿qué? ¿quién? *Verbs: subjunctive with* ojalá
Vocabulary:	*Nationality; People; Upbringing*

Mujer negra

Nancy Morejón

Nancy Morejón (Cuba, 1944) es una conocida poeta, autora de varios libros. Entre ellos destacan *Mutismos* (1962), *Poemas* (1980) y *Octubre imprescindible* (1982). También ha publicado traducciones de varios poetas franceses y norteamericanos, y ha colaborado en diferentes revistas literarias. Actualmente trabaja de editora en la Unión de Escritores Cubanos.

Algunos de sus poemas expresan tanto su frustración en cuanto a la explotación de las mujeres como la esperanza de un futuro mejor.

▶ Palabra por palabra

atravesar	*to cross*
la **espuma**	*foam*
oler (ue) (yo huelo)	*to smell*
olvidar	*to forget*
padecer	*to suffer*
rebelarse	*to rebel*
el/la **testigo**	*witness*

▶ Mejor dicho

otra vez, de nuevo	*again*	**Otra vez (De nuevo)** huelo la espuma del mar que atravesé.
volver a + infinitivo	*to (infinitive) again*	Aquí **volví a sufrir** el mismo tratamiento.

recordar	*to remember*	Nunca he podido **recordar** la fecha de su cumpleaños.
acordarse (de)	*to remember*	Me alegro de que **te hayas acordado de** traer los discos.

Práctica

1. En parejas, contesten o comenten los temas a continuación.

   a. Digan lo que recuerdan más de su niñez y por qué se acuerdan de estas cosas. (vacaciones, Navidades, cumpleaños)

   b. Completen estas oraciones de manera original:
   "Nunca más volveré a... "
   "Es increíble, pero otra vez... "

   c. Piensen en la última vez que nadaron en el mar. Hablen de sus impresiones del agua, las olas, la espuma, el cielo, las nubes, el olor del mar.

2. Describan los dibujos siguientes utilizando palabras del vocabulario.

Alto

1. Deténgase en el título del poema unos segundos y trate de anticipar el tema y el tono del mismo.

2. Subraye las oraciones negativas del poema.

3. Al final de cada estrofa del poema, Nancy Morejón escribe una o dos palabras que, en algún sentido, constituye(n) una reacción a lo que acaba de decir. Léalas primero y trate de imaginar lo que contiene la estrofa.

4. Nancy Morejón describe la experiencia de una mujer africana traída al Nuevo Mundo. ¿Qué sabe Ud. del tratamiento de los africanos traídos a los EE UU?

Mujer negra

Nancy Morejón

Todavía huelo la espuma del mar que me hicieron atravesar.
La noche no puedo recordarla.
Ni el mismo océano podría recordarla.
Pero no olvido al primer alcatraz que divisé.[1]
5 Altas las nubes, como inocentes testigos presenciales.[2]
Acaso no he olvidado ni mi costa perdida, ni mi lengua ancestral.
Me dejaron aquí y aquí he vivido.
Y porque trabajé como una bestia,
aquí volví a nacer.
10 A cuánta epopeya mandinga intenté recurrir.[3]
                    Me rebelé.

Su Merced[4] me compró en una plaza.
Bordé la casaca[5] de Su Merced y un hijo macho le parí.
Mi hijo no tuvo nombre.
15 Y Su Merced murió a manos de un impecable lord inglés.[6]
                    Anduve.

Esta es la tierra donde padecí bocabajos y azotes.[7]
Bogué[8] a lo largo de todos sus ríos.
Bajo su sol sembré, recolecté[9] y las cosechas no comí.
20 Por casa tuve un barracón.[10]
Yo misma traje piedras para edificarlo,
pero canté al natural compás[11] de los pájaros nacionales.
                    Me sublevé.[12]

---

[1] **alcatraz... divisé** *pelican that I saw*   [2] **testigos presenciales** *eyewitnesses*   [3] **A cuánta... recurrir** *how many Mandigan epics did I cling to*   [4] **Su Merced** *Your Grace (here her owner)*   [5] **Bordé la casaca** *I embroidered the overcoat*   [6] **lord inglés** = se trata probablemente de piratas   [7] **bocabajos y azotes** = castigos infligidos a los esclavos   [8] **Bogué** *I rowed*   [9] **recolecté** *I harvested*   [10] **barracón** *ramshackle hut*   [11] **compás** = ritmo   [12] **Me sublevé** = Me rebelé

¡Entendido?

Resuma el poema en sus propias palabras y luego explique la importancia de estos términos.

1. atravesar el océano
2. Aquí volví a nacer.
3. Las cosechas no comí.
4. Su Merced
5. Mi hijo no tuvo nombre.
6. Me sublevé.

En mi opinión

En grupos de cuatro estudiantes, discutan los temas a continuación.

1. ¿Cómo es diferente el trato de los africanos durante el período colonial en los EE UU y en América Latina? ¿Recuerdan algunos hechos históricos específicos de la esclavitud?
2. Busquen algunas imágenes positivas en el poema y contrástenlas con las negativas. ¿Por qué las incluye Morejón? ¿De dónde saca estas imágenes? Expliquen la mezcla.
3. Describan un día en la vida de la protagonista del poema.
4. ¿Cuál es la actitud de la protagonista hacia Su Merced? Indiquen por qué lo creen así usando ejemplos del poema.
5. ¿Qué emociones y sentimientos quiere provocar Morejón en los/las lectores/as?

Estrategias comunicativas para contrastar hechos

No es lo mismo...	It's not the same . . .
Relativamente...	Relatively . . .
Si comparamos...	If we compare . . .
Hay mucha diferencia...	There is a lot of difference . . .

En (inter)acción

1. En grupos de tres estudiantes, relacionen las citas siguientes con el tema de esta lectura y unidad. Usen algunas de las expresiones de **Estrategias comunicativas.**
   a. "La vida es un viaje experimental hecho involuntariamente." Fernando Pessoa
   b. "Nada nos destruye más certeramente que el silencio de otro ser humano." George Steiner
   c. "Los recuerdos nos acuden (vienen) como la luz de las estrellas apagadas, cuyo resplandor nos sigue llegando mucho después de haberse extinguido." David Horowitz

2. Relaten alguna experiencia desagradable que Uds. hayan tenido y comenten algunas consecuencias buenas o malas de ella.

3. **La vida es agridulce.** En el poema, Nancy Morejón presenta cosas negativas y positivas de las experiencias de la protagonista. Al madurar nos damos cuenta de que "No hay mal que por bien no venga" *("Every cloud has a silver lining")*. Piensen en esto y den ejemplos. Después, una persona de cada grupo informará a la clase de las aportaciones *(contributions)* de su grupo.

Ejemplo: Muchos exiliados han venido a los Estados Unidos en busca de una vida mejor. Al llegar aquí se dan cuenta de que es difícil encontrar trabajo, aprender una lengua nueva, pero también reconocen que hay más posibilidades aquí que en su país de origen. Esto pasó con muchos de los cubanos que salieron de Cuba en 1959. Al principio fue bien difícil pero ahora han prosperado y han hecho resurgir Miami. Echan de menos a sus parientes y a la isla, pero siguen adelante.

Práctica gramatical

Repaso gramatical:
Los posesivos
(Cuaderno, pág. 48)
El pluscuam-
perfecto de
subjuntivo
(Cuaderno, pág. 49)

1. **El tesoro de Alí Babá.** Usando los posesivos, decidan quién se queda con los objetos encontrados y por qué.

Ejemplo: El escudo azteca es tuyo porque te interesa tanto la historia mexicana.

2. **Desastres.** Conjeturen la razón de las siguientes noticias usando el pluscuamperfecto de subjuntivo y diferentes oraciones impersonales en el pasado.

Ejemplo: —La casa de mi vecino se quemó.
—Era posible que hubieran dejado algunas velas *(candles)* encendidas.

a. Se nos escapó el perro.
b. Les robaron la bicicleta.
c. El banquete se canceló.
d. La ropa de toda la familia salió verde de la lavadora.
e. Mis tíos se divorciaron.
f. El coche se quedó sin gasolina.

Creación

Probablemente ha estado Ud. alguna vez en una situación incómoda, angustiosa,
inquietante... Escriba un monólogo interior *(stream of consciousness)* describiendo
sus pensamientos y emociones durante esos momentos.

Phrases:	*Sequencing events; Talking about the recent past; Weighing alternatives*
Grammar:	*Adverbs; Personal pron. direct; Verbs:* dar
Vocabulary:	*Gestures; Personality; Working conditions*

Los sobrevivientes

Los sobrevivientes

http://aquesi.heinle.com

Testimonios de Guatemala

María Pol Juy

El período entre 1978 y 1988 se conoce en la historia de Guatemala como "La violencia". En esta época el gobierno llevó a cabo represalias contra los campesinos, entre ellos los quiché, grupo indígena contemporáneo de los mayas que aún conserva su propia lengua y costumbres precolombinas.

María Pol Juy pertenece a esta etnia y nos cuenta, en el siguiente texto, la persecución de la que fue objeto su pueblo. La autora explica también las razones por las que decidió colaborar con el CUC, un grupo cuyo objetivo es defender a la gente de esta región de los ataques y abusos del ejército.

▶ Palabra por palabra

al + infinitivo	*when/on + gerund*
el **comportamiento**	*behavior*
crecer	*to grow (up)*
cumplir (con)	*to do or carry out one's duty*
los/las **demás**	*the others, the rest, everybody else*
el **golpe**	*blow, hit*
la **población**	*population, people*
superar	*to overcome*
vigilar	*to watch, guard, patrol*

▶ Mejor dicho

avisar	*to inform, warn, notify*	**Avisamos** al pueblo de la llegada de los soldados.
aconsejar	*to advise, counsel*	¿Qué me **aconsejas** que haga?

igual/es	*same = alike, similar, equal (after the noun)*	Nosotras comprábamos cosas **iguales.**
mismo(s)/misma(s)	*same = coinciding (before the noun)*	Benjamín y yo habíamos crecido en la **misma** aldea.
nombre o pronombre + **mismo(s)/a(s)**	*myself, himself, herself . . .*	**Elena misma/Ella misma** llevaba los mensajes de una población a otra.

Práctica

1. En parejas, inventen una historia basándose en las tres imágenes siguientes. Utilicen las palabras del vocabulario.

2. Maruja, Charito y Paquita son trillizas. Hablen de ellas utilizando los adjetivos **igual** y **mismo/a.**

Ejemplo: Cumplen años el mismo día.
            Todo el mundo piensa que son iguales.

¿Cómo describirías el traje tradicional de Guatemala?

Alto

1. En el siguiente relato la narradora unas veces habla de sí misma y otras veces habla de lo que les ha sucedido a otras personas. Según vas leyendo, presta atención a este hecho, es decir, de quién se habla.

2. En un mapa de Centroamérica, busca los lugares siguientes que se mencionan en la lectura.

    Lacamá   Chichicastenango   El Quiché   Cancito

    ¿Por qué no aparecen algunos de ellos en el mapa?

3. ¿Vale la pena arriesgar o dar la vida por una causa? Explica.

4. Menciona un problema social que se ha resuelto o mejorado en tu barrio, ciudad o país. ¿Cómo ocurrió el cambio?

Testimonios de Guatemala

María Pol Juy

Soy María Pol Juy, pertenezco a la etnia quiché y hablo el idioma quiché. Nací en el cantón Lacamá Tercero de Chichicastenango, El Quiché, el 25 de mayo de 1966.

Yo me he criado en una familia que siempre ha tenido recursos para vivir un poco más cómoda que las demás personas que viven en la aldea, ya que mi papá
5 recibió una herencia que le dejó mi abuelito y de esa forma él logró poner una tienda en la costa y con eso él pagaba para que le trabajaran la tierra allá en nuestro pueblo (Lacamá). Por eso es que podíamos vivir un poco bien y yo no pasaba tantas penas[1] como las que pasaban otras niñas de mi misma edad; por ejemplo, las demás niñas tenían que cortar leña y tejer,[2] lo mismo que recoger hongos[3] para
10 después venderlos y de esa forma ayudarles a sus padres que también trabajaban. En cambio yo sólo me dedicaba a cuidar a mis demás hermanitos cuando mi mamá salía a hacer sus mandados.[4] Pero yo tenía cierta inquietud del por qué sucedían esas diferencias entre nosotros y le preguntaba a mi madre; ella trataba de explicarme el porqué de eso, pero a mí me costaba mucho comprenderlo.

15 En algunas ocasiones regalábamos algo de lo nuestro a las demás personas, pero fui comprendiendo que de esa forma sólo se les ayudaba a las personas por un momento, pero después seguían igual. También estaba consciente que algunas personas no se superaban porque no ponían interés, pero la mayoría de las personas aunque trabajaran de sol a sol nunca les alcanzaba[5] el dinero y por eso creí
20 siempre que ésa no era la forma de ayudar a la gente y me ponía a tratar de encontrarle respuesta a ese dilema, pero nunca la encontré. Para esa época yo tenía siete años aproximadamente, pero siempre me sentía molesta por esa situación y yo siempre traté de no sentirme diferente a mis demás amiguitas y eso se notaba hasta en los zapatos, porque mientras a mí me compraban de cuero, las demás
25 tenían de plástico; entonces, para romper esa barrera[6] yo les pedía a mis padres que me compraran cosas iguales que a las demás y también las acompañaba a donde quiera que ellas iban, supongamos si iban a cortar leña yo también, o si era de juntar flores, hongos o moras,[7] yo estaba con ellas.

Claro, que en todo ese comportamiento mío también influyó mucho mi madre
30 porque ella era muy condescendiente[8] con la mayoría de la gente del pueblo y todos nos queríamos mucho, tanto los que teníamos algo como los que no teníamos nada porque sabíamos que nos necesitábamos unos a los otros.

---

[1] **penas** = dificultades   [2] **cortar... tejer** *cut firewood and weave*   [3] **recoger hongos** *gather mushrooms*
[4] **mandados** *errands*   [5] **nunca les alcanzaba** *was never enough*   [6] **barrera** *barrier, here difference*
[7] **moras** *blackberries*   [8] **condescendiente** = aquí, amable

Al entrar a la escuela fue el mismo problema también, pero allí ya fue más serio porque al querer aprender a leer y a escribir me topé con[9] que no sabía la castilla (castellano) y eso fue un obstáculo para mí porque toda mi vida lo único que había hablado era mi idioma y por eso recibí muchos golpes y regaños[10] del maestro, por eso únicamente fui dos años porque después ya no quise ir por esa situación, mejor me dediqué a aprender a tejer güipiles[11] y hacer los oficios[12] de la casa, así pasé parte de mi vida hasta que cumplí los catorce años, cuando me empecé a organizar en el CUC.

Fue en el mes de enero de ese año cuando, después de tanto rogarme mis padres para que siguiera estudiando, acepté seguir sus consejos. En la escuela me encontré con Benjamín, él era un amigo con el cual habíamos crecido juntos en la misma aldea y por lo tanto nos teníamos mucha confianza y él me contó que si yo ya sabía que habían matado al hermano de otro mi amigo que se llamaba Tomás Tiniguar Saquio, que era en ese tiempo el alcalde de Chichicastenango y yo le contesté que no, a lo cual él me narró los hechos de la forma siguiente: el hermano de Tomás en ese tiempo era dirigente[13] de una liga campesina de la región, entonces el ejército al nomás[14] tener conocimiento de eso capturó a ese señor (no recuerdo su nombre), pero los vecinos le informaron a Tomás que a su hermano se lo había llevado el ejército a la fuerza para el cuartel[15] de El Quiché.

Tomás, al tener conocimiento de eso, reunió a algunos miembros de la Liga Campesina que eran 17 y se dirigieron al cuartel de El Quiché; también se llevó a su pequeño hijo de cuatro años. Estando el mismo intranquilo por el paradero[16] de su hermano, le respondieron que si quería entrar a verlo que entrara sin pena,[17] pero resulta que lo buscó allí adentro pero no lo encontró, por lo que mejor decidió irse para Chichi, no sin antes reclamar y exigir a su hermano.

Al salir a esperar la camioneta, ésta no pasaba, puesto que ya era demasiado (de) noche; al ver esto un oficial del ejército le sugirió que si lo deseaba podría pasar la noche en el cuartel, pero no le pareció buena la idea del militar, ante esto el oficial se mostró más solícito y le dijo que si no querían eso pues que entonces les prestaban un carro y como Tomás sabía manejar, aceptó. Cuando les dieron el carro se subieron todos allí y se alejaron del cuartel, ya en el camino se dieron cuenta de que los venían siguiendo dos jeeps del ejército a la altura de un lugar que se llama Cancito, rodeado de barrancos[18] y muy solitario. Tomás se bajó para preguntarles a los soldados que por qué los seguían. Al detenerse[19] el carro de Tomás un jeep del ejército se quedó atrás y otro se puso adelante del carro de Tomás dejándolo en medio. Como respuesta a sus preguntas, Tomás y sus acompañantes recibieron descargas de ametralladoras[20] y de esa forma los mataron a

---

[9] **me topé con** *I was confronted with the fact*   [10] **regaños** *scoldings*   [11] **güipiles (o huipiles)** = las blusas indígenas de muchos colores   [12] **oficios** = tareas, trabajos   [13] **dirigente** = jefe   [14] **nomás** *just*   [15] **cuartel** *barracks*   [16] **paradero** *whereabouts*   [17] **sin pena** = sin vergüenza   [18] **barrancos** *ravines*   [19] **detenerse** = pararse   [20] **descargas de ametralladoras** *machine-gun fire*

70 todos incluido el pequeño de cuatro años, sólo uno logró salvarse, porque en el momento logró salir del carro y tirarse a un barranco, fue el único testigo de la masacre. Al otro día, los periódicos que salen en la capital dieron la noticia de eso, pero dijeron que habían sido los guerrilleros, pero nosotros sabíamos quiénes eran en realidad.

75 Después de esa plática[21] le hice la sugerencia a Benjamín de que en ese momento me quería organizar en el CUC, porque sólo organizados podíamos en el futuro enfrentar los ataques del ejército en nuestra contra. El me explicó que estando organizado se corre más peligro porque si el ejército se entera de eso inmediatamente lo secuestran y lo matan a uno, pero yo estaba dispuesta a todo y 80 hasta a entregar mi vida si fuera necesario por lo que le dije que no tenía miedo. Al ver mi decisión el compañero aceptó que yo participara en el CUC por lo que me sentí muy contenta, porque al fin podría participar en las luchas del pueblo.

En la primera reunión que tuve con los compañeros pude darme cuenta que mucha gente estaba organizada en el CUC; fue allí cuando comprendí que sólo de 85 esa forma unidos y organizados podíamos vencer la explotación y la miseria, y que el ejército es el defensor de los grandes ricos del país que mandan en el gobierno.

En el mes de julio de ese mismo año (1980) les conté a mis padres de mi participación en el CUC. Mis tareas en el CUC consistían principalmente en labores de vigilancia, eso se hace porque cuando llega el ejército a nuestras aldeas y si no 90 lo miramos al entrar mata a toda la población, entonces para evitar eso es que se vigilan todas las entradas. También cumplí con la función de alfabetización[22] de adultos, de correo estuve trabajando mucho tiempo, que era de llevar mensajes de una población a otra y me encargaba[23] de encontrar quién cuidara a los niños que van quedando huérfanos, porque ante tantas masacres que hace el ejército 95 quedan muchos huérfanos, niños sin padres...

¿Entendido?

Verdadero/Falso. Indica si las oraciones siguientes son verdaderas o falsas según el contenido de la lectura. Corrige las que sean falsas.

1. ____ María Pol Juy tiene hoy 66 años.

2. ____ Su padre tenía una tienda en Lacamá y ganaba bastante para mantener a la familia.

3. ____ Lo normal era que las niñas de la etnia quiché cuidaran de sus hermanos mientras que sus madres hacían otras tareas domésticas.

4. ____ A María le daba envidia que sus amigas tuvieran mejores zapatos que ella.

---

[21] **plática** = conversación   [22] **alfabetización** *teaching of basic literacy*   [23] **me encargaba** = tenía la responsabilidad

5. _____ María no aprendió a hablar ni a leer en español hasta que fue a la escuela, pues en su aldea sólo se hablaba quiché.

6. _____ Tomás era el dirigente de una agrupación campesina y su hermano el alcalde de Chichicastenango.

7. _____ Benjamín le contó a la protagonista cómo el ejército asesinó a Tomás Tiniguar Sequio, a su hijo de 4 años y a 16 compañeros más.

8. _____ Este ataque violento del ejército contra los miembros de la Liga Campesina fue un episodio excepcional y aislado. Nunca más se ha vuelto a repetir.

9. _____ La narradora decidió ser miembro del CUC después de escuchar el relato de Benjamín.

10. _____ María se hizo guerrillera para defender a su pueblo de los abusos del ejército.

En mi opinión

En grupos de cuatro estudiantes, contesten las preguntas siguientes.

1. ¿Qué hacen o han hecho para ser aceptados/as por sus amigos/as? Den tres ejemplos.

2. La Liga Campesina de que nos habla María Pol Juy, ¿será como un sindicato *(union)*? ¿Qué función tienen los sindicatos en su país? ¿Hay organizaciones estudiantiles en su universidad? ¿Qué función tienen? ¿Pertenecen Uds. a alguna? ¿Por qué sí/no?

3. La ciudad de Washington parece ser el lugar elegido por muchas organizaciones de Estados Unidos para hacer públicas sus protestas. ¿Qué reclaman, critican o plantean algunas de estas organizaciones? ¿Cuál es su opinión de las manifestaciones *(demonstrations)* masivas? Comenten alguna (por ejemplo, las de *PromiseKeepers*, La Marcha del Millón de Hombres).

4. ¿Es regalarles cosas la mejor manera de ayudar a los pobres? ¿Qué otro tipo de ayuda se les puede ofrecer? ¿Conocen un proverbio que dice más o menos: "si le das un pescado a una persona que no tiene nada, comerá ese día, pero al día siguiente no tendrá nada. Si le enseñas a pescar, podrá comer todos los días"? ¿Podría aplicarse a otras situaciones y contextos?

5. ¿Reciben muchas llamadas telefónicas solicitando su ayuda? ¿Suelen ser estas llamadas inoportunas? ¿Les molestan estas llamadas o les dan igual? ¿Responden mejor a las peticiones que llegan por carta? ¿Prefieren que vengan a su casa?

6. ¿Han oído hablar de la guatemalteca Rigoberta Menchú, ganadora en 1992 del premio Nobel de la Paz, u de otras personas que han tenido un papel destacado en la lucha por los derechos humanos?

7. El texto no dice qué significa la sigla CUC. Adivínenlo. ¿Saben qué significan OTAN, ONU, OEA, PRI?

Estrategias comunicativas para animar a alguien a hacer algo y aceptar

Animar	Aceptar
¡Anda!, sólo tienes que... *Come on! You only have to . . .*	**Me parece una idea estupenda.** *I think it´s a great idea.*
Es por una buena causa. *It is for a good cause.*	**Si me necesitas, no tienes más que avisarme.** *If you need me, just let me know.*
Pero, ¿qué te cuesta... ? *But, is it really so hard for you to . . .?*	**Puedes contar conmigo.** *You can count on me.*
¡Venga! No te va a pasar nada. *Come on! Nothing is going to happen to you.*	**¡Claro! Para eso están los/as amigos/as.** *Of course! That´s what friends are for.*

En (inter)acción

1. En grupos de tres estudiantes, supongan que pertenecen a un grupo o sociedad humanitaria y han venido a clase a pedir algún tipo de ayuda. (Por ejemplo, *Girls Scouts* que han venido a vender sus galletas, o necesitan voluntarios para dar clases de alfabetización a adultos, o unas madres de *MADD*...). Preparen un breve discurso y luego preséntenlo delante de la clase. Utilicen algunas de las expresiones que se encuentran en **Estrategias comunicativas.**

2. **Debate.** Dividan la clase en dos grupos y discutan los siguientes temas.

   a. Solucionar el problema de la pobreza es responsabilidad exclusiva del gobierno.

   b. Los pobres son pobres porque quieren, no por falta de oportunidades.

   c. El trabajo voluntario y los donativos generosos ayudan a tranquilizar la conciencia de los ricos.

   d. A pesar de sus buenas intenciones, los programas de *Welfare*, *Affirmative Action*, etc. han fracasado en los Estados Unidos.

   e. "Todos los gobiernos se mantienen en el poder por medio de la violencia." (León Tolstoi)

3. **La vida no vale nada.** Pablo Milanés y Silvio Rodríguez son los cantautores más representativos de un movimiento musical denominado la Nueva Trova cubana, surgido en Cuba después de 1959. Con sus canciones, este grupo de cantantes tiene como propósito concienciar políticamente al público. Mientras leen, piensen sobre qué quiere concienciarnos Pablo Milanés con la siguiente canción.

La vida no vale nada

La vida no vale nada
si no es para merecer
que otros puedan tener
lo que uno disfruta y ama.
La vida no vale nada
si yo me quedo sentado
después que he visto y soñado
que en otras partes me llaman.
La vida no vale nada
cuando otros están matando y
yo sigo aquí cantando
cual si no pasara nada.
La vida no vale nada
si escucho un grito* mortal   scream
y no es capaz de tocar
mi corazón que se apaga.*   is deadened
La vida no vale nada
si ignoro que el asesino
cogió por otro camino
y preparó otra celada.*   ambush

La vida no vale nada
si se sorprendió a tu hermano
cuando supe de antemano*   beforehand
lo que se le preparaba.
La vida no vale nada
si cuatro caen por minuto
y al final por el abuso
se decide la jornada.*   asunto (fig.)
La vida no vale nada
si tengo que posponer
otro minuto de ser
y morirme en una cama.
La vida no vale nada
si en fin lo que me rodea*   surrounds
no puedo cambiar cual fuera
lo que tengo y que me ampara.*   protects
Y por eso para mí,
la vida no vale nada.

4. Contesten las preguntas en grupos de tres estudiantes.

   a. ¿En qué sentido dice el cantante que "la vida no vale nada"? ¿Es porque quiere morirse?

   b. ¿Qué debería hacer el cantante para que su vida cobrara valor?

   c. ¿Cuál es el mensaje de la canción? Explíquenlo en sus propias palabras.

   d. ¿Conocen alguna canción en inglés que tenga un mensaje social/político? ¿Cómo interpretan la conocida canción *Imagine* de John Lennon?

   e. En la canción, el cantante menciona numerosas situaciones en las que uno/a debería actuar para ayudar a otra persona. ¿Cuáles son algunas de esas situaciones? ¿Están de acuerdo con el cantante?

5. En parejas, discutan lo que harían Uds. en las siguientes situaciones.

   a. Es el/la gerente de un supermercado y ve a una mujer muy pobre, con un niño, robando comida.

   b. Un/a amigo/a suyo/a, buscado/a por el *FBI* por narcotráfico, le pide que lo/la oculte en su casa.

   c. Está de guardia en Urgencias *(ER)* cuando traen a un criminal peligrosísimo herido gravemente.

   d. Es abogado/a y una asesina quiere que Ud. la defienda en un juicio.

   e. Es periodista y acaba de encontrar documentos que incriminan al candidato político de su partido.

Práctica gramatical

Repaso gramatical El gerundio *(Cuaderno,* pág. 50) Los tiempos progresivos *(Cuaderno,* pág. 51)	Usando la forma progresiva, digan lo que están/estarán/habrán estado/estuvieron haciendo (o no) algunas de las organizaciones políticas/sociales más conocidas del mundo (la Cruz Roja, Amnistía Internacional, Manos Unidas, *United Way,* la CIA...).

   Ejemplo: La UNICEF estará preparando sus tarjetas de Navidad para enviárnoslas pronto.

Fíjate en la ropa de estas mujeres.
¿Dirías que son de Guatemala?

Creación

Escribe sobre alguna experiencia tuya de voluntario/a y evalúala. Explica por qué aceptaste ese trabajo —¿era realmente voluntario?— y si volverías a hacerlo o no. Si no has hecho nunca trabajo voluntario, explica por qué no y tu actitud hacia este tipo de labor humanitaria.

Phrases:	*Expressing a need; Expressing irritation; Hypothesizing*
Grammar:	*Personal pronouns; Prepositions:* a, de, por, *and* para; *Subjunctive with* ojalá
Vocabulary:	*Calendar; Dreams & aspirations; Working conditions*

Preso sin nombre, celda sin número (selección)

Jacobo Timerman

Jacobo Timerman, un conocido escritor y periodista argentino de familia judía, nació en Ucrania en 1923. En 1928 la familia se trasladó a Buenos Aires. En 1977 fue secuestrado por comandos del ejército argentino y estuvo preso dos años en condiciones infrahumanas. En la cárcel sufrió repetidamente tortura e interrogatorios antes de que lo pusieran en libertad. Después de pasar varios años exiliado en Israel, volvió a Argentina tras la restauración de la democracia.

En *Preso sin nombre, celda sin número* (1980), Timerman nos relata algunos hechos que le ocurrieron en una cárcel clandestina.

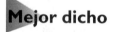

Palabra por palabra

asustar	*to frighten*
clandestino/a	*underground, clandestine*
débil	*weak*
derrotar	*to defeat*
desnudo/a	*nude, naked*
el **ejército**	*army*
jurar	*to swear*
el **odio**	*hatred*
la **oración**	*prayer*
el **secuestro**	*kidnapping*
la **soledad**	*loneliness*

Mejor dicho

el sentimiento	*emotional feeling*	El odio es un **sentimiento** destructivo.
la sensación	*physical feeling*	¡Qué **sensación** de libertad!
el sentido°	*meaning*	No entiendo el **sentido** de esta oración.
	sense	Tenemos cinco **sentidos.**
	consciousness	El paciente perdió el **sentido** y se cayó.

° **¡Ojo!** Recuerde que **tener sentido** significa *to make sense*. Otras expresiones con **sentido** son: **sentido común, sentido del humor** y **sexto sentido**.

Práctica

1. En parejas, asocien ideas, situaciones o emociones a las siguientes palabras del vocabulario.

   soledad   ejército   odio   débil   clandestino   secuestro   asustar

2. En parejas, decidan si las palabras a continuación constituyen una sensación o un sentimiento.

   Ejemplo: el rencor
                 El rencor es un sentimiento.

el dolor	el frío
el calor	la furia
el placer	el hambre
el odio	la alegría
la náusea	la sed
el miedo	la nostalgia

3. En parejas, relacionen las palabras a continuación con uno o varios de los cinco sentidos corporales.

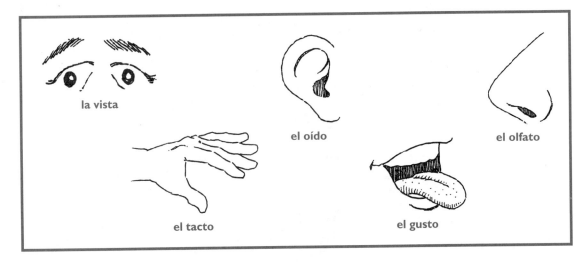

la vista   el oído   el olfato   el tacto   el gusto

Ejemplo: La fruta se relaciona con el gusto.

un perfume	una sonata
el limón	la lana
el sol	las cadenas
los gritos	una paella
la rosa	una obra de arte
la nieve	la hierba recién cortada
la tortura	la piel de un bebé
un caramelo	los chiles verdes

4. En grupos de cuatro estudiantes, digan qué sensación/sentimiento tendrían Uds. en las siguientes circunstancias. Comparen sus respuestas con las de otros grupos de la clase.

   a. con los ojos vendados *(blindfolded)*
   b. después de comer bien
   c. al recuperar sus objetos perdidos
   d. durmiendo en el suelo

5. En grupos de cuatro estudiantes, hagan una lista de cinco cosas que para Uds. no tienen sentido en esta vida. Comparen la suya con las de otros grupos.

   Ejemplo: la guerra, la tortura...

6. Toda la clase debe inventar una historia sobre la persona que aparece en el cuadro de la página 213. Mencione cómo se siente y qué le ha ocurrido. ¿Es una mujer o un hombre?

Alto

1. En este texto hay muchos adjetivos. Subraye los adjetivos o cláusulas adjetivales al leer.

2. ¿Qué es un preso político? ¿Por qué los hay?

3. Al preso de esta selección le faltan muchas cosas. Busque tres y fíjese en el uso del vocabulario para expresar ausencia o falta.

4. La narración está dividida en varias partes. A medida que lee, decida dónde empieza y termina cada una.

David Alfaro Siqueiros, *El sollozo (The Sob)*, 1939

Preso sin nombre, celda sin número

Jacobo Timerman

La celda es angosta.[1] Cuando me paro[2] en el centro, mirando hacia la puerta de acero,[3] no puedo extender los brazos. Pero la celda es larga. Cuando me acuesto, puedo extender todo el cuerpo. Es una suerte, porque vengo de una celda en la cual estuve un tiempo —¿cuánto?— encogido,[4] sentado, acostado con las rodillas
5 dobladas.[5]

La celda es muy alta. Saltando,[6] no llego al techo. Las paredes blancas, recién encaladas.[7] Seguramente había nombres, mensajes, palabras de aliento,[8] fechas. Ahora no hay testimonios, ni vestigios.[9]

El piso de la celda está permanentemente mojado.[10] Hay una filtración[11] por al-
10 gún lado. El colchón[12] también está mojado. Yo tengo una manta.[13] Me dieron una manta y para que no se humedezca la llevo siempre sobre los hombros.[14] Pero si me acuesto con la manta encima, quedo empapado[15] de agua en la parte que toca el colchón. Descubro que es mejor enrollar el colchón, para que una parte no toque el suelo. Con el tiempo la parte superior se seca. Pero ya no puedo acos-
15 tarme y duermo sentado. Vivo, durante todo este tiempo, —¿cuánto?— parado o sentado.

La celda tiene una puerta de acero con una abertura[16] que deja ver una por-ción de la cara, o quizás un poco menos. Pero la guardia tiene orden de mantener la abertura cerrada. La luz llega desde afuera, por una pequeña rendija[17] que sirve
20 también de respiradero.[18] Es el único respiradero y la única luz. Una lamparilla prendida[19] día y noche, lo que elimina el tiempo, produce una semipenumbra[20] en un ambiente de aire viciado,[21] de semi-aire.

Extraño la celda desde la cual me trajeron a ésta —¿desde dónde?—, porque tenía un agujero en el suelo para orinar y defecar.[22] En ésta que estoy ahora tengo
25 que llamar a la guardia para que me lleve a los baños. Es una operación compli-cada y no siempre están de humor: tienen que abrir una puerta que seguramente es la entrada del pabellón[23] donde está mi celda, cerrarla por dentro,[24] anun-ciarme que van a abrir la puerta de mi celda para que yo me coloque[25] de espaldas

---

[1] **La... angosta.** *The cell is narrow.*   [2] **me paro** *I stand*   [3] **acero** *steel*   [4] **encogido** *hunched up*   [5] **rodillas dobladas** *bent knees*   [6] **Saltando** *Jumping*   [7] **encaladas** *whitewashed*   [8] **aliento** *encouragement*   [9] **vestigios** *traces*   [10] **mojado** *wet*   [11] **filtración** *leak*   [12] **colchón** *mattress*   [13] **manta** *blanket*   [14] **hombros** *shoulders*   [15] **quedo empapado** *I get soaked*   [16] **abertura** *opening*   [17] **rendija** *crack*   [18] **respiradero** *air vent*   [19] **prendida** *lit*   [20] **semipenumbra** *semi-darkness*   [21] **viciado** *foul*   [22] **agujero... defecar** *hole in the floor to urinate and defecate*   [23] **pabellón** *cell block*   [24] **por dentro** *from inside*   [25] **me coloque** = *me ponga*

a ésta,[26] vendarme los ojos,[27] irme guiando hasta los baños, y traerme de vuelta
30 repitiendo toda la operación. Les causa gracia[28] a veces decirme que ya estoy sobre el pozo[29] cuando aún no estoy. O guiarme —me llevan de una mano o me
empujan[30] por la espalda— de modo tal que hundo[31] una pierna en el pozo. Pero
se cansan del juego y entonces no responden al llamado. Me hago encima.[32] Y por
eso extraño la celda en la cual había un pozo en el suelo.

35   Me hago encima. Y entonces necesito permiso especial para lavar la ropa y esperar desnudo en mi celda hasta que me la traigan ya seca. A veces pasan días
porque —me dicen— está lloviendo. Estoy tan solo que prefiero creerles. Pero
extraño mi celda con el pozo dentro.

    La disciplina de la guardia no es muy buena. Muchas veces algún guardia me da
40 la comida sin vendarme los ojos. Entonces le veo la cara. Sonríe. Les fatiga hacer el
trabajo de guardianes, porque también tienen que actuar de torturadores, interro-
gadores, realizar las operaciones de secuestro. En estas cárceles clandestinas sólo
pueden actuar ellos y deben hacer todas las tareas. Pero, a cambio, tienen derecho
a una parte del botín[33] en cada arresto. Uno de los guardianes lleva mi reloj. En
45 uno de los interrogatorios, otro de los guardianes me convida con[34] un cigarrillo y
lo prende con el encendedor[35] de mi esposa. Supe después que tenían orden del
Ejército de no robar en mi casa durante mi secuestro, pero sucumbieron a las
tentaciones. Los Rolex de oro y los Dupont[36] de oro constituían casi una obsesión de las fuerzas de seguridad argentinas en ese año de 1977.

50   En la noche de hoy, un guardia que no cumple con el Reglamento[37] dejó abierta
la mirilla[38] que hay en mi puerta. Espero un tiempo a ver qué pasa, pero sigue
abierta. Me abalanzo,[39] miro hacia afuera. Hay un estrecho pasillo,[40] alcanzo a divisar[41] frente a mi celda, por lo menos dos puertas más. Sí, abarco[42] completas
dos puertas. ¡Qué sensación de libertad! Todo un universo se agregó[43] a mi
55 Tiempo, ese largo tiempo que permanece[44] junto a mí en la celda, conmigo, pesando[45] sobre mí. Ese peligroso enemigo del hombre que es el Tiempo cuando se
puede casi tocar su existencia, su perdurabilidad, su eternidad.

    Hay mucha luz en el pasillo. Retrocedo un poco enceguecido,[46] pero vuelvo
con voracidad. Trato de llenarme del espacio que veo. Hace mucho que no tengo

---

[26] **de... ésta** *with my back to it (door)*   [27] **vendarme los ojos** *blindfold me*   [28] **Les causa gracia** = Les divierte
[29] **pozo** *hole*   [30] **empujan** *push*   [31] **hundo** *I sink*   [32] **Me hago encima.** *I soil myself.*   [33] **botín** *booty*   [34] **me
convida con** *offers me*   [35] **encendedor** *lighter*   [36] **Dupont** = marca de encendedor   [37] **no... Reglamento**
does not follow the rules   [38] **mirilla** *peephole*   [39] **Me abalanzo** *I rush*   [40] **estrecho pasillo** *narrow hallway*
[41] **alcanzo a divisar** = logro ver   [42] **abarco** = veo   [43] **se agregó** *was added*   [44] **permanece** *remains*
[45] **pesando** *weighing*   [46] **Retrocedo... enceguecido** *I step back somewhat blinded*

60　sentido de las distancias y de las proporciones. Siento como si me fuera desatando.[47] Para mirar debo apoyar la cara contra la puerta de acero, que está
helada.[48] Y a medida que[49] pasan los minutos, se me hace insoportable el frío.
Tengo toda la frente[50] apoyada contra el acero y el frío me hace doler la cabeza.
Pero hace ya mucho tiempo —¿cuánto?— que no tengo una fiesta de espacio[51]
65　como ésta. Ahora apoyo la oreja, pero no se escucha ningún ruido. Vuelvo entonces a mirar.

　　El está haciendo lo mismo. Descubro que en la puerta frente a la mía también
está la mirilla abierta y hay un ojo. Me sobresalto:[52] me han tendido una trampa.
Está prohibido acercarse a la mirilla, y me han visto hacerlo. Retrocedo y espero.
70　Espero un Tiempo, y otro Tiempo, y más Tiempo. Y vuelvo a la mirilla. El está haciendo lo mismo.

　　Y entonces tengo que hablar de ti, de esa larga noche que pasamos juntos, en
que fuiste mi hermano, mi padre, mi hijo, mi amigo. ¿O eras una mujer? Y entonces
pasamos esa noche como enamorados.[53] Eras un ojo, pero recuerdas esa noche,
75　¿no es cierto? Porque me dijeron que habías muerto, que eras débil del corazón y
no aguantaste la "máquina",[54] pero no me dijeron si eras hombre o mujer. Y, sin
embargo, ¿cómo puedes haber muerto, si esa noche fue cuando derrotamos a la
muerte?

　　Tienes que recordar, es necesario que recuerdes, porque si no, me obligas a
80　recordar por los dos y fue tan hermoso que necesito también tu testimonio.
Parpadeabas.[55] Recuerdo perfectamente que parpadeabas y ese aluvión[56] de
movimientos demostraba sin duda que yo no era el último ser humano sobre la
Tierra en un Universo de guardianes torturadores. A veces, en la celda, movía un
brazo o una pierna para ver algún movimiento sin violencia, diferente a cuando los
85　guardias me arrastraban[57] o me empujaban. Y tú parpadeabas. Fue hermoso.

　　Eras —¿eres?— una persona de altas cualidades humanas y seguramente con
un profundo conocimiento de la vida, porque esa noche inventaste todos los juegos; en nuestro mundo clausurado[58] habías creado el Movimiento. De pronto te
apartabas[59] y volvías. Al principio me asustaste. Pero en seguida comprendí que
90　recreabas la gran aventura humana del encuentro y el desencuentro.[60] Y entonces
jugué contigo. A veces volvíamos a la mirilla al mismo tiempo y era tan sólido el
sentimiento de triunfo que parecíamos inmortales. Eramos inmortales.

　　Volviste a asustarme una segunda vez cuando desapareciste por un momento
prolongado. Me apreté[61] contra la mirilla, desesperado. Tenía la frente helada y en

---

[47] **como... desatando** *as if I were breaking free*　[48] **helada** = muy fría　[49] **a medida que** = mientras
[50] **frente** *forehead*　[51] **fiesta de espacio** *feast of space*　[52] **Me sobresalto** *I am startled*　[53] **enamorados**
lovers　[54] **máquina** = aparato de tortura　[55] **Parpadeabas** *You blinked*　[56] **aluvión** = avalancha
[57] **arrastraban** *dragged*　[58] **clausurado** = cerrado　[59] **te apartabas** *you moved away*　[60] **encuentro y
desencuentro** *meeting and parting*　[61] **Me apreté** *I pressed myself*

95 la noche fría —¿era de noche, no es cierto?— me saqué la camisa para apoyar la
frente. Cuando volviste, yo estaba furioso y seguramente viste la furia en mi ojo
porque no volviste a desaparecer. Debió ser un gran esfuerzo para ti, porque unos
días después, cuando me llevaban a una sesión de "máquina", escuché que un
guardia le comentaba a otro que había utilizado tus muletas[62] como leña.[63] Pero

100 sabes muy bien que muchas veces empleaban estas tretas[64] para ablandarnos[65]
antes de una pasada[66] por la "máquina", una charla con la Susana,[67] como decían
ellos. Y yo no les creí. Te juro que no les creí. Nadie podía destruir en mí la in-
mortalidad que creamos juntos esa noche de amor y camaradería.

Eras —¿eres?— muy inteligente. A mí no se me hubiera ocurrido más que mi-
105 rar y mirar. Pero tú de pronto colocabas tu barbilla frente a la mirilla. O la boca. O
parte de la frente. Pero yo estaba muy desesperado. Y muy asustado. Me aferraba[68]
a la mirilla solamente para mirar. Intenté, te aseguro, poner por un momento la
mejilla, pero entonces volvía a ver el interior de la celda y me asustaba. Era tan
nítida[69] la separación entre la vida y la soledad, que sabiendo que tú estabas ahí,
110 no podía mirar hacia la celda. Pero tú me perdonaste, porque seguías vital y móvil.
Yo entendí que me estabas consolando y comencé a llorar. En silencio, claro. No
te preocupes, sabía que no podía arriesgar ningún ruido. Pero tú viste que lloraba,
¿verdad?, lo viste, sí. Me hizo bien llorar ante ti, porque sabes bien cuán triste es
cuando en la celda uno se dice a sí mismo que es hora de llorar un poco, y uno
115 llora sin armonía, con congoja,[70] con sobresalto. Pero contigo pude llorar serena
y pacíficamente. Más bien era como si uno se dejara[71] llorar. Como si todo se llo-
rara en uno y entonces podría ser una oración más que un llanto. No te imaginas
cómo odiaba ese llanto entrecortado[72] de la celda. Tú me enseñaste, esa noche,
que podíamos ser Compañeros del Llanto.

---

[62] **muletas** *crutches* [63] **leña** *firewood* [64] **tretas** *tricks* [65] **ablandarnos** *to weaken us* [66] **una pasada**
a session [67] **Susana** = nombre sarcástico para un aparato de tortura [68] **Me aferraba** *I clung to* [69] **nítida**
sharp [70] **congoja** = angustia [71] **se dejara** = se permitiera [72] **llanto entrecortado** *sobbing*

¿Entendido?

Conteste las preguntas siguientes.

1. Describa la celda donde está el prisionero ahora. ¿Cómo es diferente de la de antes? ¿Por qué extraña la otra celda?

2. ¿Por qué se pregunta el protagonista/prisionero "¿cuánto?" y "¿desde dónde?"?

3. ¿Cuáles son las torturas y las condiciones infrahumanas que sufre el prisionero?

4. ¿Qué beneficios reciben los guardianes a cambio de su trabajo en las cárceles clandestinas?

5. Según Timerman, ¿cómo es el otro preso? ¿Cuál es la reacción de Timerman al ver a otro ser humano en las mismas circunstancias?

6. ¿Qué hacen juntos los presos? ¿Es extraño eso?

7. ¿Por qué no quería Timerman ver el interior de la celda esa noche?

8. ¿Llora Timerman? ¿Es diferente esa noche? ¿Por qué?

En mi opinión

En parejas, comenten los temas siguientes.

1. Comenten el título del libro.

2. ¿Qué nos dice el autor del Tiempo? ¿Por qué utiliza letras mayúsculas *(capital)*? ¿Es ése el uso normal de las mayúsculas? ¿Cuándo pasa despacio el tiempo y cuándo rápido? ¿Es a veces el tiempo algo palpable? ¿En qué circunstancias?

3. El juego es un concepto muy importante en esta selección. ¿Por qué? ¿En qué es diferente el juego de los guardias y el de los presos? ¿A qué juegan?

4. Mencionen tres situaciones en que es mejor ser un número que un nombre.

5. Discutan la importancia del nombre propio. ¿Le gusta su nombre? ¿Tiene algún apodo *(nickname)*? ¿Hay otros modos de identificación? ¿En qué consiste la identidad?

6. Busquen en el texto el párrafo que describe las sensaciones del prisionero cuando el guardián dejó abierta la mirilla. Explíquenlo en sus propias palabras.

Estrategias comunicativas para indicar posibilidad

Puede ser que...	*It might be that . . .*
quizás, tal vez, acaso	*perhaps*
a lo mejor	*maybe*
seguramente	*probably*

En inter(acción)

En grupos de cuatro estudiantes, hagan las actividades siguientes.

1. ¿Todavía les gusta jugar? ¿A qué? Expliquen un juego a sus compañeros/as.

2. A continuación hay una lista de nombres. Comenten qué imágenes o sensaciones les vienen a la mente.

Carolina	Lolita
Federico	Esteban
Gloria	Adela
Raimundo	Pancho
Carmen	Beatriz
Jorge	Heidi

Ejemplo: Alejandro—alguien importante, un líder

3. En la lista que sigue, pongan las experiencias en orden descendiente empezando por la más traumática en la opinión del grupo. Comenten si alguna le ha sucedido a alguien y añadan otras dos.

a. quedarse encerrado/a en un ascensor
b. no tener a con quién salir o adónde ir el 31 de diciembre
c. montarse en el avión equivocado
d. caminar solo/a por el campus a las 4 de la madrugada
e. recibir un regalo precioso el 14 de febrero de alguien que no le gusta
f. quedarse sin gasolina de noche en la autopista
g. perder la mochila *(backpack)* con todo dentro el primer día de sus vacaciones
h. recibir llamadas obscenas
i. encontrar un ladrón armado al entrar en su casa
j. ir solo/a a una fiesta donde no conoce a nadie

Usen algunas de las expresiones de **Estrategias comunicativas** para reaccionar a estas situaciones.

Ejemplo: Yo seguramente me desmayaría si me quedara encerrada en un ascensor.

4. **¿Quién soy yo?** La clase se divide en dos grupos. Cada grupo elige a cinco personas conocidas y selecciona tres pistas *(clues)* para poder identificarlas. Un grupo le dice al otro las pistas una por una y el otro tiene que adivinar quién es.

Ejemplo: Pistas: 1. Una rubia noble.

2. Murió trágicamente.

3. Tenía el apodo de "tímida".

Respuesta: La princesa Diana

5. Timerman se da cuenta durante su detención que el ser humano puede producir con su cuerpo, al menos, dos tipos de movimientos: violentos y no violentos. Los empujones *(pushing)* de los guardias corresponden al primer tipo y el parpadeo *(blinking)* del otro preso sería un ejemplo del segundo. Ahora, siguiendo esta distinción que establece Timerman, den más ejemplos del cuerpo o partes del cuerpo en movimiento. ¿Son violentos o no esos movimientos? ¿Se podría establecer otra distinción entre los movimientos humanos?

6. Timerman también habla de dos tipos de llanto: llorar y sollozar *(to sob)*. Contrasten Uds. las diferentes maneras de llorar en las siguientes situaciones.

a. viendo una película romántica y en un funeral

b. cuando tenemos un dolor muy fuerte y como víctimas de una catástrofe natural

c. durante una confesión muy personal y cuando se tiene un ataque de risa

Práctica gramatical

Repaso
gramatical:
El subjuntivo
en cláusulas
adjetivales
(Cuaderno, pág. 52)
El imperfecto de
subjuntivo en **-se**
(Cuaderno, pág. 53)

1. **El/La compañero/a de cuarto ideal.** En parejas, completen la oración siguiente de manera original, primero en el presente y después en el pasado.

Yo quiero un/a compañero/a que...

Ejemplo: —Yo quiero un/a compañero/a que no ronque *(snore)*.
—Yo quería un/a compañero/a que no roncara/roncase.

2. Todos los/las estudiantes escriben en su cuaderno tres infinitivos. Luego, se forman grupos de tres estudiantes y empieza uno/a diciendo el verbo que ha elegido. Los/Las otros/as dos tienen que dar las formas del imperfecto de subjuntivo en **-ra** y en **-se.** Se van alternando hasta que todos los miembros hayan participado.

Ejemplo: ESTUDIANTE 1: asustarse – tú

ESTUDIANTE 2: que te asustaras

ESTUDIANTE 3: que te asustases

Creación

Escriba una composición explicando el valor del nombre propio. Piense en el título de esta lectura y en el impacto que tiene en los visitantes el monumento a los muertos de Vietnam *(Washington, D.C.)* en contraste con los monumentos dedicados al soldado desconocido que se encuentran en muchas ciudades del mundo.

Phrases:	*Asserting & insisting; Expressing an opinion; Stating a preference*	
Grammar:	*Comparison: equality; Possessive adjectives:* mi(s), tu(s); *Verbs:* ser & estar	
Vocabulary:	*Cultural periods & movements; Face; Numbers*	

Pan

Alicia Partnoy

Alicia Partnoy (Argentina, 1955) fue una de las "desaparecidas" durante la dictadura militar de 1975–1983. La llevaron a una antigua escuela, entonces convertida en centro de detención y tortura, donde se encontraban otras personas igualmente "desaparecidas". Los detenidos, que compartían el mismo cuarto, fueron obligados a permanecer echados en la cama todo el día, con los ojos vendados *(blindfolded),* las manos atadas y en silencio forzado. Partnoy ha relatado sus experiencias en su libro *The Little School: Tales of Disappearance & Survival in Argentina* (1986). Esta obra, que apareció en inglés, nunca se ha publicado en español. La propia Partnoy ha traducido el capítulo que presentamos aquí. Es decir que leemos por primera vez en español las palabras de la autora. Partnoy vive en Estados Unidos desde que el gobierno militar la expulsó de Argentina en 1979.

▶ Palabra por palabra

el **abrazo**	*hug*
la **almohada**	*pillow*
atar	*to tie*
espiar	*to spy*
la **frazada**	*blanket*
la **locura**	*insanity, madness*
predecir (i, i)	*to predict*
susurrar	*to whisper*

▶ Mejor dicho

realizar	*to carry out, accomplish, fulfill*	Decidí **realizar** la operación por mi propia cuenta.
darse cuenta de (que)	*to notice, realize*	**Me di cuenta de que** el guardia estaba borrachísimo.

Práctica

En parejas, hagan las siguientes actividades.

1. Describan estos dibujos utilizando palabras del vocabulario.

2. Para cada palabra del vocabulario, busquen otras que tengan la misma raíz *(stem)* o que se deriven de ella. También indiquen lo que significan.

Ejemplo: el abrazo *(hug)* — el brazo *(arm),* abrazar *(to hug)*

PARE
LA TORTURA

Amnesty International U.S.A.
La Campaña Para Abolir la Tortura

"**C**uando llegaron las cien primeras cartas, los guardias me devolvieron mis ropas. Luego, doscientas cartas más llegaron, y el director de la prisión vino a verme. Cuando llegó el siguiente montón de cartas, el director se puso al habla con su superior. Y las cartas siguieron llegando: tres mil en total. El Presidente fue informado del hecho: mientras tanto las cartas seguían llegando. Entonces el Presidente llamó a la prisión y les dijo que me dejaran ir."

Un prisionero de conciencia de la República Dominicana que fue liberado

AMNISTIA INTERNACIONAL USA

Alto

1. ¿Has pasado alguna vez un día entero sin comer? ¿Por qué razón lo hiciste? ¿Recuerdas cómo te sentiste por la noche?

2. Fíjate en cómo empieza y termina esta lectura. ¿Por qué crees que comienza y acaba así?

3. En esta selección, Alicia Partnoy usa el voseo así como muchos diminutivos. Busca ejemplos y subráyalos al leer el texto.

El pan nuestro de cada día
ayer nos lo quitaste,
dánosle hoy...

"Padrenuestro latinoamericano"
Mario Benedetti

Pan

Alicia Partnoy

Entre tanta incertidumbre el pan es lo único seguro. Quiero decir, además de saber que estamos en la justa,[1] que el habernos jugado toda la sangre contra estos carniceros[2] es cada día con más fuerza la única opción clara. No sabemos cuándo la tortura, cuándo los gritos, cuándo la muerte, pero sí cuándo el pan. A la hora de
5 las comidas predecimos el ruido de la bolsa que se arrastra, el olor purificándolo todo, la crocante corteza,[3] la caricia de la miga.[4] Lo esperamos para devorarlo con avidez o para atesorarlo[5] con ternura.

Un día recibí dos pancitos de más y una manzana. Guardé aquella fortuna bajo mi almohada. A cada rato la levantaba para respirar una mezcla de olores vivifi-
10 cantes. Pero eso fue como a los tres meses de estar en La Escuelita, porque al principio, recién llegada, casi no comía. Recibía el pan para dárselo a algún otro cumpa[6] hasta que un día el flaco de la cucheta[7] de arriba me dijo que la terminara, que comiera porque me iba a debilitar. Pero una vez, cuando todavía no estaba tan desesperada de hambre, me fue útil el pan para aquietar la impaciencia de estar
15 tirada[8] en este colchón. Separé veinticinco pedacitos de miga y con ellos hice veinticinco diminutas bolitas. Jugaba, haciéndolas resbalar y cosquillearme[9] las palmas de las manos cuando el Vaca[10] pasó por allí y, observando la inusitada[11] actividad, preguntó:

—Y eso ¿qué es?
20 —Bolitas de miga de pan.
—¿Para qué?
—Para jugar.

Sopesó[12] en silencio, dos minutos, el nivel de peligrosidad de aquel juego y luego proclamó solemnemente: "Está bien." Se fue el guardia, convencido tal vez
25 de que yo estaba un paso más cerca de la locura. Se equivocaba.

El pan es también una forma de comunicación, una manera de decirle al otro: "Aquí estoy. Pienso en vos. Quiero compartir lo único que tengo." A veces resulta

---

[1] **estamos... justa** = tenemos razón [2] **el... carniceros** *risking our lives (in the fight) against these killers*
[3] **crocante corteza** *crunchy crust* [4] **miga** *soft white inside part of bread* [5] **atesorarlo** *to treasure it*
[6] **cumpa** = compañero [7] **la cucheta** *bunk bed* [8] **estar tirada** = estar acostada [9] **resbalar y cosqui-llearme** *slide along and tickle* [10] **Vaca** = uno de los guardias [11] **inusitada** = extraña [12] **Sopesó** *He weighed (mentally)*

fácil pasar el mensaje. Cuando terminan de repartir es la hora de preguntar:
"¿Señor, le sobró[13] pan?" A la respuesta negativa del guardia, alguien dice: "Señor,
30 yo tengo más. ¿Puedo pasárselo?" Con un poco de suerte se consigue completar
el trámite[14] con éxito. A veces es más difícil, pero cuando el hambre aprieta, el ingenio nos tira una soga.[15] Con la frazada de la cucheta de arriba se hace una especie de telón de fondo[16] contra la pared y por allí se suben y bajan panes al
antojo de estómagos y corazones...

35 Cuando el tedio se mezcla con el hambre y la ansiedad nos clava cuatro garras
en la boca del estómago,[17] comer un pan lentamente, fibra a fibra, es nuestro gran
consuelo. Cuando sentís que te va ganando la idea de que estás solo, de que el
mundo que buscabas se esfuma,[18] pasarle un pan a un compañero es recordarte a
vos mismo que lo valedero sigue allí, firme. Recibir un pan es como recibir un
40 abrazo.

Un día espié por debajo de la venda a María Elenita. Le hice un poema tonto a
mi amiga de dieciséis años que buscaba en silencio el pan:

> María Elenita
> dulce y chiquita,
45 > sentada en su cama
> comiendo un pedazo de pan.
> Dos lagrimitas
> mojan su rostro
> y ellos nunca sabrán
50 > de María Elenita
> dulce y chiquita
> sentada en su cama
> comiendo un pedazo de pan.

Las historias de los panes se multiplican, los panes no. Un día en que el Pato[19]
55 estaba más borracho que una cuba,[20] se me ocurrió pasarle un pan a Hugo, que
estaba en la cucheta de enfrente. El Pato se negaba a responder a mi llamado.
Decidí realizar la operación por mi cuenta. Llamé a la Vasca.[21]

—¿Qué? —susurró.

—¡Mirame!

60 Me levanté y caminé en puntas de pie[22] los cuatro pasos que me separaban de
la cabecera de la cucheta del flaco, le dejé el pan junto a la cara y volví. Era la
primera (y fue la última) vez que me levantaba así, de contrabando. De vuelta de la
aventura el corazón me latía a lo loco.[23]

---

[13] **¿le sobró pan?** = ¿hay pan extra?   [14] **trámite** *deal*   [15] **cuando... soga** *when hunger hits, the brain becomes sharper*   [16] **telón de fondo** *backdrop*   [17] **la ansiedad... estómago** *four claws of anxiety pierce the pits of our stomachs*   [18] **se esfuma** = desaparece   [19] **Pato** = otro guardia   [20] **más... cuba** = borrachísimo   [21] **Vasca** = una prisionera   [22] **puntas de pie** *on tiptoe*   [23] **me... loco** *was beating like crazy*

65 —¿Qué hacés? —dijo la Vasquita, entre divertida y escandalizada.

—Si me vio pensará que es parte de su "delirium tremens".

Y nos reímos, cómplices.

Las migas de pan también tienen su historia. Buscadas a tientas[24] sobre el colchón para ser devoradas, las miguitas más pequeñas suelen escabullirse[25] y al cabo de unos cuantos días nos proveen de una de las notas diferentes, un evento

70 que, si no viene acompañado de los consabidos[26] golpes con la macana de goma,[27] puede considerarse una diversión: la sacudida[28] de las camas. Casi siempre se realiza después de comer, porque tenemos las manos desatadas. Primero sacamos las migas del colchón, después sacudimos la frazada y, mientras el polvillo y las migas vuelan por el aire junto a una serie de olores a mugre,[29] movemos frenéticamente

75 los brazos como si pudiéramos, con frazada y todo, levantar vuelo.[30] Estiramos la manta sobre la cama y, siempre a tientas, alisamos sus pliegues[31] y acomodamos la almohada... Bajo la almohada, el pan del almuerzo. Hay entonces que esperar a que nos aten las manos nuevamente y acostarnos a comer despaciosamente el pan, el mismo que nos recuerda que nuestro presente es consecuencia de haber peleado

80 para que ese pan, el pan nuestro de cada día, el que le han estado quitando a nuestro pueblo, le sea provisto[32] por derecho propio[33] y sin ruegos a Dios de por medio, por los siglos de los siglos. Amén.

¿Entendido?

Decida si las frases siguientes son verdaderas (V) o falsas (F) según la lectura. Luego cambie las falsas para que sean verdaderas.

1. _____ El pan sirve de alimento físico y espiritual.

2. _____ Los presos tienen tanta hambre que se pelean por el pan.

3. _____ El guardia le permite a la narradora jugar con las bolitas porque lo considera un pasatiempo inofensivo.

4. _____ Los prisioneros sufren aburrimiento y angustia.

5. _____ Al tener los ojos vendados los demás sentidos de los presos se agudizan.

6. _____ Vaca, Vasca y Pato son guardias.

7. _____ En "La Escuelita" sólo hay lugar para la depresión y el miedo.

8. _____ Los presos son muy obedientes porque temen la tortura física y mental.

9. _____ En la cárcel las cosas más pequeñas adquieren un tremendo significado.

10. _____ Esta selección tiene la forma de un discurso político.

---

[24] **a tientas** = sin ver   [25] **escabullirse** = esconderse   [26] **consabidos** = rutinarios   [27] **macana de goma** *rubber stick*   [28] **sacudida** *shaking out*   [29] **mugre** *filth, grime*   [30] **levantar vuelo** = volar   [31] **pliegues** *wrinkles* [32] **le sea provisto** *will be given back*   [33] **por derecho propio** *because it is our right*

En mi opinión

1. En grupos de cuatro estudiantes, comparen y contrasten las siguientes categorías en relación con esta lectura y *Preso sin nombre, celda sin número*.

	"Pan"	*Preso sin nombre, celda sin número*
¿Quién habla?		
Relación con los otros presos		
Relación con los guardias		
Lugar donde están detenidos		
Sentimientos		
Violencia		
Aspectos positivos		
Condiciones físicas		
Juegos		

2. En parejas, contesten las preguntas siguientes.

a. ¿Qué alimento o bebida necesitan comer o beber por lo menos una vez al día? ¿Qué pasa si no lo pueden hacer?

b. Vemos en esta selección que el pan es más que un alimento nutritivo. Para Uds., ¿tiene algo tan común como el pan una importancia mayor que la normal? ¿Qué es? ¿Por qué ha llegado a adquirir tanto valor para Uds.?

c. ¿Sería para Uds. una tortura pasar todo el día en la cama? ¿Para quiénes sí lo es?

d. Mientras leían "Pan", ¿se les ocurrió alguna conexión con otro texto literario, película, anécdota o experiencia personal? ¿Cuál? Expliquen.

Estrategias comunicativas para dar una noticia

¿A que no sabes... ? *I bet you don't know . . .*	**No te lo vas a creer...** *You are not going to believe . . .*
¿Sabes una cosa... ? *Guess what . . .*	**Te va a parecer mentira...** *It will seem incredible . . .*
¿A que no te imaginas... ? *I bet you cannot guess . . .*	**Te vas a quedar de piedra...** *You will be stunned . . .*
¿No te has enterado todavía de... ? *Haven't you heard . . . ?*	**Es increíble, pero...** *Unbelievable, but . . .*

En (inter)acción

En grupos de tres estudiantes, hagan las siguientes actividades.

1. Un/a estudiante utiliza una de las **Estrategias comunicativas** anteriores para dar una noticia inesperada o sorprendente. Los/Las otros/as responden usando algunas **Estrategias comunicativas** que ya han aprendido en capítulos previos. Practiquen la conversación en grupos y luego preséntensela a la clase.

   Ejemplo: ESTUDIANTE 1: ¿A que no saben que me han tocado doscientos millones de dólares la lotería?

   ESTUDIANTE 2: Vaya, ¡qué suerte!

   ESTUDIANTE 3: Lo siento mucho, pero yo no me lo creo.

2. **Debate.** Con la clase dividida en dos grupos, hablen sobre la violencia en nuestra época y en nuestra sociedad. La televisión, el radio, los periódicos presentan abundantes ejemplos reales o ficticios. ¿Deben censurarse? ¿Cuál es su reacción a estos actos de violencia? ¿Cree que la violencia engendra más violencia? Explique su punto de vista.

3. En el texto que hemos leído, las víctimas del abuso son inocentes. ¿Qué pasa si las víctimas son culpables? ¿Qué derechos humanos deben tener los criminales?

Práctica gramatical

Repaso gramatical:
El subjuntivo: conjunciones de propósito, excepción y condición (*Cuaderno*, pág. 53)
Los diminutivos (*Cuaderno*, pág. 54)

1. En parejas, combinen las dos columnas siguientes de acuerdo con el significado de las oraciones. Después tradúzcanlas.

   a. _____ Yo nunca como pan

   b. _____ Hay bastante pan para la cena

   c. _____ Voy a llamar a la panadera

   d. _____ Ha aprendido a hacer pan

   e. _____ Vete a comprar pan al supermercado

   f. _____ Vamos a repartir el pan

   1. de manera que haya para todos.

   2. en caso de que esté cerrada la panadería.

   3. a no ser que tú te lo comas todo antes.

   4. salvo que sea integral.

   5. para que nos guarde una barra de pan.

   6. sin que nadie se lo haya enseñado.

2. En parejas, tienen un minuto para encontrar el mayor número de diminutivos en el texto de "Pan". Escríbanlos y luego comparen su lista con la de otras parejas.

3. A continuación hay algunos diminutivos. En grupos, indiquen si son adjetivos, sustantivos o adverbios y tradúzcanlos al inglés.

bromitas	arañitas	pedacitos	chiquita
allacito	despuesito	rapidito	lagrimitas

Creación

En el relato de Alicia Partnoy, el pan tiene varias funciones: es un juego, un regalo y un medio de comunicación. Escribe un poema de 15 versos a algún objeto especial o, si lo prefieres, un diálogo con ese objeto. No creas que esto es tan raro pues el poeta Pablo Neruda le dedicó un poema al tomate, Miguel Hernández a la cebolla y Gabriela Mistral al pan. Intenta usar al menos una oración en subjuntivo con una conjunción de propósito, condición o excepción.

Phrases:	*Describing the past; Expressing a need; Repeating*
Grammar:	*Interrogatives; Verbs: future; Verbs: subjunctive with* como si
Vocabulary:	*Food; People; Time expressions*

CAPÍTULO 9

http://aquesi.heinle.com

Concienciación y aperturas

Concienciación y aperturas

1976, en una cárcel de Uruguay: pájaros prohibidos

Eduardo Galeano

La literatura del calabozo

Mauricio Rosencof

Uruguay fue gobernado por una dictadura militar desde 1972 hasta 1985. Aparte del tratamiento inhumano, la tortura y las desapariciones de los detenidos, de la impunidad con que actuó la policía y otras violaciones de los derechos humanos, hay que mencionar que durante la década de los 70 Uruguay fue el país con el mayor porcentaje de presos políticos del mundo. (Servicio, Paz y Justicia. *Uruguay. Nunca más. Violación de los derechos humanos*, 1989)

Este es el contexto histórico de los breves relatos siguientes. En ellos, los escritores uruguayos Eduardo Galeano y Mauricio Rosencof nos muestran el poder de la mente *(mind)* para superar las limitaciones físicas impuestas por otros. La imaginación, la fantasía y los sueños constituyen maneras de evadirse *(escape)* de la realidad opresiva en que se encuentran los personajes.

▶ Palabra por palabra

el **alivio**	*relief*
dibujar	*to draw*
elogiar	*to praise*
esconder	*to hide*
el **fantasma**	*ghost*
imaginar(se)	*to imagine, suppose*
saludar	*to greet, say hello*

231

Mejor dicho

solo/a (adj.)	*alone*	Nos extrañó que viviera **sola.**
sólo, solamente (adv.)	*only*	**Sólo/Solamente** Juan de Dios ha estudiado una carrera.
único/a°	*the only (+ noun)*	El **único** problema es la falta de viviendas.

° **¡Ojo!** *An only child* se dice **hijo/a único/a.**

Práctica

1. Pictomanía. Se forman dos grupos y el/la profesor/a le muestra una de las palabras de este vocabulario y de los anteriores a uno de los miembros de un grupo, quien tiene que dibujar algo en la pizarra para que su equipo adivine la palabra que trata de representar. Si aciertan, reciben un punto. Luego, le toca al otro grupo.

2. En parejas, terminen estas oraciones.

   a. Yo soy el/la único/a...

   b. A veces me gusta ir al cine solo/a porque...

   c. Sólo tengo...

   d. La única clase a la que falto es...

   e. Muchos/as hijos/as únicos/as...

Alto

1. ¿Para qué sirven los dibujos de los/las niños/as? ¿Para qué usan esos dibujos los/las psicólogos/as?

2. Según un informe de las Naciones Unidas durante la dictadura: "Cientos de profesores y maestros fueron despedidos, encarcelados u obligados a emigrar y reemplazados por personas que al gobierno militar le parecían de confianza. Los programas de estudios fueron modificados y las carreras de ciencias políticas y sociología vaciadas de contenido. Desde el nivel de primaria, se enseñaban cuestiones de moralidad y democracia basadas en el nuevo modelo político, social e institucional que el ejército intentaba establecer." *(Uruguay. Nunca más. Violación de los derechos humanos*, pág. 42) Tenga esto en cuenta al leer las selecciones que siguen.

1976, en una cárcel de Uruguay: pájaros prohibidos

Eduardo Galeano

Los presos políticos uruguayos no pueden hablar sin permiso, silbar,[1] sonreír, cantar, caminar rápido ni saludar a otro preso. Tampoco pueden dibujar ni recibir dibujos de mujeres embarazadas, parejas, mariposas,[2] estrellas ni pájaros.

Didaskó Pérez, maestro de escuela, torturado y preso por tener "ideas ideoló-
5 gicas", recibe un domingo la visita de su hija Milay, de cinco años. La hija le trae un dibujo de pájaros. Los censores se lo rompen a la entrada de la cárcel.

Al domingo siguiente, Milay le trae un dibujo de árboles. Los árboles no están prohibidos y el dibujo pasa. Didaskó le elogia la obra y le pregunta por los cir-
culitos de colores que aparecen en las copas[3] de los árboles, muchos pequeños
10 círculos entre las ramas:

—¿Son naranjas? ¿Qué frutas son?

La niña lo hace callar:

—Ssshhh.

Y en secreto le explica:

15 —Bobo. ¿No ves que son ojos? Los ojos de los pájaros que te traje a escondidas.

¿Entendido?

Complete las oraciones siguientes de acuerdo con su comprensión del texto.

1. Supongo que "silbar, sonreír, cantar, caminar rápido y saludar a otro preso" estaría prohibido porque...

2. Posiblemente para los censores los dibujos de "mujeres embarazadas, parejas, mariposas, estrellas y pájaros" tenían en común...

3. El nombre del padre, Didaskó, significa en griego "yo enseño" y tiene relación con...

4. Didaskó Pérez era un preso político seguramente por...

5. La expresión "tener ideas ideológicas" es absurda, porque...

6. Los círculos que hay en el dibujo al padre le parecían... , pero según su hija son...

7. Yo diría que Milay es una niña... porque...

8. La anécdota nos enseña que...

---

[1] **silbar** *whistle*   [2] **mariposas** *butterflies*   [3] **copas** *tops*

Alto

1. Preste atención a las formas verbales siguientes para saber si lo que va a leer está en primera o en tercera persona. ¿Qué pronombre predomina: me, te o lo?

2. Mientras lee, subraye en el texto siguiente (a) oraciones que se refieren a hechos reales (dentro de la narración) y (b) oraciones que se refieren a hechos imaginarios.

3. ¿Cómo puede ayudar la mente a mejorar el estado del cuerpo? ¿Y el cuerpo a la mente?

La literatura del calabozo[4]

Mauricio Rosencof

Haber vivido, sobrevivido más de once años sin ver un rostro humano, sepultado[5] en un nicho[6] de dos por dos, sin ver el sol ni los verdes, sin más distracción que contemplar la meticulosa labor de las arañitas[7] en los rincones, no habría sido posible si a diario ese pozo[8] no se hubiera llenado de sueños... ¿Cuántas veces me he
5 tendido,[9] en un descuido de la guardia, sobre el piso de hormigón,[10] para tomar el sol en la playa? Y no se imaginan Uds. lo molesto que me resultaba la cantidad de bañistas que al pasar por mi lado me salpicaban[11] de arena. Mi alivio era entonces ir a nadar, para tomarme luego algún refresco. El problema que se me creaba entonces era esconder el envase[12] porque había requisas[13] diarias, a pesar de que en
10 la celda no había nada de nada, salvo fantasmas. Si un oficial veía por ahí una botella podía interrogar, ¿de dónde sacó Ud. el dinero para comprar Coca-Cola? El esconder los objetos que me quedaban de las fantasías era toda una odisea.[14]

¿Entendido?

Las oraciones siguientes son falsas de acuerdo con el contenido de la lectura anterior. Explique por qué son falsas.

1. El protagonista se volvió loco por vivir once años en total aislamiento.

2. La cárcel estaba cerca de la playa porque era allí adonde llevaban a los presos a tomar el sol.

3. El preso odiaba ir a la playa porque los bañistas le tiraban arena.

---

[4] **calabozo** = cárcel, prisión   [5] **sepultado** = encerrado   [6] **nicho** niche (here, prison cell)   [7] **arañitas** little spiders   [8] **pozo** well, hole   [9] **tendido** = acostado   [10] **hormigón** = cemento   [11] **salpicaban** splashed   [12] **envase** = botella   [13] **requisas** checks   [14] **odisea** odyssey (here, ordeal)

4. Los guardias entraban en la celda a buscar botellas de Coca-Cola.

5. El preso sabía distinguir en todo momento la realidad de la fantasía.

En mi opinión

En grupos de tres estudiantes, comenten los temas siguientes.

1. Piensen en algunas reglas o leyes que a su parecer no tienen sentido. Discútanlas y después decidan cuáles son las más absurdas o ridículas. Por ejemplo, en el siglo XVII en México a los mestizos les estaba prohibido usar parasoles.

2. Cuando se dice de alguien que "tiene mucha imaginación", ¿suele ser esto un elogio o una crítica? Explique. ¿A qué suelen dedicarse más las personas que tienen mucha imaginación: a las artes o a las ciencias? ¿Qué cualidad se atribuye a los/las escritores/as?

3. ¿Cómo presentan las películas actuales la vida en la cárcel? ¿Les parece realista o no? ¿Recuerda alguna película en especial que tenga lugar en una cárcel, como *El beso de la mujer araña, Alcatraz, Cadena perpetua (The Shawshank Redemption)?*

4. El control de la mente y la censura, ¿se dan sólo en las sociedades totalitarias? ¿Hay modos de control o influencia en las sociedades actuales? ¿Qué es un lavado de cerebro *(brainwashing)?* ¿Y un mensaje subliminal?

5. Los estudiantes franceses en 1968 pedían en sus manifestaciones "la imaginación al poder". ¿Sabe o comprende por qué pedían eso?

6. Dé ejemplos que muestren el contraste entre el razonamiento (o la lógica) de un niño y el de un adulto. ¿Recuerda el cuento "Ay, papi, no seas coca-colero" (pág. 151)?

◤ Estrategias comunicativas para pedir opiniones o sugerencias

¿Alguna idea?	*Any ideas?*
¿Tú qué dices?	*What do you say?*
¿A ti qué te parece?	*What do you think?*
¿Se te ocurre algo?	*Can you think of anything?*
¿Tiene alguna sugerencia al respecto?	*Do you have any suggestions?*

En (inter)acción

1. Cada estudiante dibuja en la pizarra o en su cuaderno cómo se imagina el dibujo de Milay. Después, entre todos/as, comenten los resultados obtenidos.

2. En parejas, hagan un dibujo que sea difícil de identificar o que tenga un significado oculto. Preséntenlos a la clase para interpretarlos. Primero, miren los ejemplos siguientes y traten de identificarlos. Empleen algunas de las expresiones de **Estrategias comunicativas.**

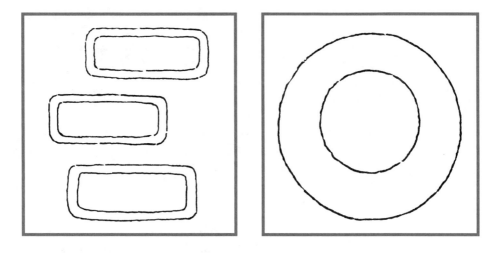

3. Con toda la clase, expresen lo que ocurre en cada cuadro de la tira cómica "Los pájaros y la libertad de expresión".

SOLUCIONES: 1. unas bañeras; 2. una lámpara vista desde abajo; 3. una cabeza vista desde arriba

Los pájaros y la libertad de expresión

4. **Debate.** Mencionen algunas maneras de evadirse de la realidad y luego discutan hasta qué punto resulta bueno o malo este tipo de evasión.

5. **Ejercitando la imaginación.** Toda la clase cierra los ojos y un/a estudiante empieza a describir un lugar ideal en el cual podrían relajarse y después otro/a continúa la descripción hasta que todos/as hayan participado.

Ejemplo: ESTUDIANTE 1: Estás en una habitación muy acogedora *(cozy)*.
ESTUDIANTE 2: La luz entra por unos ventanales enormes.
ESTUDIANTE 3: Se oye a lo lejos un concierto de Vivaldi.

Práctica gramatical

Repaso
gramatical:
Para y por
(Cuaderno, pág. 55)
Palabras afirmati-
vas y negativas
(segundo repaso)
(Cuaderno, pág. 56)

1. En parejas, formen oraciones con **por** y **para** que tengan que ver con las lecturas. Comparen sus oraciones con las de otra pareja.

Ejemplo: Milay dibujó pájaros para su padre.

2. Imagínense que la mitad de la clase asiste a un colegio (o a una academia militar) muy estricto con la disciplina y, en cambio, la otra mitad asiste a otro muy tolerante. El/La estudiante de un grupo menciona algo de ese colegio y el otro grupo debe decir lo contrario. Utilicen expresiones afirmativas y negativas.

Ejemplo: GRUPO 1: A ninguno/as de nosotros/as nos permiten comer en clase ni traer amiguitos/as.
GRUPO 2: Pues a todos/as nosotros/as nos permiten comer en clase y traer amiguitos/as.

Creación

Cuando alguien no puede dormir, se le dice que cuente ovejas *(sheep).* Critique o elogie este remedio casero al problema del insomnio. Hable de sus ventajas y desventajas. Puede ofrecer alternativas también. ¿Tiene Ud. alguna técnica especial para dormir?

Phrases:	*Persuading; Weighing the evidence; Describing health*
Grammar:	*Next:* siguiente, que viene, próximo; *Prepositions; Verbs:* saber & conocer
Vocabulary:	*Numbers; Animals; Punctuation marks*

Epigrama

Reinaldo Arenas

Los derechos humanos

Eduardo Galeano

Reinaldo Arenas (1943–1990) era un escritor cubano que al principio apoyó la revolución castrista. Desilusionado después, logró escaparse de la isla y fue a vivir a Nueva York. Se suicidó en 1990 porque tenía SIDA y sus últimas palabras fueron "Cuba será libre, yo ya lo soy". En "Epigrama" Arenas denuncia lo que les pasa a los niños en Cuba.

Eduardo Galeano (Uruguay, 1940) ha escrito mucho sobre la injusticia, la pobreza y la opresión en América Latina. Su *Días y noches de amor y de guerra* es una crónica de los momentos atroces que ocurrieron en los años 70 en Argentina, Chile y Uruguay. Su obra más famosa es *Memorias del fuego*. En "Los derechos humanos" habla de las injusticias que pueden padecer los niños dentro de una familia.

▶ Palabra por palabra

la **amenaza**	*threat*
el **ayuno**	*fasting*
la **bofetada**	*slap*
contagiar	*to infect, contaminate*
desfilar	*to walk in file, march*
en balde	*in vain*
hambriento/a	*hungry, starving*
la **inquietud**	*worry, concern, anxiety*
el **martillo**	*hammer*
la **pantalla**	*screen*

▶ Mejor dicho

porque + verbo conjugado	*because*	Sus padres lo castigaban **porque** era muy desobediente.
a causa de + sustantivo	*because*	El avión se demoró **a causa de** la tormenta.

revisar	to inspect, check, or edit	Amnistía Internacional **revisa** muchos casos documentados de tortura.
reseñar	to review a creative work	El crítico reseñó *La historia oficial*.
repasar	to go over or review, such as notes for a test	Tenemos que **repasar** tres capítulos para el examen.

Práctica

1. En parejas, terminen las oraciones de forma original.

   a. No volví a casa porque...

   b. Jorge tenía miedo a causa de...

   c. Hay padres abusivos porque...

   d. Mi hermana no comió a causa de...

   e. Graciela se enfermó porque...

2. Expliquen las palabras del vocabulario a su compañero/a y su pareja luego hace una oración con la palabra.

   Ejemplo: bofetada = golpe dado en la cara con la mano abierta para castigar a alguien

          Hace años los/las maestros/as podían darles bofetadas a los/las alumnos/as.

Alto

1. Un epigrama es un poema corto que trata de un solo tema y normalmente termina con un pensamiento ingenioso o satírico. Acuérdese de esta definición al leer el texto a continuación y decida si, de verdad, es un epigrama.

2. ¿Qué sabe Ud. de la Revolución Cubana de 1959? ¿Y de Cuba ahora?

3. En esta lectura, como en otras de esta unidad, el autor habla irónicamente. Busque las frases irónicas y subráyelas al leer.

Epigrama

Reinaldo Arenas

Un millón de niños condenados bajo la excusa de "La Escuela al campo" a ser no niños, sino esclavos agrarios.[1] Un millón de niños condenados a repetir diariamente consignas[2] humillantes. Un millón de niños rapados[3] y marcados con una insignia.

---

[1] **agrarios** *agricultural*   [2] **consignas** *slogans*   [3] **rapados** *with shaved heads*

5   Un millón de niños reducidos a levantar el pie a noventa grados y bajarlo marcialmente mientras repiten *¡hurra!*

    Un millón de niños para los cuales la primavera traerá la aterradora señal[4] de que hay que partir hacia la recogida[5] de frutos menores.

    Un millón de niños enjaulados,[6] hambrientos y amordazados,[7] apresurada-
10 mente[8] convirtiéndose en bestias para no perecer de un golpe.

    Un millón de niños para los cuales ni las hadas[9] ni los sueños, ni la rebeldía, ni "la libertad de expresión" serán inquietudes trascendentales pues no sabrán que pudieron existir tales cosas. Un millón de niños para los cuales jamás habrá niñez, mas sí el odio, las vastas plantaciones que hay que abatir.[10]

15   Un millón de niños manejando un martillo descomunal,[11] para quienes toda posibilidad de belleza o expansión o ilusión será un concepto irrisorio, mariconil,[12] o más bien reaccionario. Un millón de niños perennemente desfilando ante una pantalla y una polvareda y un estrépito[13] ininteligible.

    No en balde, oh, Fifo,[14] has abarrotado[15] la isla con inmensas pancartas[16] que
20 dicen LOS NIÑOS NACEN PARA SER FELICES.

    —Sin esa explicación, ¿quién podría imaginarlo?

(La Habana, febrero de 1972)

¿Entendido?

1. Conteste las preguntas siguientes.
   a. ¿Contra qué protesta Reinaldo Arenas?
   b. ¿Por qué dice que los niños se convertirán en bestias?
   c. ¿Qué no existe para estos niños? ¿Por qué?
   d. ¿Cuál es el propósito oficial de las pancartas que dicen "Los niños nacen para ser felices"? ¿Y según Arenas?

2. Subraye tres frases claves y luego resuma la lectura en sus propias palabras.

---

[4] **aterradora señal** *terrifying signal*   [5] **recogida** *harvest*   [6] **enjaulados** *caged*   [7] **amordazados** *silenced*
[8] **apresuradamente** = rápidamente   [9] **hadas** *fairies*   [10] **abatir** = cortar   [11] **descomunal** = enorme
[12] **irrisorio, mariconil** *laughable, effeminate*   [13] **una polvareda... estrépito** *a dust cloud and a roar*
[14] **Fifo** = Fidel Castro   [15] **abarrotado** *crammed full*   [16] **pancartas** *posters*

1. ¿Hasta qué punto han sido sus padres o profesores/as autoritarios/as?
2. ¿Qué piensa del castigo corporal? ¿Es eficaz, o no, como método de disciplina?
3. Estudie la estructura física del texto. ¿Cómo es? ¿Por qué lo habrá escrito Galeano así?

Los derechos humanos

Eduardo Galeano

La extorsión,

el insulto,

la amenaza,

el coscorrón,[17]

5 la paliza,[18]

el azote,

el cuarto oscuro,

la ducha helada,

el ayuno obligatorio,

10 la comida obligatoria,

la prohibición de salir,

la prohibición de decir lo que se piensa,

la prohibición de hacer lo que se siente

y la humillación pública

15 son algunos de los métodos de penitencia y tortura tradicionales en la vida de familia. Para castigo de la desobediencia y escarmiento[19] de la libertad, la tradición familiar perpetúa una cultura del terror que humilla a la mujer, enseña a los hijos a mentir y contagia la peste del miedo.

　　—Los derechos humanos tendrían que empezar por casa —me comenta, en

20 Chile, Andrés Domínguez.

---

[17] **coscorrón** = golpe dado en la cabeza con la mano　[18] **paliza** *beating*　[19] **escarmiento** *chastisement, warning*

¿Entendido?

Conteste las preguntas siguientes.

1. ¿Cuántos castigos menciona la lectura? ¿Conllevan todos el mismo grado de crueldad? Explique.
2. ¿Cuáles de los castigos mencionados son castigos físicos y cuáles no lo son?
3. ¿Se pueden clasificar estos castigos tradicionales como torturas? Explique.
4. ¿Cuál es el mensaje de esta selección?

En mi opinión

En grupos de cuatro estudiantes, respondan a las preguntas o discutan los temas a continuación.

1. ¿Por qué enseñan los castigos a mentir a los niños? Expliquen las razones.
2. ¿Qué tipo de castigos se usaban en las escuelas primarias antes o cuando Uds. asistieron?
3. ¿Tienen los padres derecho a castigar físicamente a sus hijos para educarlos? Den ejemplos.
4. ¿Hay alguna conexión entre el castigo corporal y la violencia en nuestra sociedad? Comenten.
5. Decidan algunas cosas que van a escribir en unas pancartas para una marcha que va a haber en protesta de la situación de los niños.
6. Inventen otros títulos para los textos.

Estrategias comunicativas para quejarse o protestar

¡Qué injusticia!	*How unfair!*
No hay derecho.	*They have no right.*
Esto es un abuso.	*This is abuse.*
Los están explotando.	*They are exploiting them.*

En (inter)acción

1. En grupos, decidan si las acciones mencionadas a continuación constituyen abuso (A) de los niños/as o disciplina (D). Usen las expresiones de **Estrategias comunicativas** en la discusión.

   a. _____ Hacerlos/las que compartan sus juguetes nuevos con sus amigos/as.

   b. _____ Mandarlos/las a la cama sin comer por desobedientes.

   c. _____ Escoger la ropa que se van a poner para ir al colegio.

   d. _____ No comprarles un perro virtual.

   e. _____ Censurar sus programas de TV.

   f. _____ Darles de comer hígado *(liver)*.

   g. _____ No permitirles salir con sus amigos/as.

   h. _____ No ponerles un teléfono en su habitación.

   i. _____ Pegarles suavemente.

   j. _____ Obligarlos/las a estudiar tres horas todas las noches.

   k. _____ Encerrarlos/las en su habitación.

   l. _____ No darles dinero propio.

   m. _____ Asignarles tareas domésticas todos los días.

2. En años recientes ha habido algunos pleitos de niños contra sus padres. Estos niños querían tener el derecho de decidir con quién querían vivir. En grupos de tres estudiantes (niño/a, padres), preparen las dos partes del caso y luego preséntenlo a la clase que servirá de jurado.

3. Comparen la violencia política y la violencia social. ¿En qué tipo de sociedad es más difícil vivir?

4. **Debate.** ¿La pena de muerte convence a la gente de no cometer crímenes?

5. Miren el póster siguiente y digan cuáles de los derechos no tienen los niños de los textos que han leído.

LOS DERECHOS DE LA INFANCIA

AUXILIO
Es saber que somos los primeros en recibir ayuda cuando hay un problema.

DENUNCIA
Es no permitir que nos exploten, maltraten o abusen de nosotros.

SOLIDARIDAD
Es trabajar para que todos tengamos estos derechos.

IDENTIDAD
Es ser uno mismo, tener un nombre, una nacionalidad.

PROTECCION
Es tener nuestras necesidades básicas cubiertas.

IGUALDAD
Es niños o niñas, altos o bajos, gordos o flacos, gitanos o payos, todos somos iguales en derechos.

EDUCACION Y JUEGO
Es disfrutar de espacios agradables para jugar y una educación íntegra.

AMOR
Es sentirnos queridos y comprendidos, querer y comprender.

INTEGRACION
Es vivir feliz entre los demás.

Práctica gramatical

Repaso
gramatical:
Las oraciones
con **si**
(*Cuaderno*, pág. 57)

Imaginen que Uds. trabajan en un centro que ayuda a los adolescentes que se escapan de casa y que hoy día están dando una charla a un grupo de padres interesados en el tema. En parejas, denles consejos a estos padres utilizando las oraciones con **si**.

Ejemplo: Si observa que su hijo/a no está contento/a en casa, hable inmediatamente con él/ella.

Creación

Escriba dos o tres párrafos describiendo humorísticamente a los padres perfectos. Utilice el subjuntivo.

Ejemplo: Los padres perfectos permitirían que los/las niños/as comieran dulces cuando quisieran.

Phrases:	*Comparing & contrasting; Weighing alternatives; Writing an essay*
Grammar:	*Comparisons: inequality; Relatives: antecedent; Subjunctive agreement*
Vocabulary:	*Cultural periods & movements; Family members; Upbringing*

Sabotaje

Alicia Yáñez Cossío

Alicia Yáñez Cossío (1929) es probablemente la escritora más conocida del Ecuador. Es además profesora y periodista. Su primera novela *Bruna, soroche y los tíos* ganó el Premio Nacional Ecuatoriano y ha sido traducida al inglés. Recientemente ha publicado *La casa del sano placer* (1996). "Sabotaje" se encuentra en su colección de cuentos *El beso y otras fricciones.*

"Sabotear" significa literalmente "entorpecer intencionalmente los obreros la marcha de una fábrica inutilizando las máquinas o herramientas o los materiales o productos como medio de imponer sus condiciones de mejora". En el siguiente cuento, en lugar de una fábrica, lo que se intenta "inutilizar" es una dictadura y la manera de hacerlo es atentando contra la vida del propio dictador. Pero cuidado, porque hay más de un sabotaje.

▶ Palabra por palabra

acariciar	*to caress*
acercarse (a)	*to approach*
el atentado	*assassination attempt*
el disparo	*shot*
espeluznante	*horrifying, hair-raising*
ladrar	*to bark*
los partidarios	*supporters, partisans*
la pista	*trail, track, clue*
venirse (ie, i) abajo	*to fall in, collapse*

▶ Mejor dicho

el chiste	*joke = a funny story*	Los **chistes** de Jaimito son muy populares entre los niños españoles.
la broma	*a practical joke, trick, prank*	Nora, ¡basta ya de **bromas!**
gastar bromas	*to play jokes or tricks*	¿Te apuntas? Vamos a **gastarle una broma** a Pilar.

matar°	*to kill*	**Han matado** a todas las vacas locas.
morir	*to die in accidents, wars, etc., a violent death*	Muchos miembros de la oposición **morían** todos los años.
morirse	*to die by natural causes or in a figurative sense*	Mi vecino **se murió** de repente. Siempre que veo la película *La muerte de un burócrata* **me muero** de risa.

°**¡Ojo!** En español **matar** no se usa en la voz pasiva: **Lo mataron a sangre fría.** *He was killed in cold blood.*

Práctica

1. El/La profesor/a escribe en unas fichas *(index cards)* de un determinado color las palabras del vocabulario y se las entrega a los/las estudiantes de la clase para que las definan en otra ficha de otro color. Cuando han terminado de escribir la definición, el/la profesor/a las recoge todas y entrega las fichas con las definiciones a los/las estudiantes para que escriban la palabra que su compañero/a intentaba definir. Al final el/la profesor/a lee las definiciones y las palabras. Los/Las estudiantes tienen que decidir si la correspondencia es correcta o no.

2. En grupos pequeños, escriban tres listas de gente famosa (a) a la que han matado, (b) que se murió de muerte natural (vejez, infarto) y (c) que murió en un accidente (de coche, avión). Después, cada uno/a de los/las estudiantes lee un nombre a la clase, que tendrá que responder **lo/la mataron, se murió** o **murió.**

Ejemplo: John Lennon / Lo mataron.

La Madre Teresa / Se murió.

Alto

1. Las escenas de sabotajes abundan en películas de guerra, de James Bond, de Rambo, etc. ¿Recuerda alguna escena espectacular (por los efectos especiales empleados, por su simbolismo...)?

2. ¿Qué adelantos médicos son previsibles *(foreseeable)* en el futuro inmediato? ¿Qué órganos animales se transplantan al cuerpo humano hoy día? ¿Es ésta una práctica muy común?

3. ¿Sabe cómo se llaman las distintas partes del cuerpo de un perro? En la lectura siguiente, se mencionan algunas. Apunte tres en los espacios en blanco.

_____   _____   _____

4. Eche una ojeada rápida a la lectura siguiente para determinar cuál de estos tres tipos de perros aparece en el cuento.

El que se convierte en una bestia se ahorra
el trabajo de vivir como un hombre.
—S. Johnson

Sabotaje

Alicia Yáñez Cossío

El presidente era un hombre alto, fuerte, corpulento.[1] Toda su vida y razón de ser
era la política. Tenía numerosos enemigos porque sus actuaciones eran inhumanas
y hasta espeluznantes. Sin embargo, tenía una admiradora que esperaba todos los
días sus entradas y salidas. A fuerza de[2] constancia había logrado que se fijara en
5 ella.[3]

Una mañana, antes de salir al nuevo edificio que debía inaugurar, comprobó por
la mirilla de la puerta que en la acera de enfrente estaba la hermosa joven esperando su salida. Sonrió complacido,[4] pero en seguida hizo una mueca[5] de dis-
gusto, al comprobar que su admiradora estaba acompañada, como siempre, de una
10 perrita Cocker Spaniel.

Cuando salió, la saludó comiéndosela con los ojos. Ella le respondió con la
mejor de sus sonrisas. El único obstáculo para que él se acercara era la perrita,
que cada vez gruñía[6] más amenazadoramente. El odiaba a los perros y no atinaba[7]
la forma de acercarse a la joven ni de entablar amistad.[8] Su torcida[9] política le
15 había hecho perder todo sentido de las relaciones humanas.

Esa mañana, odió particularmente a la perrita. Todos los perros le producían
una especie de alergia. En su cerebro había puesto un huevo; su pensamiento estaba incubando una ley contra los perros. Sabía que sus enemigos se burlarían de
él. Mientras tanto su admiradora esperaba y él, falto de afecto desde hacía mucho
20 tiempo, creía perder un tiempo precioso.

Llegó al edificio que debía inaugurar. Había mucho público y un cordón de seguridad que rodeaba su impopularidad. Mientras leía su horroroso discurso,
sucedió la catástrofe: se oyó un ruido ensordecedor[10] y todo el edificio se vino
abajo, atrapando entre sus escombros[11] al presidente y a todos sus partidarios.

25 Con el ruido, la confusión y las nubes de polvo, nadie se percató de[12] un disparo que fue en dirección a su cabeza. Las numerosas víctimas fueron llevadas
inmediatamente a los centros de salud y otras tantas metidas en los carros
incineradores. Murieron muchos partidarios del gobierno pero él, por esas incógnitas[13] de la suerte se salvó, a pesar de ser la figura central del sabotaje.

---

[1] **corpulento** *of hefty build* [2] **A fuerza de** = Gracias a [3] **se fijara en ella** *notice her* [4] **complacido** =
satisfecho [5] **hizo una mueca** *he grimaced, frowned* [6] **gruñía** *growled* [7] **atinaba** = encontraba
[8] **entablar amistad** *to become friends* [9] **torcida** *crooked* [10] **ensordecedor** *deafening* [11] **escombros**
rubble [12] **se percató de** = se fijó en [13] **incógnitas** = misterios

30 Durante mucho tiempo estuvo codo a codo[14] con la muerte. Cuando sucedió el atentado una de las paredes le había caído encima y fue sacado de los escombros prácticamente en pedazos. Sus enemigos se quedaron de una pieza,[15] pero siguieron en sus propósitos de eliminarlo.

Se salvó por la pericia[16] de los cirujanos quienes lo cosieron, zurcieron[17] y re-
35 mendaron todo el cuerpo consumiendo metros enteros de epidermis humana, litros de plasma, huesos de plástico y órganos fabricados exclusivamente para él. Fue una nueva creación de la ciencia, aunque se quedó con su corazón y parte de su cerebro, todo lo demás era ajeno[18]...

Los cirujanos comprobaban diariamente su mejoría. Entre las atenciones que
40 recibió estaban las flores de su admiradora, las cuales antes de ser introducidas en la pieza del enfermo, eran cuidadosamente examinadas en el laboratorio del hospital.

Por fin llegó el día en que le dieron de alta.[19] Pudo salir rejuvenecido. Tenía muchos proyectos políticos. El mismo seguiría buscando la pista de los saboteadores.
45 Tenía, además, un específico proyecto romántico hacia la joven de las flores y de la perrita.

Apenas volvió a su casa, vio a la hermosa joven y, sin pensarlo dos veces, cruzó la calle para agradecerle por las flores. Al acercarse, la perrita le ladró con menos fuerza de la acostumbrada. No sintió la sensación de dientes en los tobillos, tal
50 vez porque no eran las mismas piernas de antes...

Al día siguiente, volvió a ocurrir la misma escena y fue repitiéndose cada día. Pero sus impulsos no eran hacia la joven. Eran impulsos cada vez más imperiosos[20] hacia la perrita. La piel de ella era más sedosa[21] y brillante que la de la joven. El hocico[22] húmedo y oscuro era más tentador[23] que cualquier sonrisa. La
55 cola levantada era más perturbadora[24] que la figura esbelta[25] y elegante... Además el animalito ya no ladraba como antes, sino en una forma que a él le sonaba musical y acariciante. Cuando llegaba a su despacho, cada vez estaba más lejano y ausente de lo que pasaba a su alrededor. Los funcionarios se miraban sorprendidos. Los problemas más vitales de la política habían dejado de interesarle. El
60 huevo que llevaba en su cerebro había roto el cascarón con una ley donde el mayor presupuesto[26] era para los perros y principalmente para las hembras[27] Cocker Spaniel. El ya no era el mismo y nadie sabía la causa de su transformación. Pasaba los minutos pensando obsesivamente en el tamaño, en el color y hasta en el peculiar olor de la perrita.

---

[14] **codo a codo** here, eye to eye   [15] **se... pieza** were dumbfounded   [16] **pericia** = habilidad   [17] **zurcieron** stitched   [18] **ajeno** foreign matter   [19] **le... alta** was discharged from the hospital   [20] **imperiosos** = fuertes   [21] **sedosa** = como la seda   [22] **hocico** muzzle   [23] **tentador** = atractivo   [24] **perturbadora** disturbing   [25] **esbelta** shapely   [26] **presupuesto** budget   [27] **hembras** female

65   Cuando abría la puerta de su casa, cruzaba la calle de un salto, ni siquiera saludaba a la dueña del animal que le miraba atentamente y se precipitaba al suelo[28] para acariciar a la perrita. El contacto de sus manos con la piel lustrosa[29] le producía un placer inexplicable y, cuando acosado[30] por su escolta tenía que dejarla, se alejaba apenado,[31] volviendo a cada paso la cabeza para mirarla, dilatando[32] bien
70 las narices para aprehender el olor de su cuerpo...

    Los guardaespaldas no salían de su asombro: ¡todo un presidente perdiendo los minutos de su valioso tiempo con una miserable perra!

    Un día, por poco es atropellado.[33] —Tenga cuidado— le aconsejaron sus acompañantes, pero él ya estaba en el suelo acariciando a la perrita, olvidándose del
75 mundo y del espectáculo que estaba dando...

    Los médicos le aconsejaron que tomara unas vacaciones. El presidente estaba totalmente ido[34] y las cosas que hacía y que decía eran celebradas con grandes carcajadas[35] por parte de sus adversarios y tristemente comentadas por sus partidarios sorprendidos.

80   Los cirujanos estaban muy preocupados. Las operaciones, los injertos[36] y los tratamientos habían sido perfectos, a no ser que[37]... Pero no, apenas era un parche[38] de cuatro centímetros cuadrados en el brazo izquierdo.

    Una noche, el médico principal fue despertado violentamente. El presidente había desaparecido de su cama. Los guardianes y enfermeras lo buscaban por
85 todo el hospital. Sonaban las sirenas de alarma. Los policías y detectives al creerlo secuestrado, empezaron a buscarlo por todas partes de la ciudad. Se cerraron las carreteras y los aeropuertos, hasta que, casualmente,[39] alguien dio con su paradero:[40] el presidente estaba a la vuelta[41] de su casa, andando en cuatro patas detrás de la perrita Cocker Spaniel.

90   Tuvieron que sujetarlo entre varios hombres. El increpaba[42] ferozmente y hasta parecía ladrar. Cuando la enfermera le descubrió el brazo izquierdo para inyectarle un calmante y poder dormirlo, dio un grito de horror... Ella sabía que el presidente tenía en ese brazo un injerto, no de piel humana, sino de una piel que no logró averiguar, pero el parche había desaparecido: todo el brazo estaba cubierto
95 de lanas como la piel de un San Bernardo y las lanas avanzaban por el pecho y por el tórax.

    —Este caso ya no nos corresponde a nosotros —dijeron los médicos llenos de asombro—. Llamen a los veterinarios.

    —Ya no volverá a ladrar el presidente —dijeron sus enemigos cuando la dueña
100 de la perrita les contó el extraño caso.

---

[28] **se... suelo** *dropped to the ground*   [29] **lustrosa** = brillante   [30] **acosado** *pressed*   [31] **apenado** = con dolor   [32] **dilatando** *dilating*   [33] **atropellado** *run over*   [34] **ido** = loco   [35] **carcajadas** *bursts of laughter*   [36] **injertos** *skin grafts*   [37] **a... que** = a menos que   [38] **parche** *patch*   [39] **casualmente** *by chance*   [40] **paradero** *whereabouts*   [41] **a la vuelta** *in the back*   [42] **increpaba** *scolded, rebuked*

¿Entendido?

Complete las oraciones siguientes de acuerdo con el contenido del cuento anterior.

1. La narradora describe al presidente...
2. Al presidente no le gustaban los perros al principio, pero al final...
3. El atentado tuvo lugar en... y fue planeado por...
4. En el hospital los médicos le salvaron la vida al presidente gracias a...
5. El presidente, después de salir del hospital, empezó a...
6. Un día el presidente desapareció, pero...
7. Los médicos querían que los veterinarios...
8. "Sabotaje" no es una fábula (*fable*) porque en las fábulas...
9. El cuento no me parece realista porque...
10. Una escena graciosa del cuento es...

En mi opinión

En grupos de tres estudiantes, hablen de la lectura anterior usando las preguntas siguientes como guía. Al final, añadan una pregunta que se les ocurra en relación con el cuento.

1. ¿Cuántos sabotajes ocurren en "Sabotaje"? ¿Cuáles son?
2. ¿Por qué no tienen nombre los personajes del cuento? ¿Sucede la historia en algún lugar de Latinoamérica? ¿Por qué (no) lo sabemos?
3. ¿Recibió el dictador su merecido? Expliquen.
4. ¿Es posible que un ser humano se convierta en animal? ¿O eso sólo ocurre en la literatura y en el cine? ¿Han leído u oído hablar de *La metamorfosis* de Franz Kafka? ¿Tendría alguna relación con este cuento?
5. ¿Eran los médicos y cirujanos partidarios del presidente? ¿Y su admiradora?
6. ¿Está bien o mal visto burlarse de los políticos y del presidente en su país? ¿Y de la esposa del presidente?
7. ¿Qué expresiones hay en su lengua referidas a perros (por ejemplo, "el perro es el mejor amigo del hombre")? ¿Y a otros animales (por ejemplo, "tener más vidas que un gato")? Hagan una lista con todas las expresiones que recuerden.
8. ¿Qué valores (*values*) humanos se asocian en su cultura con los siguientes animales?

el león	la hormiga	la tortuga	el perro	la oveja
la zorra (*fox*)	el elefante	la lechuza (*owl*)	la abeja (*bee*)	el lobo (*wolf*)

◣ Estrategias comunicativas para dar explicaciones

Debido a...	*Due to . . .*
A causa de...	*Because of . . .*
Como...	*As, since . . .*
Puesto que/Ya que...	*Since, Because . . .*
Como resultado o consecuencia de...	*As a result/consequence of . . .*
Por este motivo...	*For this reason . . .*
Y por lo tanto...	*And therefore . . .*
Por razones (de seguridad, médicas...)...	*For (security, medical . . .) reasons . . .*

En (inter)acción

1. **Noticias de última hora.** La clase se divide en tres grupos. Cada uno preparará un boletín informativo (cómico o serio) sobre uno de los hechos siguientes de "Sabotaje" y luego lo presentará a la clase. Decidan cuál ha sido el mejor. Utilicen algunas de las expresiones de **Estrategias comunicativas.**

   a. el atentado contra el presidente
   b. su evolución médica en el hospital
   c. su transformación final

   Empiecen con la frase siguiente:
   Interrumpimos la programación habitual para informarles que...

2. **Informe del gobierno** *(briefing).* Basándose en el texto leído, en grupos de cuatro estudiantes, preparen el discurso (un párrafo breve) que daría el vicepresidente sobre lo que le ha ocurrido al presidente. El único problema es que el vicepresidente no quiere decir que el presidente se ha convertido en perro. Cuando terminen de preparar el discurso, un miembro del grupo lo presenta delante de la clase y los demás estudiantes hacen el papel de periodistas, quienes acosan al vicepresidente con preguntas impertinentes.

3. **El humor político.** Busque un chiste en un periódico y tráigalo a clase. Explíquele a la clase en qué consiste el humor.

Práctica gramatical

Repaso
gramatical:
Repaso del
pretérito/
imperfecto
(segundo repaso)
(*Cuaderno*, pág. 58)
Ser + el parti-
cipio pasado (+
por + agente)
(*Cuaderno*, pág. 58)
Estar + el parti-
cipio pasado
(*Cuaderno*, pág. 59)

1. En parejas, digan oraciones en el tiempo pasado (pretérito o imperfecto) que se refieran al cuento "Sabotaje".

Ejemplo: La admiradora paseaba a la perrita por la calle donde vivía el presidente.

2. Pánico en el zoológico. En parejas, transformen las siguientes oraciones activas en pasivas. Luego, indiquen con **estar** + el participio pasado el resultado de cada acción.

Ejemplo: Un bromista abrió todas las jaulas del zoológico. (voz activa)
Todas las jaulas fueron abiertas por un bromista. (voz pasiva)
Por eso, todas las jaulas estaban abiertas. (estar + participio)

a. En seguida, los guardias de seguridad conectaron las alarmas.
b. Luego protegieron a los animales en peligro de extinción.
c. Afortunadamente, los elefantes no hirieron a ningún pato.
d. Al final, los ayudantes encerraron a todos los animales en sus respectivas jaulas.
e. Me alegro de que las autoridades ya hayan detenido al bromista.

Creación

Cuando yo era un gato (un perro, un tigre...). Escriba una composición sobre cómo era su vida antes de convertirse en ser humano. Como es algo que ocurrió en el pasado, debe emplear el pretérito, imperfecto, presente perfecto o pluscuamperfecto según convenga.

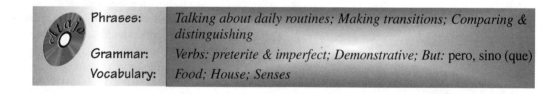

Phrases:	*Talking about daily routines; Making transitions; Comparing & distinguishing*
Grammar:	*Verbs: preterite & imperfect; Demonstrative; But:* pero, sino (que)
Vocabulary:	*Food; House; Senses*

Un día en la vida (selección)

Manlio Argueta

La novela del escritor salvadoreño, Manlio Argueta, *Un día en la vida* (1987), es una de las presentaciones más enternecedoras de la situación política en El Salvador en los años de la guerra civil. Los personajes principales son tres mujeres de una misma familia que reflexionan sobre su existencia diaria y el inevitable y trágico impacto de la política en sus vidas. En la siguiente selección, en cambio, la protagonista, Lupe, nos habla del papel tan decisivo que ha tenido la Iglesia católica para los campesinos salvadoreños.

▶ Palabra por palabra

averiguar	*to find out*
compartir	*to share*
la **confianza**	*trust*
el **cura**	*priest*
importar	*to matter*
mejorar	*to improve*
el **oído**	*ear*
rezar	*to pray*
tener (ie) la culpa	*to be guilty, be one's fault*

▶ Mejor dicho

desde	*since (time)*	Los candidatos llevan hablando **desde** las 5:00.
	from (space)	**Desde** La Coruña hasta Cádiz hay más de mil kilómetros.
puesto que, ya que, como°	*since (cause), because*	**Puesto que (Ya que, Como)** conoces tan bien esta ciudad, ¿por qué no nos sirves de guía?

° **¡Ojo!** Las conjunciones **puesto que, ya que** y **como** se utilizan al principio de una oración en lugar de **porque** *(because)*.

Práctica

1. En parejas, formen grupos de cuatro palabras; una de ellas debe ser del vocabulario. Luego, sus compañeros/as deben decidir cuál no corresponde al grupo.

Ejemplo: averiguar   <u>convencer</u>   enterarse   saber

2. Con un/a compañero/a preparen breves diálogos en los que empleen las palabras de este vocabulario y otros anteriores. Después, preséntenselos a la clase.

Ejemplo: ESTUDIANTE 1: ¿Has averiguado lo que te pasaba en el oído?
ESTUDIANTE 2: No, pero desde ayer ha mejorado mucho.

Alto

1. ¿Cómo puede ayudar una religión a los pobres y a los que sufren injusticias? ¿Es suficiente tener paciencia y resignación?

2. La "teología de la liberación" es un movimiento político-religioso surgido en el seno de la Iglesia católica en la década del 60 en Latinoamérica. Su misión es promover la justicia social y, en especial, ayudar a los pobres a entender su opresión y a luchar contra ella. Aunque la narradora no menciona el nombre de este movimiento, observe, mientras lee, que prácticamente todo lo que dice es una referencia a la "teología de la liberación".

3. El texto siguiente tiene la forma de un diario. ¿Qué cosas escribiría Ud. en un diario?

4. ¿Por qué tienen tanto poder las canciones como forma de protesta?

5. En el texto abundan los diminutivos. Escriba en los espacios en blanco los que encuentre.

_____   _____   _____

_____   _____   _____

6. Lupe, la protagonista, usa el voseo al hablar. Busque ejemplos de esta forma verbal y luego escríbalos en los espacios en blanco.

_____   _____   _____

Un día en la vida

Manlio Argueta

6:00 A.M.

A nosotros nos gustan las rancheras[1] porque tienen letras bonitas que se entienden. Ha sido despuesito que oí otra clase de canciones, cuando llegaron los muchachos a la iglesia, acompañando al cura. Cantan unas canciones llamadas de
5 protesta. Sí, pues en los últimos tiempos todo cambió.

Antes, cuando venían los curas a dar misa, nos daban nada más que esperanzas. Que no nos preocupáramos, que el cielo[2] era de nosotros, que en la tierra debíamos vivir humildemente[3] pero que en el reino de los cielos íbamos a tener felicidad. Y cuando le decíamos al cura que nuestros hijos estaban muriendo por las
10 lombrices[4] nos recomendaban resignación. La cantidad de lombrices es tanta que se los van comiendo por dentro y llegan a arrojarlas[5] por la boca y la nariz. El padre decía tengan paciencia, recen sus oraciones y traigan limosnita.[6]

Hasta que, de pronto, los curas fueron cambiando. Nos fueron metiendo en grupos cooperativistas, para hacer el bien al otro, para compartir las ganancias.[7]
15 Es una gran cosa hacer el bien a otros, vivir en paz todos, conocerse todos, levantarse antes que el sol para ir a trabajar con los cipotes,[8] arriar a los chanchos[9] y vender los huevos a buen precio. Todo fue mejorando por aquí. También cambiaron los sermones y dejaron de decir la misa en una jerigonza[10] que no se entendía. Ahora todo es serio en la misa pues los padres comenzaron a abrirnos los
20 ojos y los oídos. Uno de ellos nos repetía siempre: para ganarnos el cielo primero debemos luchar por hacer el paraíso en la tierra. Fuimos comprendiendo que la cosa estaba mejor así.

Le fuimos perdiendo miedo al cura. Antes nos daban miedo, creíamos que eran una especie de magos,[11] que con un gesto podían aniquilarnos.[12] Además no nos
25 daban confianza. Hablaban con una voz ronca,[13] del otro mundo o de las profundidades de dios. Parecía que caminaban en el aire, de aquí para allí con sus grandes sotanas[14] negras. Nos pedían gallinitas[15] y algunas libras de maíz.

Después de un congreso en no sé dónde, según nos explicaron los padres jóvenes que comenzaron a llegar a Chalate, ya la religión no era lo mismo. Los
30 curas llegaban en pantalones corrientes y vimos que eran como la gente de carne y hueso, sólo que mejor vestidos y ya su voz era normal y no andaban pidiendo gallinitas y por el contrario, ellos nos regalaban algún recuerdo de la ciudad cuando venían.

---

[1] **rancheras** = canciones folklóricas   [2] **cielo** *heaven*   [3] **humildemente** *humbly*   [4] **lombrices** *intestinal worms*   [5] **arrojarlas** *to throw them up*   [6] **limosnita** *alms*   [7] **ganancias** *profits*   [8] **cipotes** = niños   [9] **arriar... chanchos** *herd the pigs*   [10] **jerigonza** *jargon (referring to Latin)*   [11] **magos** *magicians*   [12] **aniquilarnos** = destruirnos   [13] **ronca** *harsh-sounding*   [14] **sotanas** *priest's habit*   [15] **gallinitas** *hens*

Bajaban al Kilómetro y venían a ver cómo vivíamos; los anteriores padres nunca
35 vinieron a nuestros ranchos, todo lo recibían en la capilla,[16] allí se desmontaban
de sus yips[17] y luego, al terminar la misa, de nuevo agarraban[18] su carro y se
perdían en el polvo[19] del camino.

Estos nuevos curas amigos, aunque también llegaban en yip, sí nos visitaban, que
cómo vivís, que cuántos hijos tenés, que cuánto ganás y si queríamos mejorar
40 nuestras condiciones de vida.

En ese entonces ocurrió algo que nunca había pasado: la guardia[20] comenzó a
asomarse[21] por el andurrial.[22] Y comenzaron a decirnos que los curas nos habían
insolentado,[23] nos habían metido ideas extrañas. Y ya no les bastaba pedir los documentos y revisarnos si andábamos con machete sino que lo primero en pregun-
45 tar era si íbamos a misa. Qué cosas nos decían los curas en misa. Y nosotros al
principio no entendíamos nada porque los guardias podían ir a misa y darse
cuenta por sus propios oídos.

Era sólo para atemorizarnos,[24] para que fuéramos retirándonos de la iglesia.
Y que si este domingo iban a haber cantantes comunistas en la iglesia. Y nosotros
50 no sabíamos nada, que íbamos porque éramos católicos activos. El odio que les
tenían a los curas se lo desquitaban con[25] nosotros. No se atrevían a tocar al
padre pues en el fondo le tenían miedo.

6:30 A.M.

Nunca habíamos recibido nada de la iglesia. Sólo darle. Cosas pequeñas, es cierto.
55 Y ellos que tuviéramos conformidad. Pero nunca llegamos a pensar que los curas
tuvieran culpa de nuestra situación. Si un cipote se nos moría nosotros confiá-
bamos que el cura lo iba a salvar en la otra vida. A lo mejor nuestros hijos muertos están en el cielo.

Ellos siempre gorditos y chapuditos. [26]
60 No les preguntábamos si eran felices en la tierra. No nos importaba la vida
ajena, menos la de un sacerdote.

Y cuando ellos cambiaron, nosotros también comenzamos a cambiar. Era más
bonito así. Saber que existe algo llamado derecho. Derecho a medicinas, a comida,
a escuela para los hijos.
65 Si no hubiera sido por los curas no averiguamos la existencia de esas cosas que
le favorecen a uno. Ellos nos abrieron los ojos, nada más. Después nos fuimos solos. Con nuestras propias fuerzas.

---

[16] **capilla** chapel [17] **yips** jeeps [18] **agarraban** got back into [19] **polvo** dust [20] **la guardia** = los soldados
[21] **asomarse** to come by [22] **andurrial** = lugar remoto (here, village) [23] **nos habían insolentado** had made
us disrespectful [24] **atemorizarnos** = darnos miedo [25] **se lo desquitaban con** they took it out on
[26] **chapuditos** rosy-cheeked

Mirta Toledo, *Angel de la guarda,* 1995

¿Entendido?

Indique si las oraciones a continuación se refieren a los curas tradicionales o a los nuevos (que eran partidarios de la llamada teología de la liberación).

	Tradicionales	Nuevos
1. Decían la misa en latín.		
2. Decían la misa en español.		
3. Llevaban pantalones corrientes.		
4. Llevaban sotana *(priest's robe)*.		
5. Eran de carne y hueso.		
6. Eran como fantasmas.		
7. Pedían gallinas, huevos y otros productos a los campesinos.		
8. Regalaban cosas a los campesinos.		
9. Iban a ver cómo vivían los campesinos.		
10. No se relacionaban mucho con los campesinos.		
11. Predicaban revolución.		
12. Predicaban paciencia y resignación.		
13. La vida de estos curas no les importaba mucho a los campesinos.		
14. Les enseñaron a los campesinos a mejorar sus condiciones de vida.		
15. Les enseñaron que existen derechos básicos: medicina, comida, educación, etc.		

En mi opinión

En grupos de tres estudiantes, contesten las preguntas a continuación.

1. Posiblemente Uds. habrán oído hablar del arzobispo Oscar Romero que fue asesinado por miembros de la guardia nacional salvadoreña en 1980 mientras celebraba misa. Desde esa fecha, numerosos religiosos (sacerdotes, monjas...) han sido asesinados. ¿Qué relación tienen estos hechos con lo que ha leído aquí? ¿Han visto alguna de las películas que tratan de la situación en El Salvador, como *Romero* o *Salvador?*

2. En su opinión, ¿ha sido positivo para los campesinos este cambio ideológico de la Iglesia católica? ¿Y para la Iglesia?

3. EE UU envió a El Salvador las siguientes cantidades de dinero en ayuda militar, es decir, para entrenar a la guardia nacional y a los llamados escuadrones de la muerte *(death squads)* durante la guerra civil.

1980	$6 millones	1983	$61,3 millones
1982	$26 millones	1989	$600 millones

¿Qué piensan Uds. de la intervención norteamericana en El Salvador? ¿Y en otros países?

ALGUNAS INTERVENCIONES MILITARES DE EE UU EN CENTROAMÉRICA

EE. UU
CUBA
R. DOMINICANA
HAITÍ
GRANADA
HONDURAS
NICARAGUA
GUATEMALA
PANAMÁ

NICARAGUA	PANAMÁ	HONDURAS	CUBA	R. DOMINICANA
1850, 1852, 1854, 1857, 1894, 1896, 1898, 1899, 1810, 1912, 1925, 1926, 1933, 1982	1856, 1865, 1903, 1904, 1912, 1914, 1918, 1920, 1921, 1925, 1945, 1989	1903, 1907, 1911, 1912, 1919, 1924 1925	1898, 1906, 1912, 1917, 1922, 1933, 1961	1903, 1904, 1914, 1916, 1924, 1955
		GRANADA 1983	**GUATEMALA** 1920, 1954	**HAITÍ** 1888, 1891 1914, 1915, 1934

¿En qué países de Centroamérica y el Caribe no han intervenido los Estados Unidos?

4. Después de la Guerra Civil Española muchas personas se hicieron fervientes practicantes del catolicismo, mientras otras dejaron la iglesia por completo. ¿Cómo se explicaría esta doble reacción a una misma experiencia histórica?

Estrategias comunicativas para pedir consenso

¿Sí o no? ¿A que tengo razón?	Yes or no? Am I right?
¿No? ¿A que es como yo digo?	No? Isn't it just as I said?
¿A que sí?	I bet so.
¿A que no?	I bet not.
¿No es así?	Isn't it so?

En (inter)acción

1. En grupos, decidan cuál de estos derechos es más básico para la sociedad.

   a. la libertad de expresión o el bienestar físico
   b. el derecho de llevar/comprar armas o el derecho a la vida
   c. el derecho a una educación o el derecho a medicinas

   Usen expresiones de **Estrategias comunicativas** en sus discusiones.

"Soy un ser humano y nada de lo que es humano me es ajeno."
Terencio,
siglo I a. de C.

2. Discutan otras posibilidades cooperativistas que pueden ayudar a los/las campesinos/as a mejorar su situación económica. Después compartan sus ideas con los/las otros/as estudiantes de la clase.

3. Encuesta. Cada estudiante hará una de las preguntas a los/las demás y, al final, se escribirán los resultados en la pizarra para que la clase los comente.

1. ¿Cuál es tu religión o la de tu familia?

   musulmana ☐   bautista ☐   azteca ☐   ninguna ☐

   católica ☐   mormona ☐   evangelista ☐   otra _____

   judía ☐   budista ☐   rafastariana ☐

2. ¿Practicas tu religión?

   Sí ☐   No ☐   A veces ☐   No contesta ☐

3. ¿Te cambiarías de religión para poder casarte con alguien?

   Sí ☐   No ☐   Depende ☐

4. ¿Crees que la religión debe influir en la política de una nación?

   Sí ☐   No ☐   No sé ☐

5. ¿Te importaría asistir a una universidad religiosa?

   Sí ☐   No ☐   No sé ☐

6. ¿Crees que en la mayoría de las religiones las mujeres tienen un papel secundario?

   Sí ☐   No ☐   No sé ☐

7. ¿Qué comidas/bebidas te prohíbe tu religión o la de tus padres?

   _____   Ninguna ☐

8. ¿Cómo se llama el movimiento político/religioso que combina el catolicismo con el marxismo?

   _____   No lo sé ☐

9. En tu opinión, ¿suelen ser más religiosos: los pobres o los ricos?

   Los pobres ☐   Los ricos ☐   No lo sé ☐

10. En tu opinión, ¿quiénes suelen ser más religiosos: los hombres o las mujeres?

    Los hombres ☐   Las mujeres ☐   No lo sé ☐

11. ¿Cuál es uno de tus principios éticos *(ethical)*?

    _____

12. ¿Hay persecuciones religiosas en la actualidad?

    Sí ☐   No ☐   No lo sé ☐

13. ¿Te preocupan las sectas *(cults)*?

    Sí ☐   No ☐   Depende ☐

14. Para ti, ¿es mentir un pecado?

    Sí ☐   No ☐   Depende ☐

15. ¿Recuerdas alguna película que tenga como protagonistas curas, rabinos, etc.?
    (Por ejemplo, *The Priest, Sister Act, A Stranger Among Us, Romero, Camila...*)
    ¿Cuál? _____

16. En una pareja de religión mixta, ¿qué religión deben tener los/las hijos/as?

    La de la madre ☐   La del padre ☐   Otra _____

Práctica gramatical

Repaso
gramatical:
Los artículos:
definidos e
indefinidos
(*Cuaderno*, pág. 59)
Repaso del
subjuntivo y del
indicativo
(*Cuaderno*, pág. 61)

1. En grupos de tres estudiantes, hagan oraciones con las palabras a continuación prestando atención al uso (o no) de los artículos definidos e indefinidos.

a. derechos humanos
b. niños
c. temor
d. solidaridad
e. ser católica
f. tener casa
g. sin machete
h. ¡qué día... !

2. Expresen sus opiniones sobre lo que han leído, discutido y/o aprendido en cuanto a los derechos humanos. Usen el subjuntivo.

Ejemplos: Es una pena que algunos gobiernos no piensen en el bienestar de su gente.
Ojalá que no olvidemos nunca todo el sufrimiento ajeno.

Creación

En Internet, o en una enciclopedia, investigue qué es la "teología de la liberación". ¿Quién es el sacerdote Gustavo Gutiérrez? ¿Cree Ud. que la Iglesia católica está a favor o en contra de esta teología? Escriba un párrafo sobre lo que ha averiguado.

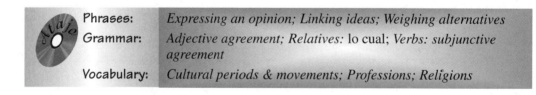

Phrases:	*Expressing an opinion; Linking ideas; Weighing alternatives*
Grammar:	*Adjective agreement; Relatives:* lo cual; *Verbs: subjunctive agreement*
Vocabulary:	*Cultural periods & movements; Professions; Religions*

UNIDAD IV

HACIA LA IGUALDAD ENTRE LOS SEXOS

La consideración de la mujer como inferior al hombre constituye un prejuicio prevaleciente en muchas sociedades. Desde el siglo pasado, numerosos grupos feministas han luchado para destruir esta concepción tradicional y errónea de la mujer. Asimismo han denunciado las distintas agresiones cometidas contra ella, en la vida pública (mundo laboral, comercial y político), tanto como en la vida privada (familia, hogar).

Aunque la igualdad sexual aún está muy lejos de ser una realidad, por lo menos la concienciación de las mujeres y de los hombres respecto al problema va siendo cada vez mayor. Pero la concienciación, así como la liberación femenina, no se da por igual en todas las clases sociales, ni tampoco en todos los países hispanohablantes. Dado que resulta imposible generalizar sobre la situación de las mujeres en el mundo hispano, los textos reunidos en esta unidad giran en torno a problemáticas femeninas que transcienden las fronteras geográficas y que se debaten en muchos países hoy día. No obstante, la mayoría de los textos han sido escritos por autoras y autores hispanos y, por lo tanto, muestran una perspectiva cultural particular de las cuestiones femeninas. Ahora bien, "las cuestiones femeninas" incumben *(concern)* tanto a las mujeres como a los hombres, pues vivimos en sociedades mixtas y lo que opina/hace/decide un sexo afecta indudablemente al otro.

Los textos de esta unidad están agrupados en tres temas: (a) lenguaje y comportamientos sexistas, (b) mujeres memorables y (c) decisiones.

A. Lenguaje y comportamientos sexistas

La primera lectura, "El texto libre de prejuicios sexuales", expone algunos casos de sexismo en la lengua española y propone alternativas para evitarlo. *La princesa vestida con una bolsa de papel* subvierte el papel pasivo que tienen los personajes femeninos en los cuentos de hadas tradicionales. El último texto de esta sección, "Palabreo", muestra la importancia que tienen las palabras, pero en esta ocasión lo que se destaca es su empleo con fines manipuladores. La tira cómica "La zorra y las uvas verdes" comparte el mismo escenario que el cuento anterior y denuncia la hipocresía masculina.

B. Mujeres memorables

"Eva" ilustra la visión que tienen unos niños y niñas de esta figura bíblica y, al mismo tiempo, revela la importancia de la familia en la transmisión de los prejuicios y estereotipos sobre la mujer. "La Malinche" versa sobre *(deals with)* una princesa indígena, objeto de polémica por haber ayudado a los invasores españoles en la conquista del Nuevo Mundo. "El arte de Remedios Varo" nos ofrece las aportaciones artísticas de una pintora española surrealista exiliada en México.

C. Decisiones

En "La vuelta a casa" leemos sobre las guerrilleras salvadoreñas que se reintegran a la vida civil, una vez terminada la guerra, y sobre las pocas opciones laborales que existen para ellas. Los dos últimos textos, "La brecha", "Medidas contra el aborto", y la tira cómica "Amor de madre" giran en torno al tema de la maternidad, el aborto y la planificación familiar.

Que yo sepa

En grupos de tres estudiantes, contesten las preguntas siguientes.

1. ¿Qué es el feminismo? ¿Quiénes son los/las feministas? ¿Qué tipos de personas son? Mencionen tres características. ¿Conocen Uds. a algunos/as? ¿Se consideran Uds. feministas? ¿Por qué sí/no?

2. Probablemente Uds. han oído las palabras misoginia, misógino/a, machismo/machista, homofóbico/a. Pero ¿qué significan para Uds.?

3. ¿Están Uds. de acuerdo con quienes afirman que "el sexismo es una enfermedad social"? ¿Por qué sí/no?

4. ¿Ha cambiado la manera como presenta la publicidad a la mujer en los últimos años? ¿Quiénes suelen anunciar productos para la casa, como detergentes, limpiacristales, etc.? ¿Quiénes están locos/as por ir de compras? Comenten alguna propaganda de la televisión que explota la imagen tradicional o estereotípica de la mujer. ¿Cómo dibujarían a una feminista y a una ama de casa?

5. Los hombres siempre se han preguntado qué quieren las mujeres. Las mujeres sólo ahora empiezan a decírselo. ¿Está claro qué quieren los hombres? Hagan una lista de tres cosas y compárenla con la de otro grupo.

6. Miren la imagen de la página 265. ¿Qué muestra: la igualdad o la desigualdad entre los sexos? ¿Se podría interpretar de otras maneras?

¿Has estado alguna vez en una librería feminista?

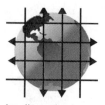

http://aquesi.heinle.com

CAPITULO 10

Lenguaje y comportamientos sexistas

El texto libre de prejuicios sexuales

Isabel Pico e Idsa Alegría

La siguiente lectura fue escrita por dos profesoras puertorriqueñas con el propósito de evitar expresiones y términos sexistas (y racistas) en los libros de texto. Para ellas, la discriminación contra la mujer (y ciertos grupos étnicos) es patente en muchos niveles de nuestra sociedad y se manifiesta claramente en el lenguaje. Ya que las estructuras sociales no suelen cambiar de la noche a la mañana *(overnight)*, las autoras proponen que al menos eliminemos de la lengua que hablamos cualquier rastro *(trace)* de sexismo (y racismo). Acaso al alterar la manera de hablar, cambiemos definitivamente la manera de pensar.

Isabel Pico e Idsa Alegría hicieron la carrera de Ciencias Políticas. Hoy día Isabel Pico se desempeña como abogada, mientras que Idsa Alegría es catedrática *(full professor)* de la Universidad de Puerto Rico, Río Piedras. Ambas han publicado importantes artículos sobre las mujeres puertorriqueñas.

▶ Palabra por palabra

el **apellido**	*last name*
casarse (con)	*to marry*
el **cuidado**	*care, looking after*
el **estado civil**	*marital status*
indiscutiblemente	*undeniably, indisputably*
ocultar	*to hide, conceal*
reflejar	*to reflect, mirror*
reforzar (ue)	*to reinforce*
la **reivindicación**	*demand, claim*
soltero/a	*single (unmarried)*

268

▶ Mejor dicho

el papel	*paper*	Cada vez hay más productos de **papel** reciclado.
	role	Se han producido grandes cambios en los **papeles** sociales de ambos sexos.
hacer/desempeñar un papel/un rol	*to play a role, part*	Lola **hará un papel** secundario en la comedia.
el trabajo (escrito)	*a written (research) paper*	Tuvimos que escribir un **trabajo** sobre el sexismo.
el periódico o diario	*a (news)paper*	Uno de los **periódicos** de México se llama *Excelsior.*

presentar (a)	*to introduce (people)*	Todavía no me **has presentado** a tus vecinos.
introducir	*to put in, insert, introduce*	**Introdujo** la llave en la cerradura.

Práctica

En parejas, contesten las preguntas siguientes.

1. ¿Cuáles son algunas reivindicaciones de los grupos feministas? ¿Han leído algunas de sus propuestas? ¿Creen que estos grupos exigen demasiado? ¿Son sus reivindicaciones injustas o exageradas?

2. ¿Cuáles son los diferentes "estados civiles" que puede tener una persona a lo largo de la vida? ¿Por qué y para quién es importante saber el estado civil de alguien?

3. En su lengua, ¿qué nombre(s) recibe una mujer soltera? ¿Y un hombre soltero? ¿Les parece que hay una base sexista en estos términos? ¿Qué piensan de las despedidas de soltero *(bachelor parties)?* ¿Qué suele hacer el hombre con sus amigos esa noche? ¿Es lo mismo que hacen las mujeres en las despedidas de soltera *(bridal showers)?*

4. ¿Qué impresión les causaría a Uds. si un hombre le presentara a su esposa como "mi mujer"? ¿Les parece bien que se presente a un matrimonio como *Mr. and Mrs. Bruce Willis?* Observe que aquí la mujer recibe no sólo el apellido de su marido, sino también el nombre propio de él. ¿Hay una base sexista en esas denominaciones? ¿Qué les parece esta costumbre? ¿Les causa indignación, aprobación o indiferencia?

5. ¿Llevarán el apellido de su esposo/a cuando se casen? ¿Qué apellido recibirán sus hijos/as? ¿El suyo o el de su esposo/a? ¿Qué les parece la posibilidad de dos apellidos, uno del padre y otro de la madre, como es tradicional en la cultura hispánica? Piensen en otras alternativas.

Alvaro Aguirre de Cárcer y López de Sagredo   *Alvaro de Chávarri Domecq*

Concepción Escolano Martínez   *Elena Baro Abril*

Participan el próximo enlace de sus hijos

Pablo y Elena

y tienen el gusto de invitarle a la ceremonia religiosa que se celebrará (D.m.)
el día 21 de Diciembre a las seis y media de la tarde, en la Iglesia de
San Fermín de los Navarros, (Eduardo Dato, 10) y a la cena que se servirá
a continuación en el Palacio del Negralejo (Crta. de S. Fernando de
Henares a Mejorada del Campo, km. 3)

¿Qué apellidos tendrán los/las hijos/as de Pablo y Elena?

6. En un minuto escriban en español el mayor número de objetos que están hechos de papel. Comparen el número de respuestas con el de la pareja de al lado.

7. ¿Qué papeles desempeñan hoy día las mujeres en la sociedad? ¿Y los hombres?

8. ¿Qué prefieren hacer: un examen escrito o un trabajo? ¿Por qué? ¿Qué requiere más tiempo? ¿Les importa si sus compañeros/as leen sus trabajos? ¿Han escrito o leído alguna vez un trabajo sobre la situación de la mujer en la sociedad?

9. ¿Qué periódico leen generalmente? ¿Lo leen solamente los domingos? ¿Han leído alguna vez un periódico extranjero? ¿Cuál? ¿Se puede saber qué ideas políticas tiene una persona por el periódico que lee? ¿Qué periódicos o revistas están dirigidos sólo al público masculino? ¿Y al femenino?

Alto

1. Explica la diferencia que existe en inglés entre *masculine* y *male*, entre *feminine* y *female* y entre *gender* y *sex*.

2. Echa una ojeada a la lectura siguiente para ver cómo se expresan en español los términos siguientes.

masculine _____   *male* _____
feminine _____   *female* _____

3. Lee el primer párrafo de la lectura siguiente prestando atención al tono empleado. ¿Qué tipo de texto esperas que sea? ¿Autobiográfico, humorístico, filosófico, médico... ? ¿Puedes notar alguna relación entre el tono y el título?

4. ¿Eres consciente de algunas expresiones sexistas del inglés? ¿Te parece bien o mal decir *chairperson* en lugar de *chairman*? ¿Te importa mucho? ¿Por qué sí/no?

El texto libre de prejuicios sexuales

Isabel Pico e Idsa Alegría

1. Tratamientos de cortesía y apelativos[1]

En español los tratos de cortesía para la mujer recuerdan constantemente su dependencia del varón. A las mujeres se les llama "Señora" o "Señorita" según su estado civil, es decir, según su relación con el varón: casada o soltera. Lo ideal sería
5 un apelativo femenino sin referencia masculina alguna. En español no lo tenemos.

En los países de habla española lo usual es que la mujer conserve su nombre civil: Señora Díaz Hernández, Señorita Rivera Ríos. Al casarse añade[2] el apellido del
10 marido precedido de la partícula "de": Señora Rosa Díaz de Pérez. Se oye decir con frecuencia "Sra. de Pérez", expresión que no recomendamos por ser forma incorrecta en español y por recalcar[3] la idea
15 de la mujer como "posesión del varón". Utilicemos el apellido paterno y materno de la mujer, forma normal y corriente en el país, que refuerza la personalidad de la mujer por sí misma y no por la relación
20 con el varón.

2. Nombres propios

En la literatura infantil los protagonistas en su gran mayoría son varones y se identifican con nombre propio. Los familiares femeninos del protagonista se identifican como esposa, madre y hermana. No tienen nombre propio. Lo mismo sucede en
25 los relatos históricos. ¿Será una mera costumbre inocente llamar a los varones por su apellido y a las mujeres por su nombre de pila[4]? Bonaparte y Josefina, Perón y Evita, son sólo algunos ejemplos.

Los nombres tienen una gran importancia en la imagen que nos formamos de las cosas y de las personas. Los nombres propios son parte esencial de la identidad
30 de las personas. Las hacen "ser". Por eso muy pocas veces se cambia de nombre. Pero ¿qué sucede en la mente de un niño o una niña que continuamente lee cuentos en los cuales los personajes femeninos no tienen nombre propio, mientras que los masculinos sí?

---

[1] **Tratamientos... apelativos** *Polite ways of address*   [2] **añade** *adds*   [3] **recalcar** = reforzar   [4] **nombre de pila** *first name*

3. Adjetivos calificativos y estereotipos

35 En las lecturas escolares e infantiles, los adjetivos relacionados con la belleza son casi exclusivamente utilizados para describir a mujeres y a niñas. La mayoría de las mujeres son bellas y hermosas. Son también dulces, tiernas,[5] nobles y bondadosas.[6]

Los adjetivos "hacendosa" y "modesta" son símbolos de las virtudes femeninas
40 en la lengua española. Nunca se usan para describir al varón. "Hacendosa" es un adjetivo exclusivo de la mujer: diligente en las faenas[7] de la casa. "Modesta" se aplica a la que no tiene una elevada opinión de sí misma, a la que no se cree de mucha importancia y valor. Tiene además relación con el pudor.[8]

Indiscutiblemente estos adjetivos respon-
45 den al ideal femenino de otros tiempos y reflejan la posición de la mujer en esa determinada sociedad. Hoy la mujer ha rebasado esos límites.

4. Asociaciones lingüísticas, asociaciones de
50 ideas

En situaciones de peligro como naufragios, fuegos, inundaciones, evacuaciones de emergencia, suele decirse: "Las mujeres y los niños primero." Esta asociación de las mu-
55 jeres y los niños es otro lugar común. En cambio, la asociación de los "hombres y los niños" no lo es. La razón es muy sencilla. Tradicionalmente las mujeres se han ocupado de los niños en la casa; los varones, no.
60 Así se constituyeron dos esferas separadas y unos modos lingüísticos que recogen estos hábitos sociales. El uso constante de la expresión "las mujeres y los niños" indiscutiblemente refuerza la imagen de que la mujer es como un niño, un ser débil, indefenso. Existe parecida asociación en los adjetivos para mujeres y niños. "Esta
65 mujer es preciosa." "Este bebé es precioso." No se dice: "Este hombre es precioso." Los mismos adjetivos usados indistintamente[9] para la mujer y el niño hacen posible que persistan los hábitos sociales sexistas, tales como asignar el cuidado de los niños exclusivamente a las mujeres.

---

[5] **tiernas** *affectionate, loving*   [6] **bondadosas** *kindhearted*   [7] **faenas** = trabajo   [8] **pudor** *prudishness*
[9] **indistintamente** *both, equally*

5. Palabras y frases peyorativas[10] o insultantes

70 Ciertas formas de expresión resultan ofensivas para la mujer. Señalan a la mujer como un objeto o posesión del varón o la excluyen del colectivo "gente" o "persona". Por ejemplo, "En la reunión había un grupo de personas; también había mujeres" o "Los egipcios permitían a sus mujeres tener...".

La palabra "hembra" debe usarse exclusivamente para los animales de sexo fe-
75 menino. Llamar hembra a la mujer es un reflejo lingüístico de la creencia que el sexo define a la mujer y resulta en menosprecio[11] de su identidad.

6. Uso del masculino genérico "el hombre"

Por la estructura gramatical del español las voces[13] masculinas en sentido genérico se usan con mucha frecuencia. Originalmente "hombre" significaba persona. Pero
80 gradualmente se ha identificado con varón, conservándose ambas acepciones.[12]

Es verdad que el masculino genérico "el hombre" es bien expresivo y por la extraordinaria frecuencia de su uso entendemos perfectamente que incluye al varón y a la mujer. No obstante, el empleo sucesivo y reiterado ha producido una especie de masculinización en la mente y en la forma de concebir el mundo.

85 Las frases en que la voz "hombre" oculta a la mujer son numerosas. Sucede a menudo en las descripciones de las civilizaciones antiguas, los avances científicos y técnicos y los procesos gubernamentales.

En la pre-historia es imposible determinar con precisión si fueron
90 hombres o mujeres quienes descubrieron el uso del fuego, manufacturaron las primeras herramientas, crearon los objetos de piedra o los grabados que se han encontrado en
95 las cuevas.[14] Con el empleo del masculino genérico "el hombre" corremos el riesgo de que los lectores atribuyan sólo a los varones estas hazañas,[15] que bien podrían ser obra
100 de hombres y mujeres por igual. Todos sabemos que la historia de la cultura no se ha hecho sin la participación de la mujer.

---

[10] **peyorativas** *degrading, belittling*   [11] **menosprecio** *contempt, scorn*   [12] **acepciones** = significados
[13] **voces** = palabras   [14] **cuevas** *caves*   [15] **hazañas** *heroic deeds*

¿Entendido?

Explica, identifica o define los términos siguientes según el contenido de la lectura.

1. señor/señora
2. Perón y Evita
3. bella, dulce, hacendosa, modesta
4. "Las mujeres y los niños primero."
5. hembra
6. el hombre

En mi opinión

En grupos de tres estudiantes, contesten las preguntas siguientes.

1. ¿Qué sugerencias de las mencionadas en la lectura les parecen aceptables y cuáles no? Mencionen al menos tres y expliquen su posición.

2. Propongan alternativas a las palabras siguientes para no ocultar, subordinar o excluir a las mujeres.

   Ejemplo: En lugar de "los jóvenes" se puede decir "la juventud".

los hombres	los ancianos
los hermanos	los alumnos
los vecinos	los médicos
los hispanos	los deportistas
los niños	los adolescentes

3. ¿Creen que la discriminación sexual se puede evitar transformando el lenguaje? Las personas que usan un lenguaje sexista, ¿lo hacen conscientemente o porque es el uso habitual de la lengua? Por ejemplo, en México para elogiar *(praise)* algo se dice "Es padre o padrísimo", mientras que si se quiere criticar algo se dice "Está de toda madre".

4. Mencionen tres expresiones sexistas en inglés y tres en español. ¿En qué lengua hay que tener más cuidado para evitar el sexismo?

5. ¿Cuáles son algunos ejemplos de discriminación sexual? ¿Cómo se podría evitar este tipo de discriminación? Además de las mujeres, ¿conocen otros grupos dentro de la sociedad que luchan contra la discriminación en la lengua? Den ejemplos.

6. Los sustantivos "el sol y la luna", "el cielo y la tierra" tienen géneros opuestos en español y en otras lenguas. ¿Creen que tienen impacto en el subconsciente del/de la hablante estas oposiciones genéricas? ¿Condicionan la percepción del mundo o no?

Estrategias comunicativas para presentar a alguien y presentarse uno/a mismo/a

Presentación informal

Presentación formal

1. Quien presenta dice:	2. A quien es presentado/a dice:	3. Quien es presentado/a dice:
Le(s) presento al/a la señor/a, profesor/a, director/a...	Encantado/a de conocerlo/la. *Delighted/Nice to meet you.*	Igualmente. *Likewise.*
	Mucho gusto. *It's a pleasure.*	El gusto es mío. *The pleasure is mine.*
	Es un placer, ¿cómo está? *It's a pleasure. How do you do?*	Muy bien, gracias. *Fine, thank you.*

... para presentarse uno/a mismo/a

—(Yo) Soy Paquita Morales.	—Hola, ¿cómo estás?	—Muy bien, gracias. ¿Y tú?

En (inter)acción

1. Toda la clase se pone de pie y en parejas van a ir presentándose unas (parejas) a otras. Los miembros de cada pareja se van alternando al hacer las presentaciones formales e informales, reales o falsas. Utilicen algunas de las expresiones de **Estrategias comunicativas.**

2. Cada estudiante debe traer a clase un anuncio de una revista o periódico que considere sexista. En grupos de tres o cuatro estudiantes, coméntenlos mencionando, por ejemplo, dónde se detectan los prejuicios (en la lengua, en la presentación de la figura femenina/masculina, etc.).

3. El español está lleno de refranes y expresiones que caracterizan negativamente tanto a la mujer como al hombre. En grupos de tres estudiantes, comenten los que aparecen a continuación. Digan si hay refranes equivalentes en inglés o no y por qué sí/no existen. Luego, añadan otros que conozcan en español o en inglés y también coméntenlos.

    a. Al corazón de un hombre se llega por el estómago.

    b. El hombre, como el oso, cuanto más feo más hermoso.

    c. La mujer casada, la pierna quebrada y en casa.

    d. La mujer y el oro lo pueden todo.

Práctica gramatical

Repaso gramatical: Las dos maneras de expresar la voz pasiva en español (*Cuaderno*, pág. 63)

1. En parejas, usando la voz pasiva con **ser,** mencionen tres tareas que eran antes realizadas por los hombres y ahora las realizan también las mujeres, o viceversa. Presten atención al tiempo verbal que deben emplear.

    Ejemplo: Antes las empresas eran dirigidas por hombres, pero ahora algunas son dirigidas también por mujeres.
                 Los niños eran cuidados por sus madres, pero hoy día son cuidados también por sus padres.

2. Empleando la estructura con **se** que tiene significado pasivo, hablen de la nueva actitud en la sociedad hacia la mujer.

    Ejemplo: Se critica mucho la discriminación sexual.
                 Se reivindican los mismos derechos para los hombres y las mujeres.
                 No se margina tanto a las madres solteras.

Creación

En español, a diferencia del inglés, todos los sustantivos —se refieran a seres humanos o no— son o masculinos o femeninos: **el** papel, **la** fiebre, **la** cucaracha. Es decir, no hay sustantivos neutros (**¡Ojo! Lo** + adjetivo —**lo** bueno, **lo** hermoso, etc.— no es un sustantivo *per se,* sino la nominalización de un adjetivo; tiene un significado abstracto y se traduce al inglés como *the* + *adj.* + *thing or part.)* Basándose en su propia experiencia, comente la diversión o dificultad que supone el género gramatical en el aprendizaje del español.

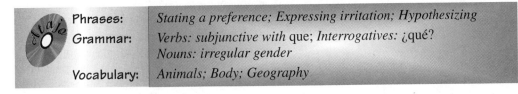

Phrases:	*Stating a preference; Expressing irritation; Hypothesizing*
Grammar:	*Verbs: subjunctive with* que; *Interrogatives:* ¿qué?
	Nouns: irregular gender
Vocabulary:	*Animals; Body; Geography*

La princesa vestida con una bolsa de papel

Robert N. Munsch

Robert N. Munsch ha afirmado que escribió *La princesa vestida con una bolsa de papel* para entretener a los niños y niñas de una guardería *(daycare center)* antes de la siesta. Pero, además de entretener, este cuento subvierte la asociación tradicional de lo masculino con el valor, la acción y el dominio público, y lo femenino con la sumisión, la pasividad y el espacio doméstico. A este autor, como a muchos/as otros/as, le interesa presentar en sus cuentos infantiles una imagen positiva de la mujer (inteligente, independiente, segura de sí misma...) opuesta a la que ha sido característica de este género literario. De esta manera Munsch pretende combatir los estereotipos y prejuicios sexuales que puedan tener los/las niños/as.

▶ Palabra por palabra

el **aliento**	*breath*
claro que sí/no	*of course (not)*
el **cuento de hadas**	*fairy tale*
el **milagro**	*miracle*
la **moraleja**	*moral, lesson*
el **rastro**	*trace*

▶ Mejor dicho

amar	*to love a person*	Nos **amamos** desde que éramos niños.
querer	*to love a person or animal* ("Amar" es más formal que "querer".)	**Quiere** mucho a los animales.
querer + que + subj.	*to want + somebody or something + inf.*	No **queríamos** que se casaran.
desear	*to want, desire a person*	¿Quién te dijo que te **deseaba** con pasión?
encantar°	*to like a lot, love, be delighted by*	Me **encantan** los cuentos de hadas.

° **¡Ojo!** La estructura de **encantar** es como la de **gustar:** objeto indirecto + verbo + sujeto.

la manera, el modo°	*way*	Esa no es **la manera** de comportarse en la mesa. Me irrita su **modo** de hablar.
los modales	*manners*	¿Qué quieres que te diga? Rubén nunca ha tenido buenos **modales.**

° **¡Ojo!** Otras expresiones con **manera/modo** son: **de manera/modo que** *(so, so that),* **de todas maneras/de todos modos** *(anyway).*

Práctica

1. Los cuentos de hadas tienen a veces títulos diferentes en inglés y en español. Con un/a compañero/a traten de corresponder los términos de la lista A con los de la B. Expliquen en qué se han basado para establecer esa correspondencia.

A	**B**
a. Caperucita Roja	1. *Hansel and Gretel*
b. Ricitos de oro	2. *Sleeping Beauty*
c. La casita de chocolate	3. *Snow White and the Seven Dwarfs*
d. El flautista de Hamelín	4. *Goldilocks and the Three Bears*
e. La Cenicienta	5. *Little Red Riding Hood*
f. La Bella Durmiente	6. *The Pied Piper of Hamelin*
g. Pulgarcito	7. *Cinderella*
h. Blancanieves y los siete enanitos	8. *Tom Thumb*

2. Con un/a compañero/a, contesten las preguntas siguientes.

   a. De pequeño/a, ¿alguien le leía o contaba cuentos? ¿Cuál es su cuento de hadas preferido? ¿Por qué?

   b. ¿Cree Ud. en milagros? ¿Qué es algo que Ud. considera milagroso?

   c. Ud. seguramente quiere o ha querido mucho a alguien o a algún animal. Diga por qué quiere o quería tanto a esa persona/animal.

   d. Explique qué le encanta(ba) de la otra persona/animal.

   Ejemplo: Me encanta su manera de vestirse.

3. En grupos de tres estudiantes, hagan una lista con síntomas o señales de estar enamorado/a. Comparen y comenten los resultados. Después hagan otra lista con respecto al sentimiento opuesto: el desamor.

4. En grupos, hagan las siguientes actividades.

   a. Separados en chicos y chicas, hagan una lista de lo que les encanta del sexo opuesto. Luego compárenlas.

   b. Les han encargado escribir un guión *(script)* para una película romántica o una telenovela *(soap opera)*. Preparen un diálogo en el que una pareja se declara su amor.

   c. Traduzcan la estrofa de una canción de amor conocida. ¿Se atreverían a cantarla en voz alta?

   d. Resuman el argumento de alguna película o comedia romántica usando las palabras de estas secciones.

5. Algunos productos vendidos en el mercado supuestamente son milagrosos. Por ejemplo, matan los gérmenes que causan el mal aliento y así garantizan un matrimonio feliz. ¿Qué piensan Uds.? ¿Puede el mal aliento destruir un matrimonio? ¿Y una amistad? ¿Son ofensivos todos los olores corporales? ¿Está nuestra apreciación del olor determinada culturalmente? ¿Cómo le diría a un/a amigo/a que tiene mal aliento?

6. Con un/a compañero/a, digan cuáles de los siguientes modales son buenos y cuáles malos. Luego, añadan dos ejemplos de cada uno.

a. Comer con la boca abierta.
b. Poner los codos (*elbows*) en la mesa.
c. Utilizar cubiertos (cuchara, tenedor, cuchillo) para comer.
d. Meterse el dedo en la nariz.
e. Esperar su turno para hablar en un grupo.

Alto

1. Mencione tres características comunes que tienen muchos cuentos infantiles que conoce. Por ejemplo, la astucia (*shrewdness*) es una cualidad más importante que la fuerza.

a. _____

b. _____

c. _____

2. ¿Qué función tienen los diálogos dentro de un cuento o narración? ¿Se puede entender el argumento de un texto leyendo sólo los diálogos? Inténtelo con la lectura siguiente.

3. En las fábulas (*fables*) y cuentos populares se encuentran lecciones morales o de comportamiento para los niños (y los adultos). A veces el mensaje de un cuento aparece explícitamente al final en una o varias frases, es decir, en "la moraleja". Mientras lee, piense en cuál será el mensaje del cuento y escríbalo a continuación.

Moraleja: _____

¿Por qué lleva corona?

La princesa vestida con una bolsa de papel

Robert N. Munsch

Elizabeth era una princesa muy linda. Vivía en un castillo y tenía lujosos vestidos de princesa. Se iba a casar con un príncipe que se llamaba Ronaldo.

Desgraciadamente, un dragón destruyó el castillo, quemó[1] toda la ropa con su aliento de fuego y secuestró al príncipe Ronaldo.

5   Elizabeth decidió perseguir al dragón y rescatar a Ronaldo. Buscó por todas partes algo que ponerse, pero lo único que encontró que se había salvado del fuego era una bolsa de papel. Se la puso y persiguió al dragón.

Resultaba fácil perseguirlo porque, dondequiera que iba, dejaba un rastro de bosques quemados y huesos de caballo. Finalmente Elizabeth llegó a una cueva
10 con una puerta muy grande que tenía un aldabón[2] enorme.

Llamó a la puerta fuertemente con el aldabón.

El dragón abrió, asomó[3] la nariz y dijo:

—¡Qué milagro! ¡Una princesa! Me encanta comer princesas, pero ya me he comido un castillo entero hoy. Estoy muy ocupado. Vuelve mañana.

15   Dio tal portazo[4] que por poco le aplasta[5] la nariz a Elizabeth.

Elizabeth volvió a golpear la puerta con el aldabón.

El dragón abrió, asomó la nariz y dijo:

—Vete. Me encanta comer princesas, pero ya me he comido un castillo entero hoy. Vuelve mañana.

20   —¡Espere! —gritó Elizabeth—. ¿Es verdad que Ud. es el dragón más inteligente y feroz de todo el mundo?

—¡Pues claro! —dijo el dragón.

—¿Y es verdad que Ud. es capaz de quemar diez bosques con su aliento de fuego? —preguntó Elizabeth.

25   —¡Claro que sí! —dijo el dragón, y aspiró hondo[6] y echó una bocanada[7] de fuego tan grande que quemó cincuenta bosques enteros.

—¡Formidable! —exclamó Elizabeth, y el dragón volvió a aspirar hondo y echó otra bocanada tal de fuego que quemó cien bosques.

—¡Magnífico! —exclamó Elizabeth, y otra vez el dragón aspiró hondo... pero
30 esta vez no le salió nada.

---

[1] **quemó** *burned*   [2] **aldabón** *knocker*   [3] **asomó** *stuck out*   [4] **Dio... portazo** *He slammed the door*
[5] **por... aplasta** *almost smashed*   [6] **hondo** *deeply*   [7] **bocanada** *mouthful*

Al dragón no le quedaba fuego ni para cocinar una albóndiga.[8] Entonces dijo Elizabeth:

—Señor dragón, ¿es verdad que puede volar alrededor del mundo en sólo diez segundos?

35 —¡Claro que sí! —dijo el dragón, y dando un salto, voló alrededor del mundo en sólo diez segundos.

Estaba muy cansado cuando regresó, pero Elizabeth gritó:

—¡Formidable! ¡Hágalo otra vez!

Dando un salto el dragón voló alrededor del mundo en sólo veinte segundos.

40 Cuando regresó ya no podía ni hablar, tan cansado estaba. Se acostó y se durmió inmediatamente.

Muy suavemente Elizabeth le dijo:

—¿Me oye, Señor dragón?

El dragón ni se movió.

45 Elizabeth le levantó una oreja y metió la cabeza adentro. Gritó con todas sus fuerzas:

—¿Me oye, Señor dragón?

Pero el dragón estaba tan cansado que ni se movió.

Elizabeth pasó por encima del dragón y abrió la puerta de la cueva.

50 Allí encontró al príncipe Ronaldo.

El la miró y le dijo:

—¡Ay Elizabeth, estás hecha un desastre! Hueles a cenizas, tienes el pelo todo enredado[9] y estás vestida con una bolsa de papel sucia y vieja. Vuelve cuando estés vestida como una verdadera princesa.

55 —Mira, Ronaldo, —le dijo Elizabeth— tienes una ropa realmente bonita y estás peinado a la perfección. Te ves como un verdadero príncipe pero, ¿sabes una cosa?, eres un inútil.

Y al final del cuento, no se casaron.

¿Entendido?

Las siguientes oraciones son falsas. Corríjalas según el contenido de la lectura.

1. La boda de Elizabeth y Ronaldo se pospuso porque hubo un incendio *(fire)*.

2. El fuego lo quemó todo, excepto uno de los vestidos de la princesa.

3. A Elizabeth le resultó facilísimo seguir el rastro del dragón debido al olor nauseabundo que éste dejaba a su paso.

4. Como el dragón era vegetariano, no quería comerse las albóndigas.

---

[8] **albóndiga** *meatball*   [9] **enredado** *tangled*

5. Elizabeth consiguió vencer al dragón milagrosamente.

6. La astuta princesa mató al malvado dragón y se casó con el apuesto *(handsome)* príncipe.

7. Al ser rescatado, Ronaldo se mostró muy agradecido *(grateful)*.

8. La moraleja del cuento es que debemos ser independientes y no esperar a que nos ayuden.

En mi opinión

En grupos de tres estudiantes, discutan los temas siguientes y/o contesten las preguntas.

1. Mencionen algunas de las características de los cuentos de hadas que se encuentran en *La princesa*. ¿Hay elementos innovadores?

2. Comparen y contrasten este cuento infantil con otro que conozcan.

3. ¿Conocen algún otro cuento de hadas feminista? ¿Es el cuento de "La casita de chocolate" feminista? ¿Y el de "Caperucita Roja"? Expliquen.

4. ¿Son tradicionales los personajes de *La princesa?* Comenten. Y el argumento, ¿es estereotípico? ¿Por qué sí/no?

5. Como es frecuente en los cuentos de hadas, en éste hay también elementos fantásticos e inexplicables. Mencionen algunos presentes en el cuento.

▶ Estrategias comunicativas para dar las gracias

Gracias. De nada.	*Thanks.* *You are welcome.*
Muchas gracias por...	*Thanks a lot for . . .*
No sabes cuánto te lo agradezco.	*You have no idea how much I appreciate it.*
No deberías haberte molestado.	*You shouldn't have gone to the trouble.*

En (inter)acción

1. Con dos compañeros/as, imaginen y dramaticen dos situaciones en las que utilizarían las expresiones anteriores de **Estrategias comunicativas,** por ejemplo, Ronaldo después de ser rescatado.

2. En grupos de tres estudiantes, compitan para ver cuál es el primero en poner en orden las ilustraciones siguientes de acuerdo con el contenido de *La princesa vestida con una bolsa de papel.* Después, el grupo ganador describe lo que muestra cada viñeta.

3. En parejas, piensen en una estrategia diferente a la de Elizabeth para vencer al dragón. Escriban un diálogo que incluya la estrategia y luego preséntenlo delante de la clase. Al final, decidan cuál ha sido la estrategia más ingeniosa.

4. Un/a estudiante debe empezar a contar un cuento infantil famoso a la clase hasta que alguien lo identifique. Después, la persona que ha adivinado el título del cuento continúa contando otro cuento.

   Ejemplo: —Un carpintero construyó un muñeco de madera que cuando mentía le crecía la nariz...

   —Una princesa no podía dormir porque había un guisante *(pea)* debajo del colchón...

5. **Debate.** Lean el párrafo siguiente y luego tomen una posición a favor o en contra de la reescritura de los cuentos infantiles. Discutan el tema con toda la clase.

   "Desde hace algunas décadas se viene trabajando, sobre todo en el ámbito de la crítica literaria feminista, en la idea de reescribir las narraciones infantiles clásicas. Este hecho ha enfrentado a la opinión pública en dos tendencias contrapuestas: por una parte quienes conciben la reescritura de los cuentos tradicionales como un atentado (ataque) a la genuina creación literaria y, por otra parte, quienes defienden no sólo el carácter legítimo de esta tarea sino la imperiosa necesidad social, cultural e incluso política de llevarla a cabo." (María del Mar Ramírez Alvarado, *Meridiana.* 1996, n° 3, 6.)

Práctica gramatical

Repaso gramatical:
Repaso del pretérito e imperfecto (tercer repaso) (*Cuaderno*, pág. 65)
Los sustantivos femeninos irregulares (*Cuaderno*, pág. 65)

1. Cuéntele a un/a compañero/a o a la clase su cuento favorito cuando Ud. era pequeño/a. Preste atención al uso del pretérito e imperfecto. A continuación tiene algunas expresiones útiles.

Erase una vez...	*Once upon a time*
un duende	*an elf, goblin, gnome*
una hada (madrina)	*a fairy (godmother)*
una rana encantada	*an enchanted frog*

   Se casaron, fueron felices y comieron muchas perdices *(quail).* *They lived happily ever after.*

   Y colorín colorado, este cuento se ha acabado. (final tradicional de los cuentos infantiles) *That's all folks.*

2. En grupos de cuatro estudiantes, identifiquen a estas personas por sus títulos o profesiones.

   Ejemplo: Rita Hayworth
   —Actriz de origen hispano, famosa por su actuación en *Gilda*.

Isabel la Católica	Juan Carlos I
Andy García	Enrique VIII
Emilio Estévez	Conchita Alonso
Estefanía de Monaco	Antonio Banderas

   Ahora, añadan otros nombres propios a la lista anterior.

3. Con un/a compañero/a, mencionen las semejanzas y las diferencias entre los siguientes animales.

un toro y una vaca
un unicornio y un dragón
un pavo y una gallina *(turkey/hen)*
un caballo y un burro *(donkey)*
una jirafa y un cerdo
una yegua y un caballo

Creación

Escriba un cuento de hadas con el mismo título que el de esta lectura, pero diferente argumento, o cambie el final de un cuento tradicional para que tenga un final feminista.

Phrases:	*Sequencing events; Talking about past events; Asking & giving advice*	
Grammar:	*Verbs: preterite & imperfect; Prepositions; Interrogatives*	
Vocabulary:	*Fairy tales & legends; Animals; Time expressions*	

Palabreo

Gilda Holst

Gilda Holst (Ecuador, 1952) estudió literatura en la Universidad Católica de Guayaquil y hoy día se dedica a escribir narrativa breve. Sus cuentos se encuentran en dos colecciones, *Más sin nombre que nunca* (1989) y *Turba de signos* (1995), y en múltiples revistas y antologías publicadas en su país y en Estados Unidos. Como bien ha señalado la crítica, el humor y la ironía constituyen dos de los rasgos más destacados de su producción literaria.

"Palabreo" recrea una conversación durante la cual uno de los interlocutores intenta conseguir algo del otro.

► Palabra por palabra

atento/a	*attentive, cordial*
burgués/esa	*middle class*
hermoso/a	*beautiful*
tener razón	*to be right* (sujeto = persona)
la **ternura**	*tenderness*
tomar conciencia	*to become aware*

► Mejor dicho

la solicitud	*the application form*	La **solicitud** debe mandarla por correo.
solicitar	*to apply for a job, a position, a fellowship*	Aurora no consiguió la ayuda económica que había **solicitado.**
aplicar	*all the other meanings of "to apply": to lay or spread on, be pertinent or suitable, use, employ, etc.*	Los resultados de la encuesta Hite no podían **aplicarse** a Latinoamérica.

la cuestión	*theme, subject, matter*	La nueva profesora es experta en **cuestiones** de física nuclear.
cuestionar	*to question, put in question*	**Cuestionas** todo lo que hago.
la pregunta°	*question = ¿?*	Contéstame estas **preguntas.**

° **¡Ojo!** Recuerda que *to ask a question* se dice **hacer una pregunta** (pág. 13).

Práctica

En parejas, contesten las preguntas siguientes. Presten atención a las palabras del vocabulario.

1. ¿Están más atentos/as en una conferencia o en un partido de fútbol? ¿Por qué? ¿Y en una película policíaca o en un examen? Expliquen. ¿A qué están atentos/as en un bar? ¿Y cuando caminan solos/as de noche?

2. Mencionen tres características de las familias burguesas.

3. ¿Es la ternura únicamente una cualidad femenina? ¿Cuándo muestran ternura Uds.? ¿A quién o a qué le hablan con ternura?

4. ¿Tienen más ventajas las mujeres hermosas que las feas? ¿En qué situaciones? ¿Son hermosos sólo los jóvenes? ¿Cambia la percepción de lo que es hermoso según la época, el país, la edad? Expliquen.

5. ¿Deben aplicarse las mismas leyes a los delincuentes menores de edad y a los adultos? ¿Y a las mujeres? ¿Debe tenerse en cuenta el síndrome premenstrual o de posparto al dar el veredicto? ¿Por qué? ¿Es justo o no?

6. ¿Qué quiere decir "igualdad de oportunidades"? ¿Tienen más (des)ventajas unos grupos que otros cuando solicitan becas *(scholarships)*, préstamos bancarios *(bank loans),* trabajos? ¿Por qué es así? ¿Les parece bien o mal? ¿Han solicitado alguna vez un trabajo o una beca? ¿Lo/La consiguieron? ¿Es justo, o no, que todos los que solicitan un trabajo tengan las mismas oportunidades?

7. ¿Por qué razón han rellenado solicitudes? ¿Es legal preguntar cuál es la religión, raza, edad, estado civil, preferencia sexual del/de la solicitante? Expliquen por qué sí/no.

8. Mencionen tres cuestiones sociales o políticas que les interesan.

9. Ahora hagan tres preguntas sobre las cuestiones mencionadas en el número 8.

10. ¿Es cierto que hay "preguntas indiscretas" o sólo "respuestas indiscretas"? ¿Cuál sería una?

Alto

1. Con el sufijo -**eo** se forman sustantivos derivados, generalmente, de los verbos terminados en -**ear.**

coquetear   *(to flirt)*   →   coqueteo   *(flirt)*

chismear o cotillear   *(to gossip)*   →   chismorreo o cotilleo   *(gossip)*

bailotear   *(to jiggle)*   →   bailoteo   *(dancing around, dancing poorly)*

Como este sufijo suele darle al sustantivo una connotación negativa, ¿qué significado tendrán "lloriqueo" (llorar, lloriquear) y "besuqueo" (besar, besuquear)?

_____   _____

¿"Palabreo" significará "erudición", "elocuencia", "verbosidad" o "verborrea"? Esta palabra aparece sólo en el título del cuento que vas a leer y no dentro de él. ¿Puedes conjeturar por qué?

2. Cuando hablas mentalmente contigo mismo/a, ¿qué pronombre empleas: yo o tú? ¿En qué situaciones o contexto utilizan algunas personas la tercera persona para referirse a sí mismas? Algo semejante ocurre en el texto que vas a leer. En él, la autora emplea la segunda persona gramatical (tú) en lugar de la tercera persona (él). Es decir, "tú le expusiste" debe entenderse como "él le expuso".

3. En español hay varias maneras de decir "hacer el amor". ¿Recuerdas otras expresiones que aparecieron en los textos anteriores o en éste? Cuidado con la traducción de la expresión *to have sex*. En español, la traducción literal de la expresión no tiene sentido. ¿De qué otra manera podría expresarse esta frase en español? Lee el cuento con mucho cuidado y encontrarás la respuesta.

4. ¿Qué le diría un hombre a una mujer para seducirla? ¿Y viceversa? ¿Qué les gusta oír a los hombres? ¿Y a las mujeres?

5. En el cuento siguiente el lenguaje del cuerpo es también revelador. Por eso al leer debes tener en cuenta lo que hacen los personajes mientras hablan.

¿Qué indica este gesto?

Palabreo

Gilda Holst

Le expusiste con seriedad toda la problemática femenina latinoamericana para
ayudarla a tomar conciencia.

Entre cigarrillo y café y un perdón por tropezar con su rodilla,[1] le decías que
frente a[2] la situación de la mujer campesina, suburbana[3] u obrera, la lucha reivin-
dicativa de la mujer —aislada[4] de la lucha de la liberación de los pueblos— es
burguesa; ella te decía que estaba de acuerdo y tu índice recogía[5] su pelo y lo
llevaba detrás de su oreja.

Le decías que la lucha de la mujer burguesa casi siempre se concentraba en[6] la
relación de los sexos.

Y como repetías, un tanto angustiado,[7] que los resultados de la encuesta Hite[8]
no podían aplicarse a Latinoamérica te respondió que tal vez tuvieras razón, y ba-
jaste tu mano por su brazo, cogiste su mano con ternura y te molestó un poquito
que se mordiera las uñas.[9]

Alzaste[10] la voz cuando observaste que las relaciones sexuales no podían ser,
ni eran nunca, políticas.[11]

Ella hablaba de su vida y tú la interrumpías graciosamente para decirle que tenía
una boca hermosa, una voz con cadencia tropical y unos hombros[12] increíbles.

Ella te miraba atenta y retomaste el tema concretándolo[13] con ejemplos; ella
tensó su cuerpo para escucharte mejor y apoyó la barbilla en la mano; le dijiste,
quita esa cara[14] mujer, y te decidiste con voz muy ronca[15] y muy baja a pregun-
tarle si quería ir a la cama contigo; cuando contestó que no, tú, te sorprendiste.

---

[1] **por... rodilla** *for bumping into her knee*   [2] **frente a** *in opposition to*   [3] **suburbana** = de barrios periféricos
pobres   [4] **aislada** = separada   [5] **tu... recogía** *your forefinger took up*   [6] **se concentraba en** = se limitaba a
[7] **angustiado** = muy preocupado   [8] La encuesta realizada por Shere Hite en 1976 dio a conocer las prácticas
sexuales de las mujeres norteamericanas.   [9] **se... uñas** *bit her nails*   [10] **Alzaste** *You raised*   [11] Es una alusión
al célebre libro de Kate Millett titulado *Política sexual* (1970), en el cual la feminista norteamericana mantiene
que lo personal es político. En otras palabras, que la relación entre un hombre y una mujer es una relación de
poder.   [12] **hombros** *shoulders*   [13] **concretándolo** = precisándolo   [14] **quita esa cara** *don't look so serious*
[15] **ronca** *hoarse*

¿Entendido?

Diga si las oraciones siguientes son verdaderas o falsas de acuerdo con el contenido de la lectura.

1. _____ Los personajes de este cuento están en una cafetería o en un bar.

2. _____ El hombre (tú, en el cuento) y la mujer no están casados. Quizás sean amigos o bien acaben de conocerse.

3. _____ El personaje masculino habla del feminismo y lo critica por ser una ideología burguesa.

4. _____ La mujer sigue muy atenta la conversación y participa de vez en cuando.

5. _____ El hombre, además de mover la lengua (para hablar), mueve las manos.

6. _____ El hombre habla tanto porque cree que así va a convencer más fácilmente a la mujer.

7. _____ Es posible que la mujer no sea tan atractiva como indica el hombre y que él sólo quiera hacérselo creer a ella.

8. _____ El hombre menciona primero "la relación de los sexos", después "las relaciones sexuales" y por último "ir a la cama". Lo que quería él desde el principio era esto último.

9. _____ Finalmente, la mujer rechazó la proposición que le hizo su acompañante.

En mi opinión

En grupos de tres estudiantes, contesten las preguntas siguientes.

1. Piensen en cómo sería la narración desde la perspectiva femenina. ¿Creen que la reacción de un lector es diferente a la de una lectora? ¿Se sentirán los hombres ofendidos con este relato? ¿Por qué sí/no?

2. ¿Tiene el personaje masculino una ideología feminista? ¿Qué parece entender él por feminismo? ¿Y Uds.? ¿Para qué emplea sus conocimientos sobre el feminismo? ¿Es la actitud del hombre típicamente latina? ¿O es también frecuente en otras culturas? ¿Han observado alguna vez una situación similar a la que presenta el cuento? Cuéntesela a su grupo.

3. ¿Tienen reivindicaciones similares las mujeres burguesas y las del proletariado? Por lo general, ¿es el feminismo sólo un movimiento de las mujeres de la clase media y alta?

4. ¿En qué sentido puede estar una mujer "liberada"? ¿Y un hombre? El hecho que una mujer esté "liberada" ¿qué consecuencias prácticas tiene para el hombre del cuento? ¿Hay muchos hombres y mujeres que piensan lo mismo?

5. ¿Qué hacen o dicen para manipular a sus novios/as, sus padres, sus profesores/as? ¿Cuáles son otros métodos de manipulación? ¿Hay situaciones en las que se sienten manipulados/as?

Estrategias comunicativas para aceptar o rechazar enfáticamente algo

Sí	No
Por supuesto (que sí). *Of course.*	**Por supuesto que no.** *Of course not.*
Claro que sí. *Of course.*	**Claro que no.** *Of course not.*
Sin duda alguna. *Without a doubt.*	**Lo dudo mucho.** *I doubt it very much.*
Me encantaría. *I would love to.*	**De ninguna manera.** *No way.*
Cómo no. *Of course.*	**En absoluto** *Absolutely not.*
¿Por qué no? *Why not?*	**Ni lo sueñes.** *Not even in your dreams.*
	Ni loco/a. *No way.*
	No me da la gana. *I don't feel like it. (very rude)*

En (inter)acción

1. Ahora, haz proposiciones a un/a compañero/a para que él/ella conteste con una de las expresiones anteriores.

   Ejemplo: ESTUDIANTE 1: ¿Quieres salir conmigo?
   ESTUDIANTE 2: Ni loco/a.
   ESTUDIANTE 1: ¿Por qué no lavas tú los platos hoy?
   ESTUDIANTE 2: Cómo no. Ya que tú limpiaste el baño...
   ESTUDIANTE 1: ¿Me prestas doscientos dólares?
   ESTUDIANTE 2: ¡Ja! Ni lo sueñes.

2. **La zorra y las uvas verdes.** En grupos de tres estudiantes, observen con mucha atención la tira cómica del dibujante Quino y luego hagan las actividades de la página 294.

a. Describan viñeta a viñeta lo que ocurre.
b. Presten atención al tamaño de los dibujos. ¿Qué quiere indicar con esto el dibujante?
c. ¿Cuál es la relación entre la mujer y el hombre? ¿Son madre e hijo?
d. ¿Qué o a quién(es) critica el dibujante en esta tira cómica? ¿Es frecuente que un hombre critique a otros hombres?
e. Pónganle otro título a esta historieta cómica que refleje su contenido.
f. Relacionen la tira cómica con el cuento "Palabreo".
g. ¿Conocen la fábula de Esopo *(Aesop)* "La zorra *(fox)* y las uvas" que dice así: "Una zorra vio unos hermosos racimos de uvas ya maduros y empezó a saltar para coger uno y comérselo. No pudo alcanzar ninguno y, frustrada, dijo para consolarse: estas uvas no están maduras."? ¿Por qué creen que le hemos puesto este título a la tira cómica? ¿Les parece apropiado?

3. Realicen la siguiente encuesta sobre lo que deben hacer un chico y una chica cuando salen por primera vez juntos. Cada estudiante se encargará de hacer una de las preguntas a todos/as los/las participantes y luego escribirá los resultados en la pizarra. Al final, coméntenlos.

¿Quién debe... ?	él	ella	los dos
tomar la iniciativa de invitar a la otra persona			
decidir adónde van			
recoger *(pick up)* a la otra persona			
abrir la puerta del auto para la otra persona			
pedir la comida			
pagar la cuenta			
elegir la película			
cogerle la mano a la otra persona			
besar a la otra persona primero			
decidir si vuelven a salir juntos			
llamar por teléfono para salir juntos otra vez			

4. **Defensa verbal.** En grupos, inventen réplicas breves e ingeniosas para los siguientes comentarios o actitudes sexistas. No se permiten gestos obscenos en este ejercicio.

a. Alguien acaba de contar un chiste sexista delante de ti.
b. El mecánico de un taller de reparaciones te dice que las mujeres no entienden de carros.

Mujer, no llores, habla.

DEFIENDE TU DIGNIDAD

c. Una mujer pide la cuenta en un restaurante y se la entregan a su acompañante masculino.

d. Un conductor acaba de hacer una maniobra peligrosa en la carretera y alguien dice que seguramente es una mujer.

e. Eres una mujer que viaja en avión. Alguien sentado en el asiento de al lado hojea una revista pornográfica.

f. Eres una mujer hermosa y caminando por la calle de una ciudad española alguien te grita un piropo *(compliment)*.

Ahora, continúen esta actividad añadiendo otros ejemplos.

5. Con toda la clase, hablen sobre los concursos de televisión que tratan de emparejar a un chico y una chica para que salgan juntos *(dating games)*. ¿Son humillantes, ridículos, instructivos, necesarios?

6. En parejas, observen el folleto de la izquierda y contesten las preguntas que aparecen a continuación.

a. ¿A quién(es) está dirigido este consejo?

b. ¿A qué situación crees que alude este folleto informativo?

c. ¿Dónde o a quién debe hablar la mujer?

d. ¿Por qué no debe llorar la mujer? ¿Por qué no es bueno que llore? ¿Creen que las mujeres abusan del llanto?

Práctica gramatical

Repaso
gramatical:
Los pronombres
de objeto directo e
indirecto
(segundo repaso)
(*Cuaderno*, pág. 66)
Lo: uso del
pronombre neutro
(segundo repaso)
(*Cuaderno*, pág. 66)

Una cita a ciegas *(A blind date).* Tu compañero/a de clase quiere que salgas con alguien. Debes hacerle preguntas para averiguar cómo es esa persona. Tu compañero/a sólo puede contestar a las preguntas con sí o no, y con los pronombres correspondientes. Puedes hacer cinco preguntas para decidir si aceptas o no.

Ejemplo: ESTUDIANTE 1: ¿Es de Nueva York?
ESTUDIANTE 2: No, no lo es.
ESTUDIANTE 1: ¿Le gusta bailar?
ESTUDIANTE 2: Sí, le gusta bailar.

Creación

Escribe una breve narración que empiece así: "Desde el primer momento me di cuenta de cuáles eran sus verdaderas intenciones... "

Phrases:	*Greeting; Inviting; Accepting & declining*
Grammar:	*Personal pronouns; Article: neuter* lo; *Prepositions:* a personal
Vocabulary:	*Face; Gestures; Postures*

CAPITULO 11

Mujeres memorables

http://aquesi.heinle.com

Eva

Cristina Peri Rossi

La escritora uruguaya Cristina Peri Rossi (1941) vive en España desde 1972, año en que se exilió de su país por razones políticas. Ha publicado más de diez libros, entre los que destacan *Indicios pánicos* (1970), *Descripción de un naufragio* (1975) y *Fantasías eróticas* (1991). Colabora en las revistas y periódicos más importantes de España y del extranjero.

El fragmento siguiente procede de su novela *La nave de los locos* (1984) y en él nos muestra lo pronto que en nuestras vidas nos inculcan ideas sexistas. En la versión original, los/las niños/as cometen errores de ortografía al escribir. Hemos cambiado la ortografía del original para facilitarles la lectura.

► Palabra por palabra

encargarse	*to be in charge of*
fastidiar	*to bother, pester*
hacer caso	*to pay attention*
llevarse bien/mal	*to get along well/badly*
nacer	*to be born*
por culpa de	*because of, due to (blame intended)*
portarse bien/mal	*to behave well/badly*
tener ganas de + inf.	*to look forward to, feel like*

► Mejor dicho

educar	*to raise, rear, bring up*	Enseñar a los niños las normas de cortesía, las buenas costumbres, etc. para vivir en sociedad.	Mi madre no me **ha educado** tan mal.
criar	*to rear, nurse, nourish, breed*	Alimentar, dar de comer, cuidar a niños o animales.	Lo **han criado** sus abuelos paternos.
crear	*to create*	Hacer que empiece a existir una cosa.	¿Quién **creó** el mundo?

| crecer | *to grow up physically°* | Aumentar de tamaño o estatura. | ¡Hay que ver cuánto **has crecido** en los últimos meses! |
| cultivar | *to grow* | Plantar y cuidar flores, verduras, plantas. | **¿Cultivaba** Adán manzanas en el Paraíso? |

° **¡Ojo!** *To grow up mentally* se dice **madurar.**

Práctica

Con toda la clase, hagan asociaciones con las palabras del vocabulario.

Ejemplo: **cultivar** — granja — campo — zanahorias — lluvia — fértil — cosecha

¿Qué asocias con una manzana?

Alto

1. Lea el primer párrafo de la lectura y luego diga a qué corresponden los párrafos siguientes precedidos de una letra: A, B, C, etc.

_____

2. Fíjese en los nombres propios que aparecen a lo largo de la lectura y escríbalos a continuación.

_____

¿Por qué supone Ud. que se repiten tanto esos nombres?

_____

3. Mencione tres cosas que Ud. sabe ya sobre Adán y Eva.

a. _____

b. _____

c. _____

4. ¿Dónde aprendemos a ser hombres o mujeres? ¿Qué es más importante: la familia, la escuela, la iglesia, los/las amigos/as?

Adán y Eva

Eva

Cristina Peri Rossi

1. Graciela propuso a cuarenta escolares, comprendidos entre[1] los siete y los doce años, que describieran a Adán y a Eva, en el Paraíso. Luego recogió las respuestas.

A. Adán vivía feliz entre los árboles y las plantas hasta que llegó la Eva y le hizo comer la manzana porque quería matarlo y reinar[2] ella sola.

5   B. Dios sacó a Eva de una costilla de Adán porque él se aburría un poco y tenía ganas de tener a quien mandar.

C. Adán estaba muy tranquilo jugando con los peces y las plantas hasta que llegó Eva y empezó a incordiar.[3] Tuvo que darle unos golpes para que se portara bien pero igual se comieron la manzana.

10   D. El estaba solo y no lo pasaba muy bien porque no tenía con quien hablar pero cuando nació ella fue mucho peor.

E. Dios había creado a Adán y lo había rodeado de plantas, de aves y de peces, pero necesitaba un semejante.[4] Entonces Dios lo acostó, lo hizo dormir y de una costilla de su costado[5] creó a Eva. Los problemas empezaron porque ella era un

15   poco curiosa y le hizo caso a la serpiente. Por culpa de Eva las mujeres tenemos mala fama en este mundo.

---

[1] **comprendidos entre** = entre   [2] **reinar** *to reign*   [3] **incordiar** = molestar   [4] **semejante** *companion*
[5] **costado** *side*

F. A mí me parece que Adán era un buen tipo. Pescaba, cazaba[6] y andaba por los bosques plantando plantas. Pero claro, ¿con quién iba a hablar? Entonces vino Dios y le dio unas pastillas[7] para que se durmiera y le quitó una costilla que des-

20 pués creció y se llamó Eva. Eva era mujer. Adán era hombre. Entonces pasó lo que tenía que pasar. De ahí nacimos nosotros.

G. Mi padre dice que Eva era como todas las mujeres que se pasan el día conversando con las vecinas y viven fastidiando a los hombres para que les compren cosas, ropas y eso.

25 H. La historia esa es un poco confusa, porque nadie entiende por qué a Dios se le ocurrió ponerle a Eva de compañera. Si en vez de ponerle una mujer le hubiera puesto a un hombre, como él, Adán lo habría pasado mucho mejor. Pescarían juntos, se irían de paseo a cazar fieras[8] y los sábados de farra.[9]

I. Dios como era muy machista lo primero que hizo dice mi mamá fue inventar

30 al hombre y después encima dice que Eva le nació de un costado. Dice mi mamá que ojalá todos los partos del mundo fueran así; las mujeres lo pasaríamos más aliviadas.[10]

J. Yo creo que el asunto del Paraíso es una metáfora, porque la información que brinda[11] el Génesis no tiene visos de[12] realidad. En primer lugar, no se com-

35 prende por qué Dios, que había creado al hombre a su imagen y semejanza, hizo a Adán tan imperfecto que se aburría. En segundo lugar, la hipótesis de que le sacó una costilla es bastante increíble. ¿Para qué iba a usar este procedimiento una sola vez, dado que a partir de ahí nacemos siempre del vientre de la madre? Todos son símbolos, me parece. Ahora bien, lo que simbolizan yo no lo sé muy bien.

40 II. Tareas a las que se dedicaban Adán y Eva.

Como segunda proposición, Graciela les sugirió que trataran de imaginar la vida cotidiana en tiempos de Adán y Eva. Algunas de las respuestas fueron:

1. Adán se ocupaba de cazar fieras, leones, tigres y ovejas.[13] Eva limpiaba la casa y hacía las compras.

45 2. Eva cuidaba de la casa que era una gruta[14] salvaje. Adán se iba de pesca y volvía tarde, pero ella siempre lo esperaba para cenar juntos y después lavaba los platos.

3. Cada uno se dedicaba a las labores[15] propias de su sexo. Que eran: el hombre cazaba, pescaba, encendía el fuego, exploraba los contornos[16] y de vez

50 en cuando se fumaba un cigarrillo. Ella se quedaba en el Paraíso, limpiando y cosiendo[17] porque ahora ya no estaban desnudos.

---

[6] **cazaba** *hunted*   [7] **pastillas** *pills*   [8] **fieras** *wild animals*   [9] **de farra** *partying*   [10] **lo... aliviadas** *we would have an easier time of it*   [11] **brinda** = ofrece   [12] **visos de** *resemblance to*   [13] **ovejas** *sheep*   [14] **gruta** *cave*   [15] **labores** = tareas, trabajos   [16] **contornos** *environment*   [17] **cosiendo** *sewing*

4. Como a ella le quedaba bastante tiempo libre (sólo tenía que esperarlo para limpiar el pescado y ponerlo a hervir[18]) se dedicó a andar entre los árboles y las serpientes y allí le vinieron los malos pensamientos.

55   5. Entonces Adán le dijo: si quieres estudiar las ciencias del bien y del mal,[19] estúdialas, a mí no me importa, pero seguirás limpiando la casa y planchando,[20] que es tu deber.

6. Adán estaba muy ocupado; no sólo debía cuidar del paraíso que Dios le había dado sino que además... se encargaba de las relaciones públicas, porque él 60 dialogaba directamente con Dios pero Eva no.

7. Yo creo que después del asunto de la manzana ya no se llevarían muy bien pero no se podían separar porque en esa época no había separación legal y además cada año tenían un hijo.

Acerca de las virtudes y defectos de Adán y de Eva, Graciela obtuvo los si-65 guientes resultados: Adán es valiente (35), honrado (23), trabajador (38), inteligente (38), responsable (29), obediente (22). Su principal defecto es escuchar a las mujeres (33).

En cuanto a Eva, se le reconoció sólo una virtud: bella (30). Un alumno dijo que era curiosa, pero que no estaba seguro de que ésa fuera una virtud o un defecto.

70   En cambio, la lista de sus defectos es más numerosa; 39 alumnos la juzgaron excesivamente curiosa, 33, charlatana[21] y 25, consideraron que tenía mal carácter, 22 dijeron que era holgazana[22] y 3, que era una frívola.

Después, los alumnos y las alumnas se fueron a jugar.

De madre a hija.

---

[18] **hervir** *to boil*   [19] **del bien y del mal** *of good and evil* (referencia bíblica)   [20] **planchando** *ironing*
[21] **charlatana** = que habla/charla mucho   [22] **holgazana** = perezosa

¿Entendido?

Complete las oraciones siguientes con sus propias palabras de acuerdo con el contenido de la lectura.

1. Aunque no todos/as los/las estudiantes tienen las mismas ideas sobre Adán y Eva, la mayoría...

2. Las tareas no presentan una visión exacta de la época histórica en que supuestamente vivieron Adán y Eva. Por ejemplo, ...

3. Supongo que el párrafo... corresponde a una niña porque...

4. Supongo que el párrafo... corresponde a un niño porque...

5. Graciela ha aprendido leyendo las tareas de sus estudiantes que...

En mi opinión

En grupos de tres estudiantes, discutan los temas siguientes.

1. ¿Les pareció graciosa la lectura? ¿Por qué sí/no?

2. ¿Creen Uds. que Adán y Eva existieron realmente? Expliquen su respuesta.

3. ¿Quiénes les han influido más a los niños a la hora de hacerse una idea de Adán y Eva? ¿Cómo lo saben Uds.?

4. ¿Existen otras explicaciones del origen de los seres humanos? ¿Cuáles son?

5. ¿Han cambiado de opinión sobre algo que los mayores les dijeron o hicieron creer cuando Uds. eran niños/as? Den un ejemplo.

6. El género (*gender*) se define como una construcción social. ¿Qué quiere decir esto?

7. Elijan una de las tareas que aparecen en la lectura y analícenla. Luego pónganle una nota del 1 al 10 y expliquen por qué le han dado esa nota.

8. Expliquen la oración final. ¿Por qué se van a jugar juntos? ¿Hay que tener en cuenta el sexo de la otra persona con la que uno/a juega? ¿Por qué sí/no? ¿Y los juegos a los que se juega? ¿Y los juguetes que se utilizan?

9. Digan si están de acuerdo o no con la idea que presenta el póster siguiente. Expliquen su respuesta.

Estrategias comunicativas para admitir responsabilidad y disculparse

Es culpa mía. *It's my fault.*	**Ha sido sin querer.** *It was an accident.*
Reconozco que estaba equivocado/a. *I admit that I was wrong.*	**Lo dijeron sin mala intención.** *They didn't mean any harm.*
Sé que mi conducta no tiene perdón. *I know that my behavior is unforgivable.*	**No era mi intención...** *I didn't mean . . .*
Me responsabilizo plenamente de... *I take full responsibility for . . .*	**Pensé que hacía bien...** *I thought I was doing the right thing . . .*
Admito que... *I admit that . . .*	**Tenía entendido que...** *It was my understanding that . . .*

En (inter)acción

1. La directora de la escuela y otros/as profesores/as quieren hablar con los padres de estos estudiantes debido a las tareas que les habían entregado. Cada estudiante elige un papel: directora, profesores/as, padres, madres, hijos/as, y discuten los prejuicios y estereotipos sobre las mujeres que evidencian las tareas. Utilicen algunas de las expresiones de **Estrategias comunicativas.**

2. Adán y Eva han ido a consultar a un/a consejero/a matrimonial, pues discuten constantemente desde la expulsión del Paraíso. En grupos de tres estudiantes, distribúyanse estos papeles y representen una escena breve durante la consulta.

3. La canción siguiente es de un dúo español llamado **Ella baila sola.** La protagonista nos dice lo que quiere ser cuando sea mayor. ¿Pero lo dice en serio? Comenten la canción con sus compañeros/as.

Mujer florero*

flower vase

De mayor quiero ser mujer
florero,
metidita en casita
yo te espero,
las zapatillas de cuadros
preparadas,
todo limpio y muy bien
hecha la cama.
De mayor quiero hacerte la
comida,
mientras corren los niños
por la casa,
y aunque poco nos vemos
yo aquí siempre te espero
porque es que yo sin ti, es que yo,
es que no soy nada y...
Quiero ser tu florero
con mi cintura* ancha,

waist

muy contenta cuando
me das el beso de la
semana.
Es mi sueño: todo limpio
es mi sueño: estar en
bata*

robe, house dress

y contar a las vecinas
las desgracias que me pasan.
De mayor quiero ser mujer
florero
serán órdenes siempre tus
deseos
porque tú sabes más de
todo, quiero
regalarle a tu casa todo mi
tiempo.
Y por la noche te haré la cenita,
mientras ves el partido o
alguna revista,
y hablaré sin parar de mi día
casero,
no me escuchas, no me
miras
¡ay! ¡Cuánto te quiero!
Quiero ser tu florero...

Práctica gramatical

Repaso gramatical:
Las cláusulas de relativo: restrictivas y no restrictivas
(*Cuaderno*, pág. 67)
Los relativos
(*Cuaderno*, pág. 68)

1. En parejas, dibujen en una hoja de papel un círculo y divídanlo por la mitad. Escriban un sustantivo en una de las mitades. Luego, dibujen un segundo círculo y, sin dividirlo, escriban el mismo sustantivo dentro del círculo. Pasen la hoja a la pareja de al lado; ésta tendrá que formar una oración con una cláusula de relativo restrictiva y otra no restrictiva utilizando ese sustantivo como antecedente. Las oraciones deben referirse al tema de la lectura anterior.

   Ejemplo: Los estudiantes que dijeron las cosas más interesantes fueron los últimos. (oración restrictiva, pues no todos los estudiantes dijeron cosas interesantes.)

   Los estudiantes, quienes escribieron sobre Adán y Eva, eran muy ingenuos. (oración no restrictiva, pues todos los estudiantes escribieron sobre Adán y Eva.)

2. En parejas, formen oraciones con los pronombres relativos relacionadas con el tema de esta unidad. Luego escríbanlas en la pizarra con un espacio en blanco donde debe ir el relativo para que sus compañeros/as completen las oraciones.

   Ejemplo: La razón por la que los expulsaron del Paraíso fue por desobedecer a Dios.

   El árbol del que comieron era el árbol del bien y del mal.

Creación

Hable de una figura femenina real o ficticia que, como Eva, tenga o haya tenido injustamente mala fama.

Phrases:	*Expressing irritation; Denying; Persuading*
Grammar:	*Relatives; Verbs: subjunctive with* ojalá; *Verbs: transitives & intransitives*
Vocabulary:	*Nationality; Dreams & aspirations; Traveling*

La Malinche (1500?–1527)

S. Suzan Jane

La Malinche (también conocida como Malintzin y doña Marina) es una de las pocas mujeres indígenas de la época de la conquista que se ha salvado del anonimato. Un soldado y cronista del siglo XVI, Bernal Díaz del Castillo, la menciona y elogia frecuentemente en su libro *Historia verdadera de la conquista de la Nueva España*. De ella nos dice el autor: "Doña Marina en todas las guerras de la Nueva España fue una mujer excelente y buena intérprete, y por eso siempre la llevaba Cortés consigo. Sin doña Marina ninguno de nosotros podría haber entendido la lengua de la Nueva España y México." Sin embargo, como veremos en la siguiente lectura, para los mexicanos la apreciación de esta mujer no ha sido tan positiva como para el cronista español.

◢ Palabra por palabra

apoderarse de	*to seize, get control of, take over*
el **arma** (fem.)	*weapon*
el **auge**	*rise (and fall)*
conseguir (i, i)	*to attain, get, achieve*
ileso/a	*unhurt, unharmed, unscathed*
no tener más remedio que	*to have no choice but*
las **privaciones**	*hardships, deprivation*
la **represalia**	*reprisal, retaliation*
la **riqueza**	*wealth*
traicionar	*to betray*

◢ Mejor dicho

aguantar, soportar, tolerar	*to tolerate, put up with*	No **aguanto (soporto, tolero)** a la gente que habla mucho.
soportar, sostener	*to support physically*	Dos pilares **soportan** el puente. Estoy muy débil. Las piernas no me **sostienen.**
mantener	*to support economically*	¿Quién te **mantiene?** —Nadie, me **mantengo** sola.
apoyar	*to support emotionally, ideologically*	El senador Samuel Ortiz ganó porque todos lo **apoyamos.**

el hecho	*fact*	El **hecho** es que no me devolviste el paraguas.
el dato	*piece of information, datum, figure*	Los **datos** contradicen tu teoría.
la fecha	*date*	Ahora mismo no me acuerdo de la **fecha** de esa batalla.

Práctica

En parejas, hagan los ejercicios siguientes.

1. Digan sinónimos o antónimos de las palabras siguientes.

riqueza
traicionar
ileso/a
represalia
conseguir
apoderarse de
arma
auge
privaciones
no tener más remedio que

2. Dígale a sus compañeros/as tres cosas que no soporta de:

los/las políticos/as
los/las profesores/as
los actores y las actrices
sus compañeros/as
los jugadores de béisbol
los/las dentistas

3. Digan qué propuestas de ley apoyaría y por qué.

a. el límite de velocidad a 70 millas por hora
b. la legalización del aborto
c. la reducción del presupuesto de defensa nacional
d. el seguro médico nacional
e. la pena de muerte
f. un mes de vacaciones para todos/as los/las que trabajan

4. Mencionen algunos de los datos que debemos proporcionar para:

a. sacar la licencia de manejar
b. solicitar un trabajo
c. sacar dinero del banco
d. matricularse *(register)* en un curso

Alto

1. Eche una ojeada a los números de la lectura. ¿Sobre qué época histórica va a leer?

   _____

2. Observe en qué tiempo están las formas verbales. ¿Puede relacionar esto con la pregunta anterior?

   _____

3. Añada a la lista los nombres de tres parejas famosas de ayer y de hoy.

   Cleopatra y Marco Antonio   Felipe el Hermoso y Juana la Loca

   Luis XVI y María Antonieta   _____

   _____   _____

4. ¿Cuál cree que debe ser el papel de la esposa o del esposo de una figura pública? ¿Y el de su amante *(lover)*?

La Malinche (1500?–1527)

S. Suzan Jane

La princesa indígena llamada Malintzin, pero conocida popularmente como la Malinche, es una figura que presenta contradicciones históricas; por un lado, es considerada una traidora a su raza por haber ayudado a Hernán Cortés en la conquista de México y en el sometimiento[1] de los aztecas y, por otro, es vista como
5 la "Eva mexicana", la madre de la gente mestiza.

   La Malinche nació en Viluta, pueblo de México, a principios del siglo XVI. Su riqueza y condición social le permitieron recibir una esmerada educación —privilegio que no estaba al alcance[2] de las hijas de padres menos poderosos. Pero durante un período de guerra, fue vendida o capturada por los mayas y luego
10 vendida como esclava a los aztecas. Así perdió los privilegios de los que había gozado hasta entonces, que fueron reemplazados por dificultades y privaciones.

   La Malinche se distinguía de las otras esclavas por su belleza, su inteligencia y el conocimiento de varias lenguas; estas cualidades resultaron ser[3] sus mejores armas cuando Hernán Cortés llegó a México al mando de la expedición española.
15 Cuando Cortés desembarcó en 1519, tenía dos misiones: conquistar el país y

---

[1] **sometimiento** *subjugation, enslavement*   [2] **no... alcance** *was not available*   [3] **resultaron ser** *turned out to be*

apoderarse de sus riquezas, y convertir a los indígenas al cristianismo. La Malinche formaba parte de un tributo mandado a Cortés con la vana esperanza de detener su avance. Cortés reconoció la capacidad intelectual y verbal de la Malinche, y prometió concederle la libertad si se convertía en su aliada[4] y le ayudaba a es-
20 tablecer buenas relaciones con los pueblos indígenas de México.

Siendo una esclava, la Malinche no tuvo más remedio que aceptar. Viajaba con Cortés, acompañándolo a todas las expediciones. Al principio, Cortés dudaba de la lealtad[5] de la Malinche, pero sus dudas se disiparon[6] cuando ella le contó la emboscada[7] que el emperador Montezuma pensaba tenderle a las tropas españolas.
25 Al enterarse, Cortés mandó en represalia atacar a los aztecas que vivían entre los españoles y los aztecas perdieron a sus mejores guerreros.

Durante los años siguientes, la Malinche continuó apoyando a Cortés. Gracias a su poder de persuasión, ayudó a Cortés a reunir un ejército para luchar contra los aztecas. Eventualmente, consiguió convencer a Montezuma mismo de que se
30 dejara apresar[8] por los españoles, lo cual les permitió a éstos dominar por completo la capital azteca, Tenochtitlán. Pero en una caótica escaramuza,[9] Montezuma murió, apedreado[10] por su propia gente y los aztecas lanzaron[11] un ataque feroz contra los conquistadores españoles.

Aunque la mayoría del ejército español pereció[12] durante la huida nocturna de
35 la ciudad, la Malinche y Cortés resultaron ilesos. Cortés volvió a reunir a sus hombres y lanzó un contrataque masivo. El día 13 de agosto de 1521 caía la ciudad de Tenochtitlán y con ella el imperio azteca.

Los españoles empezaron inmediatamente a reconstruir la ciudad que habían ganado la Malinche y Cortés. En 1522 la Malinche dio a luz un hijo, fruto de su
40 relación con Cortés, dando así comienzo a la población denominada mestiza. Mezcla de sangre española e indígena, este grupo racial predomina hoy día en México. Cortés se aseguró de darle a la Malinche bastantes tierras y oro para que viviera desahogadamente,[13] y le pidió que siguiera sirviéndole de intérprete en la expedición a Honduras. En 1527, poco después de volver de Honduras, la
45 Malinche murió.

Sin duda, el éxito que Cortés consiguió en México hay que atribuirlo directamente a la ayuda que le prestó[14] la Malinche. Los aztecas a quienes ella traicionó no eran su pueblo, aunque todos los indígenas de México fueron conquistados eventualmente por los invasores a los que apoyó. La Malinche fue testigo del fin
50 de una civilización y el auge de otra nueva y se convirtió en la madre simbólica del nuevo grupo étnico que ha predominado[15] en México hasta nuestros días.

---

[4] **aliada** *ally*   [5] **lealtad** *loyalty*   [6] **se disiparon** = desaparecieron   [7] **emboscada** *ambush*   [8] **apresar** *to become a prisoner*   [9] **escaramuza** *skirmish*   [10] **apedreado** *stoned*   [11] **lanzaron** *launched*   [12] **pereció** *was lost*   [13] **desahogadamente** *comfortably*   [14] **prestó** = dio   [15] **ha predominado** *has prevailed*

¿Entendido?

Identifique, con sus propias palabras, estos términos con dos o más oraciones según el contenido de la lectura.

1. Doña Marina
2. Viluta
3. Traidora
4. La "Eva mexicana"
5. Aztecas y mayas
6. 1519
7. Montezuma
8. Hernán Cortés
9. Tenochtitlán
10. Mestizo, mestizaje

En mi opinión

Con dos compañeros/as, discutan los temas siguientes.

1. Expliquen la referencia a la Malinche como "Eva". ¿Qué características tendrían en común?
2. Se suele oponer la Virgen de Guadalupe a la figura de la Malinche. ¿En qué se basaría esta oposición?
3. En la formación de una pareja, ¿qué papel juega la suerte y el destino? Den ejemplos.
4. ¿Es posible el amor entre personas que pertenecen a jerarquías diferentes, como en el caso de la Malinche y Hernán Cortés? ¿Creen que hubo amor entre ellos dos o simplemente un abuso de poder por parte del conquistador español?
5. En oposición a Bernal Díaz del Castillo, Cortés no menciona a la Malinche en sus escritos. ¿Cómo explicarían este silencio por parte del segundo? ¿Pueden suponer por qué no se casó Hernán Cortés con la Malinche?
6. Contrasten/Comparen la figura de la Malinche con la de Pocahontas en términos del papel que realizaron ambas en la colonización del continente americano.

Estrategias comunicativas para expresar probabilidad

Es posible/probable que... *It's possible/probable that . . .*	**No me sorprendería que...** *It wouldn't surprise me if . . .*
Seguramente... *Probably . . .*	**Lo más seguro/probable es que...** *It's very likely that . . .*
Posiblemente... *Possibly . . .*	**Debe haber salido (comido...).** *He/She must have gone out (eaten . . .).*
Probablemente... *Probably . . .*	**Parece ser que...** *It seems that/looks like . . .*

En (inter)acción

1. Las imágenes siguientes son reproducciones de un famoso códice azteca que narra la conquista de México. Ahora, como si fueran profesores/as de historia y basándose en lo que han leído, describan lo que representa cada dibujo. Utilicen algunas de las expresiones de **Estrategias comunicativas.**

2. Debatan con toda la clase el papel de la Malinche en la historia. ¿Qué hay que tener en cuenta a la hora de juzgar su actuación?

3. Con un/a compañero/a, improvisen un diálogo entre la Malinche y Pocahontas y preséntenlo delante de la clase.

4. Edward Lucie-Smith dice que el cuadro siguiente de Antonio Ruiz titulado *El sueño de la Malinche* (1939) implica que "el pasado indígena de México todavía duerme bajo los adornos del presente europeo" *(Arte latinoamericano del siglo XX.* Barcelona: Destino, 1993, 102). En grupos de tres estudiantes, observen detenidamente el cuadro y expliquen cómo ha llegado a esa interpretación Lucie-Smith. Por último, digan si están de acuerdo con él o no.

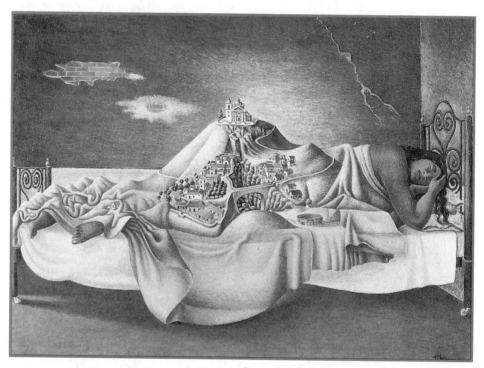

Antonio Ruiz, *El sueño de la Malinche*, 1939

Práctica gramatical

Repaso gramatical:
Las oraciones condicionales con subjuntivo (segundo repaso) (*Cuaderno,* pág. 72)
Las acciones recíprocas (*Cuaderno,* pág. 73)

1. En parejas, completen las oraciones de manera original. Presten atención al modo y tiempo del verbo que van a usar.

a. Si quisiéramos saber más de la Malinche, ...

b. Si Montezuma no hubiera muerto, ...

c. Si yo hubiera sido una esclava indígena, ...

d. Los conquistadores trataron a las indígenas como si...

e. Si tú hubieras nacido en México, ...

f. Si los españoles no hubieran conquistado América, ahora...

g. Sabríamos hablar una lengua indígena si...

h. Iría a ver los manuscritos aztecas si...

2. **Contradicciones.** Con un/a compañero/a formen oraciones recíprocas cuyos sujetos sean dos estudiantes de la clase. Luego lean una de las oraciones en voz alta y uno/a de los/las estudiantes niega la información que ha oído.

Ejemplo: —Beatriz y Marisa no se aguantan.

—Pero, ¡qué dices! Marisa y yo nos adoramos.

—Sergio y David se conocen desde la escuela primaria.

—¡En absoluto! David y yo nos conocimos hace sólo un mes.

Otros verbos que pueden emplear:

ayudar	entender	llamar por teléfono	visitar a menudo	pelear
admirar	odiar	apoyar en todo	traicionar	estimar

Creación

Otras figuras incluidas en el libro *Mujeres que cambiaron la historia* son Isabel la Católica, Sor Juana Inés de la Cruz, Frida Kahlo, La Pola, Gabriela Mistral, Eva Perón, Violeta Chamorro, Rigoberta Menchú. Busca en la biblioteca información sobre una de estas mujeres u otra que te sugiera tu profesor/a. Después escribe un informe que pueda servir también de presentación oral. Antes de empezar a escribir, observa cómo ha organizado y presentado la autora de esta lectura la información. (O si lo prefieres puedes utilizar la forma de una entrevista.) ¿Vas a seguir un orden cronológico? ¿Qué tipo de datos y hechos vas a ofrecer de su vida? ¿Vas a evaluar las consecuencias que tuvieron sus acciones? ¿Vas a dar tu opinión sobre lo que has leído o vas a presentar la de otros/as autores/as?

¿Puedes adivinar quién está enterrada aquí?

Phrases:	*Describing people; Linking ideas; Writing an introduction*
Grammar:	*Negation; Personal pronouns; Relatives*
Vocabulary:	*Dreams & aspirations; Family members; Nationality*

El arte de Remedios Varo

Peter Engel

"Toda su vida se interesó en las matemáticas, la mecánica y la invención de medios de locomoción fantásticos." Así nos presenta la crítica de arte norteamericana Whitney Chadwick en *Las mujeres en el movimiento surrealista* a la pintora española, pero exiliada en México, Remedios Varo. El estudio de Chadwick y el de otros/as críticos/as extranjeros/as han contribuido a difundir el arte de esta pintora más allá de las fronteras de México. Quizás algún día sus cuadros sean internacionalmente conocidos como ya lo son los de otra artista mexicana, Frida Kahlo.

El siguiente ensayo nos ofrece más información sobre la vida y obra de esta singular pintora.

► Palabra por palabra

el **autorretrato**	*self-portrait*
el **cuadro**	*painting*
la **exposición**	*exhibit*
la **herencia**	*legacy, heritage*
el **lienzo**	*canvas*
la **obra**	*work (of art)*
patrocinar	*to sponsor*
la **pincelada**	*brushstroke*
representar	*to depict*

► Mejor dicho

rechazar + sust.	*to reject something*	**He rechazado** su oferta porque no me convenía.
no querer (en pret.) + inf.	*to refuse + inf.*	Fernando no **quiso** revelar el secreto.
negarse a + inf.	*to refuse + inf.*	No entiendo por qué **te niegas a** comerte la sopa con lo buena que está.

¡**Ojo**! También existe el verbo **rehusar** + sust. o inf. *(to refuse)*, pero es más formal que los anteriores.

Práctica

En grupos de tres estudiantes, hagan las actividades siguientes.

1. Describan una exposición que les haya impresionado positiva o negativamente. Utilicen las palabras del vocabulario. Digan dónde fue, quién era el/la artista, si los cuadros eran autorretratos o paisajes, si recomendarían ver la exposición, etc.

2. Completen las oraciones siguientes de tres maneras diferentes. Sean originales.

a. Nunca he rechazado...

b. Los sábados por la mañana me niego a...

c. Yo no quise... y ahora...

¿El arte imita a la realidad o la realidad imita al arte?

Alto

1. Si sabes que vas a leer algo sobre una pintora, ¿qué tipo de información esperas o te gustaría encontrar? Apunta tres cosas.

_____   _____   _____

2. Busca en un diccionario de arte una definición de *surrealismo* diferente de la que te ofrecemos a continuación. ¿Cuál definición te parece más comprensible?

Surrealismo: Movimiento literario y artístico surgido después de la Primera Guerra Mundial e inspirado en las teorías psicoanalíticas, cuyas obras pretenden ser una interpretación del subconsciente.

_____

_____

3. ¿Qué sabes de la historia de Europa en la primera mitad del siglo XX? ¿Qué tipo de conflictos vivió el continente?

4. ¿Tienen repercusión las experiencias personales de un/a artista en su obra? ¿Cómo lo sabes?

Bordando el manto terrestre

Exploración de las fuentes del Orinoco

El arte de Remedios Varo

Peter Engel

Si bien Remedios Varo (1908 –1963) es prácticamente desconocida en los Estados Unidos y Europa, en México se convirtió rápidamente en un fenómeno nacional. Un año después de su muerte el Museo de Arte Moderno de la Ciudad de México patrocinó una retrospectiva de su obra. La exposición recibió más público
5 que cualquiera otra en la historia del arte mexicano, rebasando[1] incluso las exposiciones de los muralistas[2] internacionalmente reconocidos: David Alfaro Siqueiros, José Clemente Orozco y Diego Rivera. Varo fue popular en México desde su primera exposición en 1956. El Museo de Arte Moderno montó[3] dos nuevas retrospectivas en 1971 y 1983.

---

[1] **rebasando** *surpassing*   [2] **muralistas** *mural painters*   [3] **montó** *put together*

***

10 Remedios Varo vivió y murió suspendida[4] entre dos mundos. Su vida, corta y traumática, la pasó luchando por amalgamar[5] el mito y la ciencia, lo sacro[6] y lo profano. La dicotomía se inició[7] durante su infancia en España. Su madre fue ferviente católica que envió a Varo a una escuela de monjas, mientras que su padre fue ateo e ingeniero hidráulico que hablaba, entre otras cosas, el esperanto.[8] Su
15 madre le enseñó a temer al diablo y su padre a respetar la razón. Varo escapó del convento para asistir a una escuela de arte en Madrid, evento que captaría más tarde en la pintura *Bordando el manto terrestre*.[9] Desde entonces vivirá en dos mundos en colisión. Se dio a la fuga,[10] escapando primero a París —cruzando los Pirineos para evadir la guerra civil (1936–1939) en su patria— y regresando
20 más tarde hacia el sur conforme los nazis invadían Francia. Se rodeó[11] en cada estación[12] de intelectuales, incluyendo los surrealistas en París y absorbiendo la física y la metafísica por igual. Hacia finales de 1941 Varo inició la última etapa de una vida que transcurrió en continua escapatoria.[13] Imposibilitada de entrar a los Estados Unidos, porque su compañero Benjamin Peret era simpatizante comu-
25 nista, esperó durante meses en Marsella hasta que juntos consiguieron zarpar[14] a Casablanca y de ahí a México.

Una vez en México Varo sufrió una extraña transformación. Empezó a mostrar un temor desesperado hacia los viajes y rara vez se aventuraba[15] más allá de su barrio[16] en la Ciudad de México. Su último esposo Walter Gruen recuerda: "Decía
30 que no tenía que molestarse en viajar porque los mayores y más hermosos viajes se hallaban dentro de su imaginación."

Varo nos legó la herencia de sus viajes: más de 140 pinturas, las jornadas[17] fantásticas de artistas y científicos, renegados y refugiados, exploradores todos de la *terra incognita* de la mente. Los aventureros (*Exploración de las fuentes del Orinoco,*
35 etc.) de Varo viajan por campos y bosques, por encima de las nubes, siguiendo ríos y por las calles abandonadas, casi siempre solos, portando los ojos almendrados[18] y los rasgos andróginos de los autorretratos de Varo. Se impulsan con los mecanismos más improbables; vehículos que son científicos en apariencia pero mágicos en su funcionamiento.

40 México sólo inspiró a Varo indirectamente. En su trabajo no aparecen los temas artísticos tradicionales del país, pero sí descubrió una cultura embebida[19] en la magia y en lo sobrenatural y un público interesado en el arte fantástico de su herencia indígena.

---

[4] **suspendida** *split, torn apart*   [5] **amalgamar** = combinar, mezclar   [6] **lo sacro** *sacred, divine*   [7] **se inició** = empezó   [8] **esperanto** = lengua inventada en 1887 por el médico ruso Zamenhof, como un intento de lengua universal   [9] **Bordando... terrestre** *Embroidering the Cloak of the Earth*   [10] **Se... fuga** = Huyó   [11] **Se rodeó** *She surrounded herself*   [12] **estación** *stage of a journey*   [13] **escapatoria** = escape   [14] **zarpar** *to set sail*   [15] **se aventuraba** *dared to go*   [16] **barrio** *neighborhood*   [17] **jornadas** = aquí, viajes   [18] **almendrados** *almond-shaped*   [19] **embebida** *immersed*

Si bien Varo no se consideró a sí misma surrealista, el surrealismo y su obra
45 comparten muchas cualidades: la iconografía fantástica, la ilusión de los sentidos, el
humor, la yuxtaposición de los objetos ordinarios para lograr efectos sorpren-
dentes. Los surrealistas gozaban liberando la imaginación y dando rienda suelta[20] a
las imágenes de los sueños. Esperaban liberar el inconsciente y lo irracional de las
constricciones impuestas por el pensamiento consciente. Pero al retomar la pin-
50 tura en México, Varo se esforzó[21] en refrenar sus impulsos inconscientes y sujetarlos[22] a su voluntad consciente. Al forjar[23] su estilo personal rechazó cualquier
medio artístico que no le permitiera un poder absoluto.

Su técnica pictórica se volvió meticulosa hasta el punto de la obsesión. Durante
la ejecución de la obra se secuestraba a sí misma en el estudio siete u ocho horas
55 diarias por más de un mes mientras aplicaba diminutas pinceladas de óleo[24] con
gran cuidado. Sus amigos y conocidos la describen como una mujer de gran sensibilidad y encanto,[25] inteligente, culta, refinada y de buen carácter, pero también
por períodos nerviosa, miedosa, morosa. En estos períodos se volvía intensamente introspectiva, se retiraba a su estudio y no veía a nadie.

60 La mayor causa de sufrimiento fue su intensa soledad, una soledad espiritual
debida a que se consideraba a sí misma ocupando un plano diferente al de las personas que la rodeaban. La única persona a quien parece haber considerado como
su igual fue a la pintora británica Leonora Carrington también exiliada en México.

Conforme[26] envejecía sus cambios de humor se hicieron más extremos. Sin
65 embargo, aún cuando se desesperaba más en el mundo apartado y filosófico de su
pintura, se aprecian indicios de una reconciliación entre sus conflictivos impulsos
míticos y materiales. Se fue obsesionando con la enfermedad y la muerte casi al
punto de la parálisis. Rechazó la sugerencia de que consultara a un psicoanalista
sobre su depresión. En el otoño de 1963 le confió a un íntimo amigo que ya no
70 tenía deseos de seguir viviendo. Un mes más tarde un ataque al corazón, consecuencia de una excesiva tensión y la adicción a los cigarrillos, satisfizo su deseo.

Naturaleza muerta resucitando[27] resultó ser su última obra terminada. Curio-
samente, tras una vida de autorretratos, el lienzo final de Varo es su única obra
mayor que no contiene una figura humana. Es como si hubiera visto su propia vida
75 terminando y sólo la pudiese continuar en un plano superior, transmutando la
carne en espíritu, la masa en energía pura. Así, *Naturaleza muerta resucitando* resulta, después de todo, ser un autorretrato. No se puede ver a Varo y sin embargo
sigue presente, como la radiación cósmica de fondo,[28] mucho después de que la
sustancia se ha desvanecido.[29]

---

[20] **dando... suelta** *indulging freely, without restraint*   [21] **se esforzó** *struggled*   [22] **sujetarlos** *subject them*
[23] **Al forjar** *On forging*   [24] **óleo** *oils*   [25] **encanto** *charm*   [26] **Conforme** = Mientras   [27] **Naturaleza...**
Naturaleza muerta, o bodegón, es un cuadro que representa animales muertos o cosas inanimadas. El título
del cuadro significaría literalmente *Still Life Resurrecting*.   [28] **radiación... fondo** *cosmic background radiation*
[29] **desvanecido** *vanished*

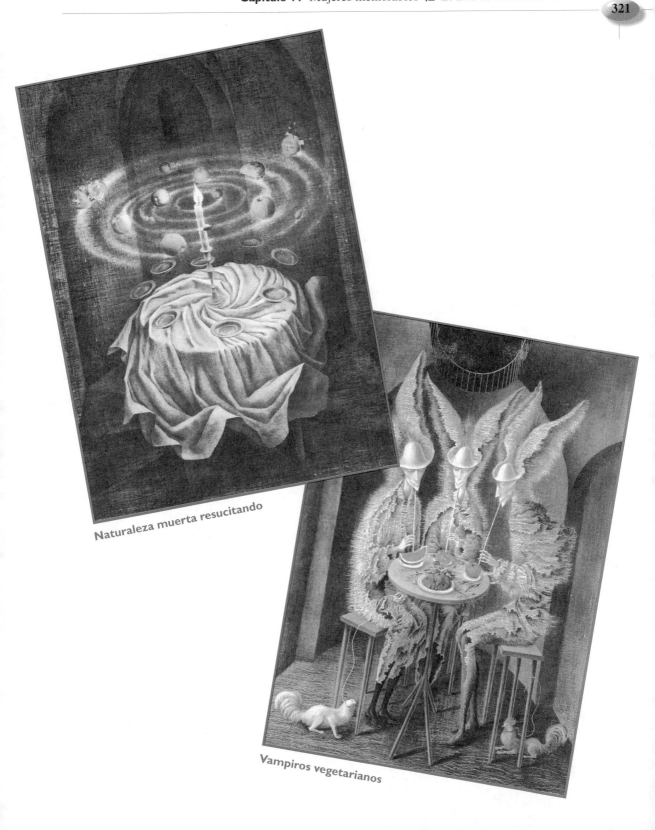

Naturaleza muerta resucitando

Vampiros vegetarianos

¿Entendido?

Indica si las oraciones siguientes son verdaderas o falsas. Corrige las que sean falsas.

1. _____ Remedios Varo se fue a México porque no le gustaba el convento donde estudiaba.

2. _____ Su obra pertenece a la escuela pictórica del surrealismo.

3. _____ Sus padres tenían ideas opuestas sobre la religión.

4. _____ Además de la pintura, a Varo le interesaban la horticultura y los lepidópteros *(insectos)*.

5. _____ En México la pintora española se hizo muy amiga de Leonora Carrington. Viajaban juntas a todas partes.

6. _____ En el cuadro *Bordando el manto terrestre* podemos ver cómo era la vida de Varo en la Ciudad de México.

7. _____ Un tema frecuente en su obra pictórica son los viajes intergalácticos.

8. _____ En oposición a los principios surrealistas, Varo pensaba que el arte debía estar sujeto a la voluntad *(will)* de su creador/a.

En mi opinión

Con dos compañeros/as, discutan los temas siguientes.

1. Durante muchos años se dijo que no existían mujeres pintoras y eso, hoy día, sabemos que no es cierto. ¿Por qué no se ha incluido a las mujeres en los libros de arte? ¿Creen Uds. que la calidad de su obra no es comparable a la de los hombres? ¿A cuántas pintoras conocen Uds.? ¿Sabían que existía un libro con obras de más de cien pintoras? ¿Y que en todo el Museo del Prado sólo hay expuesto un cuadro de una pintora?

2. ¿Ofrecen las mujeres pintoras, escritoras, cinematógrafas, etc. una perspectiva diferente a la de los hombres? ¿Qué temas aparecen con frecuencia en la obra de las mujeres? ¿Y en la de los hombres? ¿Se puede deducir el sexo/género de un/a artista observando sus obras?

3. ¿Son relevantes o no en la obra de un/a artista sus experiencias personales? ¿Qué hace falta saber de un/a pintor/a para entender mejor su obra? ¿Sus ideas políticas? ¿Si estaba casado/a o no? ¿Si era de clase alta o baja? ¿A qué edad empezó a pintar?

4. ¿Qué saben Uds. de la pintura en general? ¿Y del surrealismo en particular? ¿Han oído hablar del muralismo mexicano? ¿De Diego Rivera, David Alfaro Siqueiros (pág. 213) y José Clemente Orozco?

5. ¿Les gustan los museos o los detestan? ¿Cuándo estuvieron por última vez en uno? ¿Cuál es su favorito? ¿Dónde se encuentra? ¿Qué diferencia hay entre una galería de arte y un museo?

6. Si tuvieran la oportunidad de tener cualquier cuadro en su casa, ¿cuál sería? ¿Por qué? ¿Les parecen exorbitantes los precios que pagan algunos/as coleccionistas por ciertos cuadros? ¿Qué elementos (temáticos, técnicos...) diferencian a los/las grandes artistas de los/las que son solamente buenos/as?

7. ¿Qué función tiene el arte en su vida? ¿Son Uds. personas artísticas? ¿Son talentosos/as con las manos? ¿Qué posters tienen en las paredes de su cuarto?

8. El humor no es un elemento ausente en la pintura. ¿Conocen algunos ejemplos?

9. Comenten los cuadros de Remedios Varo que aparecen en esta lección.

Estrategias comunicativas para describir un cuadro

El pintor/La pintora ha representado aquí... *The painter has depicted here . . .*	**Uno de los objetivos del/de la pintor/a es...** *One of the painter's goals is . . .*
Las figuras humanas que ha pintado simbolizan/expresan/muestran... *The human forms that he/she has painted symbolize/express/show . . .*	**Los colores que predominan son primarios/ secundarios/fríos/cálidos/claros/oscuros...** *The predominant colors are primary/ secondary/cold/warm/light/dark . . .*
Este retrato/paisaje fue realizado con pinceladas cortas/largas/enérgicas/delicadas... *This portrait/landscape was executed with short/long/energetic/delicate brushstrokes . . .*	**Su obra pertenece al movimiento surrealista/expresionista/cubista...** *His/Her work belongs to the surrealist/ expressionist/cubist . . . movement.*

En (inter)acción

1. **Un día en el museo.** En grupos de cuatro o cinco, los estudiantes se pasean por el salón de clase que hoy se ha convertido en museo. Hay posters, libros de arte, reproducciones en periódicos o en calendarios, fotografías o bien postales. En cada grupo uno/a de los/las estudiantes se encargará de describir/explicar uno de los cuadros pintados que hoy están expuestos en clase por Remedios Varo o por cualquier pintor/a hispano/a. Empleen algunas de las expresiones de **Estrategias comunicativas.**

2. ¡Esto no es arte! La clase se divide en dos grupos; uno va a defender una visión conservadora del arte y el otro una visión progresista. He aquí algunas de las cuestiones que pueden debatir.

a. Cualquier persona puede pintar arte abstracto porque no hace falta pintar bien.

b. Los desnudos masculinos y femeninos (por ejemplo, *Las señoritas de Avignon* de Picasso) deberían estar prohibidos en el arte.

c. Los niños no deberían ir a los museos. Algunas obras (por ejemplo, *Saturno devorando a sus hijos* de Goya) pueden herir su sensibilidad.

Yo lo titularía...

3. Una reunión ejecutiva de la Fundación Nacional para las Artes *(NEA).* Uds. son los directivos de esta fundación y tienen que subvencionar con dinero federal —es decir, de los contribuyentes *(taxpayers)*— uno de los proyectos presentados, por ejemplo, por Mapplethorpe, por Andrés Serrano, por los chicanos en California, por Xristo... En grupos de cuatro estudiantes, decidan a cuál de ellos les darían la ayuda solicitada. Pueden añadir otros nombres a la lista.

Práctica gramatical

Repaso
gramatical:
La posición de los
adjetivos
(segundo repaso)
(*Cuaderno*, pág. 75)
Los tiempos
progresivos
(segundo repaso)
(*Cuaderno*, pág. 76)

1. En grupos, busquen en la lectura anterior quince adjetivos y expliquen su posición. ¿Qué porcentaje de estos adjetivos van antepuestos y pospuestos a los sustantivos?

2. En parejas, den adjetivos que limiten o describan los sustantivos siguientes.

crisis	muebles
técnica	intelectuales
costumbres	cursos
herencia	viajes
revista	comentarios
arte	consecuencias

3. **Excusas bobas.** Con un/a compañero/a, mantengan una conversación telefónica en la cual uno/a le pide un favor al/a la otro/a y éste/a se excusa diciendo que en ese momento está haciendo algo. Empleen la forma progresiva.

Ejemplo: —Ana, ¿te importa pasar por el supermercado y comprarme unos dulces?
—Rosendo, lo siento mucho. Estoy pintándome las uñas de los pies *(toenails)* y no puedo.

Creación

Elige un cuadro de tu pintor/a favorito/a y descríbelo. Comenta no sólo las figuras, colores o paisaje, sino también el estado emocional y mental que produce su contemplación. Incluye información sobre la vida del/de la pintor/a y la escuela pictórica a la que pertenece. Busca esta información en la biblioteca o en Internet.

Phrases:	*Comparing & contrasting; Making transitions*
Grammar:	*Possessives; Comparisons; Adjectives: agreement & position*
Vocabulary:	*Materials; Personality; Colors*

CAPITULO

12

Decisiones

http://aquesi.heinle.com

La vuelta a casa

Caitlin Bird Francke

Desde los años 30 El Salvador ha vivido en constante terror. Los regímenes dicta-toriales se han sucedido unos a otros y las violaciones de los derechos humanos han sido frecuentes. En los años 80 miles de mujeres salvadoreñas se unieron a grupos guerrilleros para luchar contra la opresión del gobierno militar presidido por José Napoleón Duarte. Algunas de ellas llegaron a tener un papel destacado dentro de las guerrillas.

En 1993 la periodista norteamericana, Caitlin Bird Francke, fue a entrevistar a varias guerrilleras salvadoreñas. Su intención era averiguar qué planes tenían para el futuro estas mujeres que habían participado en un conflicto bélico.

Palabra por palabra

el **ama de casa** (fem.)	*housewife*
decepcionar	*to disappoint*
enfrentarse a/con	*to face, confront, deal with*
el **fracaso**	*failure*
la **guerra**	*war*
orgulloso/a	*proud*
por mi (tu, su...) cuenta	*on my (your, his/her . . .) own*
seguro/a de mí (ti, sí...) mismo/a	*self-confident*
la **visión**	*view, perspective*

Mejor dicho

parecer	*to seem, look*	**Parecía** que íbamos a ganar.
aparecer	*to appear, show up*	¿Cuándo va a **aparecer** el anestesista?
parecerse a	*to look like, resemble*	No sé **a** quién **me parezco.** Y tú, ¿lo sabes?

retirar	*to withdraw, take away*	Anda, **retira** los libros de la mesa para que podamos limpiarla un poco.
retirarse	*to retreat*	Finalmente los enemigos **se retiraron** del pueblo.
jubilarse	*to retire from work*	Yo no quiero **jubilarme** hasta los 80 años.

Práctica

1. En parejas, digan a qué palabra del vocabulario corresponden los sinónimos o antónimos siguientes.

   el éxito
   humilde
   inseguro/a
   solo/a
   la vanidad
   desilusionar
   con otros/as
   arrogante
   evitar
   huir

2. Su compañero/a y Ud. llevan un día terrible. Inventen anécdotas o situaciones en las que se han sentido:

   a. decepcionados/as

   b. fracasados/as

   c. humillados/as

3. **Separados al nacer.** Busquen en la clase parecidos entre sus compañeros/as y gente conocida. Utilicen el verbo **parecerse a.**

4. Algunos/as artistas se retiran a las montañas para trabajar mejor. ¿A dónde se retirarían Uds. si quisieran

   a. componer una canción?

   b. terminar una tesis doctoral?

   c. escribir una novela policíaca?

   d. diseñar una autopista?

Alto

1. Busque en la lectura diez cognados referentes al mundo militar.

   _____   _____

   _____   _____

   _____   _____

   _____   _____

   _____   _____

2. En el mapa de Centroamérica, página xxii, localice los nombres geográficos mencionados en la lectura.

3. ¿El término "guerrillero/a" tiene connotaciones negativas o positivas para Ud.? ¿Qué imágenes o ideas asocia con esta palabra? ¿Por qué?

4. ¿Sabe ya lo que quiere hacer/ser en el futuro? ¿Es lo mismo que cuando era pequeño/a?

5. ¿En qué circunstancias se alistaría en el ejército o tomaría las armas? ¿Qué causas considera justas? ¿Cuáles no?

6. ¿Qué le sugiere la ilustración siguiente?

La vuelta a casa

Caitlin Bird Francke

He venido a ver a una mujer conocida con el nombre de guerra de Alta Gracia.
Es una de las pocas mujeres con una posición importante en la guerrilla de El
Salvador, el Frente Farabundo Martí para la Liberación Nacional (FMLN). Cuando
tenía 18 años, en 1978, el alto mando de una de las facciones del FMLN la eligió
5 para que hiciera un entrenamiento militar en Cuba. De allí, la mandaron a
Nicaragua a luchar junto con los sandinistas.[1] Armada con un lanzamisiles, Alta
Gracia guió a sus tropas hasta la frontera con Costa Rica y defendió satisfactoria-
mente la zona de operaciones que le habían asignado en el sur de Nicaragua contra la Guardia Nacional de Somoza. Cuando volvió a El Salvador, la pusieron al
10 frente de uno de los batallones más grandes de la historia del FMLN. Partidaria[2]
de una disciplina férrea,[3] les decía ella a menudo a sus tropas, "Cuanto más sudor[4]
haya en el entrenamiento, menos sangre habrá en el campo de batalla".

Los 12 amargos años de guerra civil en El Salvador terminaron en 1992, después de dos años de negociaciones para alcanzar un acuerdo de paz.[5] En la actua-
15 lidad, el FMLN es un partido político más. Tanto Alta Gracia como sus 2.500
hermanas de armas se enfrentan ahora con la vuelta a la vida civil. La guerra ha
agravado[6] las dificultades económicas de las mujeres de este país centroamericano. Según nos informan grupos feministas salvadoreños, el 55 por ciento de las
mujeres son madres solteras, viudas o han sido abandonadas. Más del 50 por
20 ciento son maltratadas[7] regularmente por sus compañeros y muchas viven en
extrema pobreza. Todas son víctimas de la actitud machista que persiste en la
sociedad salvadoreña.

Yo soy feminista e hija de feminista, y me enseñaron que las mujeres deben
luchar por su propia independencia e identidad. Por lo tanto he llegado a la con-
25 clusión de que Alta Gracia y las otras guerrilleras salvadoreñas son heroínas. Con
sus uniformes de camuflaje, con sus armas automáticas, van y vienen por el cam-
pamento seguras de sí mismas y con un entendimiento del poder que les falta a
sus hermanas civiles. Me imagino yo que después de la guerra aspirarán a ser doctoras, abogadas e incluso presidentas.

30 A medida que[8] Alta Gracia se acerca a mí, me doy cuenta de que la transición
no va a ser como yo esperaba. Alta Gracia está embarazada de siete meses. De la
guerra a la paz y de comandante a madre, Alta Gracia ha sustituido el uniforme
de faena[9] por un traje de premamá y sus botas de combate por Wallabees y

---

[1] **sandinistas** = partidarios de Sandino, líder revolucionario nicaragüense   [2] **Partidaria** = A favor de
[3] **férrea** = muy estricta   [4] **Cuanto más sudor** *The more sweat there is*   [5] **acuerdo de paz** *peace accord*
[6] **agravado** *worsened*   [7] **maltratadas** *abused*   [8] **A medida que** = Mientras   [9] **uniforme de faena** *fatigues*

calcetines[10] azul claro. La imagen que yo tenía de la tenaz Alta Gracia presentán-
35 dose de candidata para un cargo político se tambaleó[11] cuando me dijo "lo
primero que tengo que hacer es buscar un lugar donde vivir. Supongo que tendré
que pasar un tiempo de ama de casa."

Ama de casa. Soltera. Criando a sus hijos por su cuenta. Sembrando frijoles y
maíz.[12] Barriendo el suelo de barro[13] de la casa. Haciendo tortillas tres veces al
40 día. "Me gustaría combinarlo con algo más, pero no sé qué todavía", me dice.

Aferrada[14] a mi visión idealista, busqué a otra guerrillera más joven que tuviera
una visión distinta del futuro. Encontré a Beatriz, de 17 años, miembro de las
fuerzas especiales del FMLN. Ella me cuenta orgullosa que ha logrado escalar una
pared más rápido que ninguno de los hombres. Sonríe con entusiasmo cuando le
45 pregunto sobre su futuro. "Siempre he querido ser esteticista",[15] me responde.

Mis heroínas me han decepcionado. Debido a mi frustración, me pongo a cul-
par a estas mujeres por no ser bastante ambiciosas. Pero de regreso a San
Salvador, me doy cuenta de la presencia constante de mujeres y niños al lado de la
carretera recogiendo leña[16] y con jarras de agua en la cabeza. Y entonces empiezo
50 a comprender que las mujeres no se unieron a las guerrillas por creer en Marx o
Lenin. Tampoco lucharon para poder ser doctoras o abogadas. Algunas lucharon
para vengar la muerte de sus seres queridos y otras se armaron para poder protegerse. La mayoría luchó con la esperanza de una vida mejor para su familia.

De hecho, más allá de un lugar tradicional en la casa, hay muy poco a lo que
55 pueden aspirar las mujeres que han recibido un entrenamiento militar. ¿Cuántas
telegrafistas o lanzadoras de morteros puede absorber una fuerza de trabajo cuyo
índice de desempleo es el 50 por ciento? Como sólo ha estudiado hasta el tercer
grado, Alta Gracia no puede ni siquiera incorporarse a la nueva policía, mucho
menos llegar a ser doctora o abogada. Había confundido yo el poder de llevar ar-
60 mas con el poder de tomar decisiones. Mi feminismo y mis criterios surgieron en
una realidad socioeconómica muy diferente. Lo que les importa ahora a las antiguas combatientes no es la política sexual, sino la oportunidad de recuperar, después de tantos años de guerra, el tiempo perdido con sus familias.

Estas mujeres aún son mis heroínas. Puede que les lleve bastante tiempo ser
65 doctoras o abogadas, pero hay que reconocer que han sembrado en El Salvador
las semillas[17] del cambio. "Sin la revolución mi vida habría sido un fracaso" afirma
Alta Gracia. "Habría tenido hijos y nada más. Me siento muy orgullosa de haber
participado en la guerra, en lugar de vivir una vida pasiva." Para Alta Gracia, y
otras mujeres como ella, el primer triunfo es haber sobrevivido la guerra. En la
70 paz, el jardín crecerá a su ritmo, no al mío.

---

[10] **calcetines** *socks*   [11] **se tambaleó** *collapsed*   [12] **frijoles y maíz** *beans and corn*   [13] **barro** *mud*
[14] **Aferrada** *Firm in*   [15] **esteticista** *beautician*   [16] **leña** *firewood*   [17] **semillas** *seeds*

¿Entendido?

Identifique los términos siguientes según el contenido de la lectura.

1. Alta Gracia
2. El Salvador 1980–1992
3. FMLN
4. Abogadas, doctoras, presidentas
5. Traje de premamá
6. Esteticista
7. Más del 50% maltratadas
8. Pobreza

En mi opinión

En grupos de cuatro estudiantes, discutan los temas siguientes.

1. ¿Son estos grupos sobre los que han leído similares a las llamadas milicias que han surgido en Estados Unidos? Comenten. ¿Son grupos patriotas o no? Expliquen.

2. ¿Es una contradicción que una mujer que da la vida se dedique a quitarla también? ¿Por qué se habla de la "madre patria"? ¿Por qué se la ve como una mujer? ¿Conocen a diosas *(goddesses)* guerreras de la mitología clásica, azteca, etc.?

3. ¿Están Uds. de acuerdo con que las mujeres no participen en los combates? ¿O que ciertas academias militares no permitan la entrada a las mujeres? Expliquen su posición.

4. Mencionen algo que Uds. pueden hacer y que creen que no podría hacer una persona del otro sexo.

5. Ha habido mujeres como Rosa Parks que no han tenido que recurrir a las armas para tener impacto social y político. ¿Creen que son necesarias la fuerza y la violencia?

6. ¿Están listos los Estados Unidos para tener una presidenta como hay en otros países? ¿Saben en qué países hay o ha habido presidentas?

7. Hasta ahora, ¿cuál ha sido una decisión importante en su vida? Expliquen la situación, las opciones que tenían y su decisión final. Por último, ¿están contentos/as con el resultado o creen que se equivocaron?

Estructuras comunicativas para ordenar algo de distintas maneras

En español, como en inglés, podemos pedir u ordenar algo con autoridad y firmeza o con cortesía. Para dar una orden de modo directo, utilizamos las formas verbales de los mandatos. Si queremos suavizar nuestra petición, utilizamos otras expresiones.

Abra la puerta. *Open the door.*	**Por favor, ¿puede/podría abrir la puerta?** *Could you open the door, please?*
No me llames más. *Don't call me anymore.*	**Te agradecería que no me llamaras más.** *I would appreciate it if you did not call me anymore.*
Dame una aspirina. *Give me an aspirin.*	**Quisiera una aspirina.** *I would like (to have) an aspirin.*
Vámonos. *Let's go.*	**No me importaría que nos fuéramos ahora mismo.** *I would not mind if we left right now.*

En (inter)acción

1. En grupos de tres estudiantes, decidan primero si utilizarían mandatos o expresiones de cortesía en las situaciones que se mencionan a continuación. Luego, digan dos oraciones para cada situación.

   Ejemplo: comprando en una tienda utilizaría expresiones de cortesía
   —¿Puedo probarme estos pantalones?
   —¿Le importaría traerme una talla más grande?

   en un entrenamiento militar

   en una clase de danza

   en un restaurante

   en un banco

   en un quirófano (*operating room*)

   en un taxi

   en casa con su perro

   en la calle dando direcciones a alguien que está perdido

2. **Máximas.** En grupos, compongan máximas o proverbios como el de Alta Gracia —"Cuanto más sudor haya en el entrenamiento, menos sangre habrá en el campo de batalla"— pero para cualquier aspecto de la vida. Después preséntenlas delante de la clase.

   Ejemplo: —Más vale perder cinco minutos en la vida que la vida en cinco minutos.

   —Es mejor morir de pie que vivir de rodillas.

3. **Reclutamiento.** Tienen que organizar una expedición a la selva amazónica y éstos son los/las candidatos/as que se han presentado. Aunque presentan algún fallo, no tienen más remedio que escoger a tres de ellos/as. Con sus compañeros/as, decidan a quiénes eligirán para que los/las acompañen. Expliquen su decisión.

   a. Esmeralda no aguanta el color verde.
   b. Perico tiene con frecuencia alucinaciones.
   c. Felicidad se marea si ve sangre.
   d. A Adrián le dan miedo las serpientes.
   e. Horacio no tiene sentido de la orientación.
   f. Diego sufre de vértigo.
   g. Eustaquio está sordo.
   h. Dolores se cansa en seguida.
   i. Neli no sabe nadar.
   j. Miguel es alérgico a casi todo.

4. **Test de personalidad.** La clase se divide en cuatro grupos y cada grupo elige una profesión (bombero/a, farmacéutico/a, ventrílocuo/a, exorcista, locutor/a de radio, etc.) diferente. Cada grupo escribe cinco preguntas que harían a una persona para saber si está capacitada o motivada para esa profesión. Una vez que tengan las preguntas, los miembros de un grupo hacen el test a los/las compañeros/as de otro grupo sin decirles de qué profesión se trata hasta que hayan terminado. Al final, comenten los resultados.

   a. ¿Te dan miedo las alturas?
   b. ¿Tienes buen equilibrio?
   c. ¿Te gustan los riesgos?
   d. ¿Puedes concentrarte *(focus)* durante mucho tiempo?
   e. ¿Te importaría que tu público fuera infantil?

   Ejemplo: profesión—equilibrista *(tightrope walker)*

5. Con un/a compañero/a recreen la entrevista de Caitlin Bird Francke con Alta Gracia. Un/a estudiante hace el papel de la periodista y el/la otro/a de la guerrillera.

6. **La rebelión de los electrodomésticos de Alaska y los Pegamoides.** Alaska es una de las cantantes más representativas de un movimiento contracultural surgido a finales de los años 70 en España y conocido como "la movida". Los grupos de su generación han contribuido tremendamente a la renovación del panorama musical español.

   La canción "La rebelión de los electrodomésticos" nos presenta una rebelión muy especial: la de los aparatos de cocina contra una ama de casa.

La rebelión de los electrodomésticos

Me da miedo entrar en la cocina.
Me da miedo lo que pueda ver.
La tostadora se ha vuelto asesina,
el lavaplatos no me puede ver.
Se han rebelado todos a la vez,
la turmix, la plancha y la moulinex.* aparatos de cocina
Se han vuelto locos de repente, hay que ver.
La aspiradora se niega a aspirar,
dice que no, que no, ni hablar;
la nevera está leyendo a Marx
y me dice que la deje en paz.* to leave her alone
Se han rebelado todos a la vez,
la minipimer* se ha unido también. aparato de cocina
Me han dicho que no me preocupe,
me soltarán* dentro de un mes. dejarán libre

Práctica gramatical

Repaso
gramatical:
El imperativo
(segundo repaso)
(*Cuaderno*, pág. 77)
Los usos del verbo
hacer
(*Cuaderno*, pág. 77)

1. Con toda la clase, denles órdenes a sus compañeros/as. Los/Las estudiantes tienen que hacer lo que se les ordene. Utilicen los mandatos afirmativos y negativos de **tú.**

Ejemplo: David, levántate y sal de la clase.

2. Un/a paciente acaba de salir de un coma profundo y quiere enterarse de todo lo que ha ocurrido en el mundo mientras tanto (*meanwhile*). Un/a estudiante hace el papel del/de la enfermo/a y el/la otro/a del médico. Usen las expresiones temporales con **hace** y la imaginación.

Ejemplo: —Doctor, ¿cuánto tiempo hace que estoy aquí?
—Pues si no recuerdo mal, hace unos veinte años que te trajeron al hospital.

3. En grupos, asocien estas prendas de vestir, lugares, meses y estaciones con una de las expresiones de **hace** que indican condiciones atmosféricas.

Ejemplo: En un volcán en erupción... hace muchísimo calor.

traje de baño
sandalias
botas de nieve
pantalones cortos

Siberia
Chicago
Miami
Texas

desierto
playa
montañas
bosque

agosto
diciembre
marzo
otoño

4. En parejas, decidan el trabajo doméstico que debería realizar cada uno/a si vivieran juntos. Discutan, entre otras cosas, quién debe hacerlo, con qué frecuencia, cómo, dónde, etc.

Ejemplo: Yo no quiero hacer las camas todos los días, ¿y tú?

hacer las camas   sacar la basura
pagar las cuentas   hacer la compra
hacer la cena   hacer una limpieza general

Creación

En la conocida comedia de Aristófanes titulada *Lisístrata,* las mujeres se negaron a acostarse con sus maridos hasta que hubiera paz. Invente una estrategia semejante para acabar con una guerra, un conflicto, una pelea, una riña. Escriba por lo menos dos párrafos.

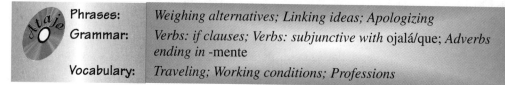

Phrases:	*Weighing alternatives; Linking ideas; Apologizing*
Grammar:	*Verbs: if clauses; Verbs: subjunctive with* ojalá/que; *Adverbs ending in* -mente
Vocabulary:	*Traveling; Working conditions; Professions*

La brecha

Mercedes Valdivieso

Mercedes Valdivieso consiguió un éxito rotundo con su novela *La brecha* (1960, traducida como *The Breakthrough*). En ella, la escritora chilena nos presenta a una mujer, poco convencional para su época, que decide romper con algunos de los papeles tradicionales que le ha asignado la sociedad.

El texto seleccionado corresponde a las primeras páginas de la novela y, en ellas, la protagonista nos habla de su matrimonio y del nacimiento de su primer hijo. Después de dar a luz, la narradora decide no tener más hijos. Esta decisión va en contra de la posición de la Iglesia católica respecto al uso de los métodos anticonceptivos. Ya que en la Biblia Dios dice "creced y multiplicaos", los católicos no pueden recurrir a ninguno de estos métodos; de lo contrario, cometen un pecado mortal y cuando mueran irán directamente al infierno *(hell)*.

▶ Palabra por palabra

arreglarse	*to manage, fix oneself up*
así	*thus, like this/that*
dar a luz/parir	*to give birth (to)*
la **luna de miel**	*honeymoon*
más vale... que	*it is better . . . than*
la **mayoría (de)**	*most of, majority*
el **pañal**	*diaper*
el **parto**	*childbirth*
por lo tanto	*therefore*
el **refugio**	*shelter*
el **riesgo**	*risk*

▶ Mejor dicho

embarazada	*pregnant*	Bárbara estaba **embarazada** de siete meses cuando la conocí.
embarazoso/a	*embarrassing (with situations)*	A mí sus preguntas me resultaron **embarazosas.**
avergonzado/a	*ashamed, embarrassed*	Se sienten **avergonzados** de su cobardía.
vergonzoso/a	*shy (with people)*	Diana no habla en público porque es muy **vergonzosa.**
	shameful, indecent (with things or situations)	¿No te parece **vergonzoso** cómo nos tratan?

| entonces | *right then, at that time* | Terminó el examen y **entonces** se acordó de la respuesta. |
| luego, después | *next, then, later* | Vivimos dos años en Montevideo y **luego/después** tres años en Ayacucho. |

¡Vivan los novios!

Práctica

En parejas, contesten las preguntas siguientes. Presten atención a las palabras del vocabulario.

1. ¿Cuántos años usan los niños pañales? ¿Qué tipos de pañales hay? ¿Por qué los hay azules y rosas? ¿Por qué les preocupan a los ecologistas los pañales?

2. Mencionen dos riesgos que corre un/a niño/a estando en casa, en la escuela, en el parque. ¿Y los jóvenes? ¿Qué es lo más arriesgado que ha hecho Ud. jamás?

3. ¿Es posible en los Estados Unidos dar a luz en casa? ¿Es mejor ir a un hospital? ¿Por qué? ¿Qué tópicos *(clichés)* presentan los programas de televisión cuando una mujer va a dar a luz o bien está embarazada?

4. ¿Cuántas horas suele durar un parto? ¿Son todos los partos iguales? ¿Qué es "una cesárea"? ¿Qué hace el marido o compañero/a mientras la mujer da a luz?

5. A continuación tienen una lista de situaciones embarazosas. Añadan cinco más y luego pónganlas en orden de importancia.

  a. Romper algo muy valioso en casa de alguien.
  b. Confundirse de nombre al hablar con alguien.
  c. Tener comida entre los dientes.
  d. Tropezar y caerse en la calle.

6. Digan dos oraciones con el adverbio **entonces** y otras dos con **luego** o **después** mostrando la diferencia de significado que tienen en español.

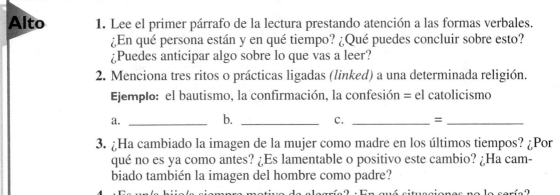

Alto

1. Lee el primer párrafo de la lectura prestando atención a las formas verbales. ¿En qué persona están y en qué tiempo? ¿Qué puedes concluir sobre esto? ¿Puedes anticipar algo sobre lo que vas a leer?

2. Menciona tres ritos o prácticas ligadas *(linked)* a una determinada religión.

  Ejemplo: el bautismo, la confirmación, la confesión = el catolicismo

  a. _____   b. _____   c. _____ = _____

3. ¿Ha cambiado la imagen de la mujer como madre en los últimos tiempos? ¿Por qué no es ya como antes? ¿Es lamentable o positivo este cambio? ¿Ha cambiado también la imagen del hombre como padre?

4. ¿Es un/a hijo/a siempre motivo de alegría? ¿En qué situaciones no lo sería?

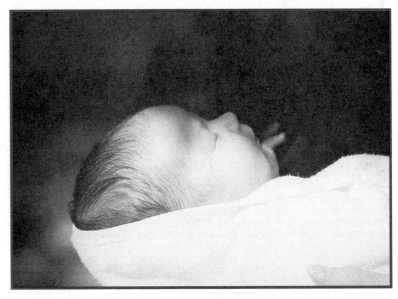

Después de la
nana *(lullaby)*...

La brecha

Mercedes Valdivieso

Me casé como todo el mundo se casa. Antes de los veinticinco años debía adquirir un hombre que velara por mí,[1] me vistiera, fuera ambicioso y del que se esperara, al cabo de cierto tiempo, una buena posición: la mejor posible.

Todo el mundo estaba de acuerdo en que un marido era absolutamente indis-
5 pensable. Yo tenía diecinueve años, voluntad firme, pasión, belleza, un físico ex-
huberante, de una gran sensualidad.

Mamá pesaba con autoridad sobre mis arrebatos[2] de libertad, limitándola con firmeza. [Yo] me defendía furiosamente. Los veintiún años me parecían tan lejanos como la luna. Comencé, entonces, a pensar en solucionar el problema.

10 Un día, acompañando a su prima, llegó Gastón, todo un joven y promisorio[3] abogado. Sabía por mi amiga que había obtenido durante todos sus años de universidad las calificaciones más altas. Me miró como deben abrirse los ojos en la luna: atónito.[4] Desde ese momento todo tenía que precipitarse porque la perspectiva de salir de casa me parecía de posibilidades ilimitadas. Bajé la cabeza,
15 me tiré por la ventana, sin pensar que junto a ella estaba la puerta por abrirse.

***

[Varios meses después de haberse casado con Gastón]

Una de aquellas deliciosas mañanas en que me quedaba sola, tuve las primeras náuseas. Revisé mentalmente los motivos y los atribuí, desesperadamente, a las bebidas de la noche anterior. Mi estómago lo rechazaba todo; la empleada se
20 asustó. Una hora después apareció mi madre, me tomó la temperatura, observó mi piel y se quedó luego pensativa[5] largo rato.

—Iremos al doctor.

Dentro de mí comenzaba a crecer una angustia desconocida, aterradora;[6] no quería pensar en nada que fuera más allá de un simple malestar[7] de estómago.
25 Todo pasó rápido. Preguntas van, respuestas se dan. Como en sueños oí que es-
peraba un hijo. No podía ser, si jamás lo había pensado. Esas cosas le sucedían al resto, ¿pero yo qué haría? ¿Y mi libertad? ¿Ese era el resultado de la luna de miel? Sentí un rencor hondo,[8] feroz, contra Gastón. Preferible no verlo hasta más tarde.

---

[1] **velara por mí** *would watch over me*   [2] **arrebatos** *outbursts*   [3] **promisorio** *promising*   [4] **atónito** = muy sorprendido   [5] **pensativa** *pensive*   [6] **aterradora** *terrifying*   [7] **malestar** *discomfort*   [8] **hondo** *deep*

***

[Meses después en una clínica]

30 Largo paréntesis. Pero no hay plazo que no se cumpla[9]...

Me dolió, me desgarró,[10] me aplicaron calmantes.[11] Nació sano, hermoso. Lo vi al volver de la anestesia un par de horas después. El cansancio era muy grande para tener manifestaciones de alegría. Y estaba contenta. Libre otra vez; al menos sola con mi propio cuerpo. Respiré hondo. Esa noche pedí a la enfermera que lo

35 acercara. Tan chiquito, tan desamparado,[12] arrancado[13] de su primer refugio: de la carne al pañal, a horarios, a voces incoherentes. Lloraba, parecía aterrado.

—¡No lo coja,[14] señora; desde que nacen hay que disciplinarlos!

(¡Dios, qué flaco favor[15] le había hecho; empezaba la lucha contra él!)

Desoí[16] sus consejos y lo levanté. Su aliento agitado, sus manitas crispadas[17] en

40 el aire pedían socorro.[18] Ahora yo era dos. Puse mi cara junto a la suya, rosada, tibia,[19] y se fue calmando. Sentí piedad, una ternura inmensa y desconocida.

—Bueno, chiquitito, ya nos arreglaremos, ya nos arreglaremos.

Afuera la noche de septiembre, limpia, fresca. Oía los coches correr por la Costanera. Quise ir en uno de ellos velozmente hacia la cordillera[20] acompañada

45 de la risa fuerte y alegre de un hombre.

El departamento[21] que ocupaba, grande y lujoso, más parecía un hotel que una clínica, pero era una clínica. Apreté las manos contra mi vientre[22] sobre las sábanas: "Nunca más. Haré lo necesario para impedir que esto se vuelva a repetir. Nunca más."

50 —Los hijos son la corona[23] de las madres, evitarlos es un pecado. Más vale llegar pronto al cielo[24] que más tarde al infierno.[25]

Así decía mi suegra, que pesaba mucho[26] en la conciencia de Gastón. Este consideraría, por lo tanto, entre las terribles consecuencias futuras de mi decisión, la posibilidad de la condenación[27] eterna. Porque abstenerse ciertos días, la mayoría,

55 para no correr riesgos ni pecar,[28] era demasiado duro a los veinticinco años.

---

[9] **no hay... cumpla** everything comes to an end   [10] **me desgarró** ripped me   [11] **calmantes** painkillers   [12] **desamparado** = sin ayuda   [13] **arrancado** yanked out   [14] **No lo coja** Do not pick him up   [15] **flaco favor** bad deal   [16] **Desoí** = Ignoré   [17] **crispadas** clenched   [18] **socorro** = ayuda   [19] **tibia** warm   [20] **cordillera** = montañas   [21] **departamento** = cuarto   [22] **vientre** belly   [23] **corona** crown   [24] **cielo** heaven   [25] **infierno** hell   [26] **pesaba mucho** = fig. tenía mucha influencia   [27] **condenación** damnation   [28] **pecar** to sin

¿Entendido?

Explique en sus propias palabras lo que la protagonista quiere expresar cuando dice lo siguiente.

1. "... me tiré por la ventana, sin pensar que junto a ella estaba la puerta por abrirse."
2. "¿Y mi libertad? ¿Ese era el resultado de la luna de miel?"
3. "... no hay plazo que no se cumpla."
4. "Libre otra vez; al menos sola con mi propio cuerpo."
5. "... arrancado de su primer refugio: de la carne al pañal."
6. "Ahora yo era dos."
7. "Nunca más."
8. "Los hijos son la corona de las madres, evitarlos es un pecado."
9. "... [Una de] las terribles consecuencias de mi decisión [sería] la condenación eterna."
10. "... abstenerse ciertos días."

En mi opinión

Con su compañero/a, hablen de los temas siguientes.

1. Comenten la diferencia entre la imagen tradicional de la maternidad y la presentada en el texto. ¿En qué son distintas la imagen ideal y la real?
2. ¿Tienen todas las mujeres instinto maternal? ¿Es la maternidad una construcción social o tiene una base biológica? ¿Todas las mujeres desean tener hijos? ¿Cómo se trata a las que no los quieren tener?
3. Mencionen tres características de una buena madre y tres de un buen padre. ¿Cuál debe ser el papel del padre y de la madre en la familia? ¿Cuál es el papel del padre y de la madre en la suya?
4. Si los miembros de una pareja ya no se quieren, ¿es preferible que se divorcien o que se queden juntos "por los niños"?
5. ¿Quién debe responsabilizarse de la contracepción: el hombre o la mujer? ¿Y si no están de acuerdo?
6. La religión que profesamos determina en gran parte nuestras creencias y prácticas cotidianas. Escriban tres cosas en las que creen o bien hacen que están motivadas por la religión. Si son Uds. ateos/as, mencionen tres principios éticos que siguen.

Estrategias comunicativas para felicitar a alguien

Felicidades.	*Congratulations.*	Con hechos que ocurren anual o periódicamente y que no implican un esfuerzo por parte de la persona; por ejemplo, el cumpleaños, aniversarios, etc.
Enhorabuena.	*Congratulations.*	Con hechos favorables que ocurren una o pocas veces en la vida e implican el esfuerzo o la suerte por parte de la persona: bodas, graduaciones, nacimientos, etc.
Te felicito.	*I congratulate you.*	Cuando se ha conseguido un premio, se ha hecho algo muy bien, etc.
Feliz Navidad. Felices Pascuas.	*Merry Christmas.* *Happy Easter.*	Con celebraciones específicas.

En (inter)acción

1. Con sus compañeros/as, decidan qué expresión utilizarían para felicitar a las personas siguientes.

   a. A las jugadoras de un equipo de baloncesto que acaba de ganar la copa.
   b. A una amiga que acaba de tener un hijo.
   c. A un alumno que ha sacado la mejor nota en el examen de cálculo.
   d. A su padre por ser el Día del padre.
   e. A una montañista que subió a la cumbre del Everest.
   f. A su acompañante el día de Año Nuevo.
   g. A su vecina por haber recibido un ascenso en el trabajo.
   h. A su actor favorito por haber ganado un Oscar.
   i. A una conocida a quien le acaba de tocar la lotería.

2. Con un/a compañero/a, preparen el diálogo entre los esposos de *La brecha* cuando ella le dice que no quiere tener más hijos. Exploren con cuidado la reacción del marido. Preséntenlo delante de la clase. También pueden preparar otro diálogo en el que el esposo es el que no quiere tener más.

   Ejemplo: —Mira, cariño, como Cristobalito nos da tanto trabajo, he pensado que no deberíamos tener más hijos.
   —¿Y con quién va a jugar cuando sea mayor?
   —No te preocupes. Le compraremos un perro.

3. **Amor de madre.** Comenten con el mayor lujo de detalles las viñetas de esta tira cómica.

4. **Madre campesina de Sabiá.** Presten mucha atención a la letra de la canción siguiente. Luego, en grupos de tres estudiantes, preparen dos preguntas (sobre el contenido, el tema...) para hacer a sus compañeros/as.

Madre campesina

Una madre campesina
trabajaba y trabajaba en la labor,
ocho meses de embarazo,
qué le importa al patrón. (bis)
Agachada* y de rodillas   bending over
sin poderse defender,
llora en su vientre* un niño   womb
ya desde antes de nacer. (bis)
Trabajando en tierra ajena*   que pertenece a otra persona
por sus manos (bis)
han de pasar
aquellos preciados frutos
que nunca habrá de probar.
Ya se acabó la cosecha,*   harvest
cosecha para el patrón,
que cosechó la madre
con su trabajo y sudor.* (bis)   sweat
Pare un niño retardado,
desnutrido (bis) y sin honor
y mientras tanto goza y ríe
en la abundancia el patrón. (bis)
Otra madre campesina
trabajaba y trabajaba en la labor,
6 meses (7, 8...) de embarazo
qué le importa al patrón.
Pare un niño retardado,
desnutrido (bis) y sin honor.
Mil niños (2000, 3000...) retardados
no le importan al patrón. (bis)

5. Relacionen la canción de Sabiá con este mural de Juana Alicia, que se encuentra en San Francisco.

Las lechugueras

5. Discutan las siguientes afirmaciones en grupos o con toda la clase.

   a. Para que una mujer/un hombre se sienta realizado/a, debe tener por lo menos un/a hijo/a.
   b. Hay que educar a los niños y a las niñas de manera diferente.
   c. La figura paterna es fundamental en una familia.
   d. Una pareja homosexual que tiene o adopta un/a niño/a forma también una familia.
   e. El contratar a mujeres para tener el bebé de una pareja debería ser ilegal, porque esta práctica presupone que el cuerpo femenino es una fábrica de hacer niños.

6. Las tradiciones y costumbres que rigen la unión de dos personas van cambiando a lo largo del tiempo. En grupos, examinen los siguientes hechos de ayer y de hoy. Añadan otros que les gustaría comentar.

   En el pasado:

   a. Los padres elegían los maridos para sus hijas.
   b. La mujer debía aportar una dote *(dowry)* al matrimonio.
   c. El marido podía repudiar a su esposa si ésta no era virgen.

   Hoy día:

   a. En algunos países es legal el matrimonio entre parejas homosexuales.
   b. Después de los 18 años uno/a se puede casar sin autorización paterna.
   c. En algunos estados norteamericanos exigen a los contrayentes un análisis de sangre para ver si tienen SIDA u otras enfermedades transmitidas sexualmente.

Práctica gramatical

Repaso
gramatical:
Resumen de
los usos del
infinitivo
(*Cuaderno*, pág. 78)
Resumen de
los usos del
gerundio
(*Cuaderno*, pág. 79)

1. **En un hospital.** En parejas, usando la expresión **para + infinitivo,** indiquen los usos de estos objetos y productos.

   Ejemplo: Se usan las jeringuillas para poner inyecciones.

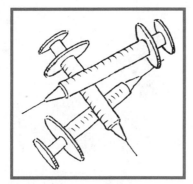

las jeringuillas

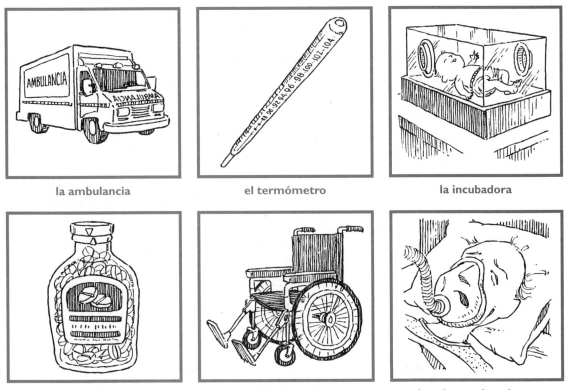

la ambulancia   el termómetro   la incubadora

las aspirinas   la silla de ruedas   la máscara de oxígeno

2. Adivinanzas *(Riddles).* En grupos, describan a los miembros de la clase completando la expresión "se pasa el día" con un **gerundio.** Después digan las oraciones a la clase, sin mencionar el nombre de su compañero/a, para ver si saben a quién se refieren.

Ejemplo: —Se pasa el día quejándose.
             —Ah, claro, es Susana.

Creación

Vuelva a escribir el texto de *La brecha* desde la perspectiva del marido, de la suegra o del bebé.

Phrases:	*Persuading; Self-reproach; Disapproving*
Grammar:	*Verbs: preterite & imperfect; Verbs: subjunctive; Verbs: if clauses* si
Vocabulary:	*Family members; Numbers; Upbringing*

Medidas contra el aborto

Josep-Vicent Marqués

"El aborto es la interrupción del embarazo por cualquier causa antes de 22 ó 24 semanas según los diferentes países. Puede producirse de forma espontánea o a petición de la mujer. El aborto no es un asunto de nuestros tiempos, pues hay referencias a sus técnicas en toda la historia escrita de la humanidad. Las primeras leyes que se promulgaron en torno al aborto surgieron a partir de 1930." (*Interrupción voluntaria del embarazo,* Instituto Andaluz de la Mujer, 1996, 1.)

El novelista y periodista español, Josep-Vicent Marqués, comenta en el artículo siguiente las propuestas de Acción Familiar, un grupo que se opone radicalmente al aborto.

▶ Palabra por palabra

el **aborto**	*abortion, miscarriage*
desgraciado/a	*unfortunate, unhappy*
el **embarazo**	*pregnancy*
oprimido/a	*oppressed*
por otra parte	*on the other hand*
la **propuesta**	*proposal*
suponer	*to suppose, assume*
la **violación**	*rape, violation*

▶ Mejor dicho

molestar°	*to bother*	¡Cómo **molestan** las moscas en verano!
acosar (a)	*to harass*	Despidieron a los ejecutivos que **acosaron** al empleado.
abusar (de)	*to take advantage of, make unfair demands on, abuse sexually*	Fue acusado de **abusar de** su criada.
maltratar	*to abuse physically*	Desgraciadamente muchos padres **maltratan** a sus hijos pequeños.

° ¡**Ojo! Molestar** no tiene connotación sexual y en español nunca significa *to molest.*

sacar°	*to take out*	**Sacaré** al niño de paseo, ya que tú no puedes.
quitar	*to take away*	Nos querían **quitar** nuestros beneficios laborales, pero protestamos y no nos los **quitaron.**
quitarse	*to take off*	**Quítese** los zapatos y los calcetines, por favor.

° ¡**Ojo! Sacar** tiene otros significados: **sacar buenas o malas notas** (*to get good/bad grades*), **sacarle un diente o muela a alguien** (*to have a tooth pulled*). *Take out* se dice **comida para llevar.**

Práctica

En parejas, contesten las siguientes preguntas. Presten atención a las palabras del vocabulario.

1. Mencionen tres precauciones recomendadas por la policía para protegerse contra una violación. ¿Puede evitarse la violación en todos los casos?

2. ¿Por qué son desgraciados algunos niños? ¿Y algunas madres? ¿Y algunos padres?

3. Expliquen la diferencia entre "oprimido" y "reprimido", y entre "opresión" y "represión".

4. ¿Qué piensan Uds. de las alternativas actuales al tipo de embarazo tradicional, como la inseminación artificial, los niños probeta *(test tube),* las madres contratadas, la clonación? ¿Recurrirían Uds. a alguno de estos métodos? ¿Cómo responderían si alguien les dijera "quiero tener un/a hijo/a tuyo/a"?

5. ¿Sabían Uds. que en español "aborto" significa también *miscarriage?* ¿Cómo podría expresarse en español la diferencia?

6. ¿Cómo se define el abuso sexual? ¿Hay muchas películas que tratan de este asunto? Mencionen algunas.

7. Dicen que una persona maltratada maltratará a otra. ¿Están Uds. de acuerdo? ¿Es común que estas acciones se repitan? ¿Por qué es así? ¿Cómo se podría romper el círculo vicioso?

8. Digan tres cosas y tres personas que les molestan a Uds. y expliquen por qué.

9. ¿Qué les quita el sueño? ¿Hay algo que les quite el hambre?

10. Describan el cuadro "Sollozando" empleando el vocabulario que han aprendido en esta unidad.

Sollozando

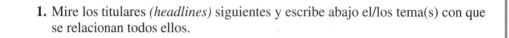

Alto

1. Mire los titulares *(headlines)* siguientes y escribe abajo el/los tema(s) con que se relacionan todos ellos.

   _____   _____   _____

2. Lea atentamente el primer párrafo y luego el principio de los párrafos siguientes. ¿Qué relación hay entre ellos? ¿Cómo está construido este ensayo?

3. En la página 351, línea 17, dice el autor: "Enumeremos algunas". ¿A qué se refiere "algunas"? ¿Y cuántas exactamente enumera el autor: 3, 6, 8 ó 12?

   _____   _____

4. ¿Cuáles son algunos argumentos a favor o en contra del aborto?

5. ¿Quiénes deberían decidir sobre la legalidad o ilegalidad del aborto: los hombres o las mujeres, los/las médicos/as o los/las políticos/as? ¿A quiénes les afecta más?

Supermercado de bebés

La protección de los bebés cuando exploran su mundo

A pesar de la imposibilidad de predecir las travesuras de los bebés, se pueden tomar ciertas precauciones para que no se hagan daño.

LOS MENORES QUE TRABAJAN (2)
Convención de los derechos del niño

La cigüeña traerá niños de encargo.

El Papa considera el aborto como el mayor peligro para la paz mundial.

LA POLÉMICA LEY DEL ABORTO
Insatisfactoria, insuficiente, injusta

Medidas contra el aborto

Josep-Vicent Marqués

El señor Mendiburu, portavoz[1] de Acción Familiar, explicó ante las cámaras de TVE (Televisión Española), con gran rotundidad,[2] las tres cosas que hay que hacer para evitar el aborto. A saber:[3] 1. investigación de la paternidad para obligar al padre a asumir su compromiso, 2. ofrecimiento de un lugar donde la gestante[4] pueda parir
5 lejos de miradas reprobatorias[5] y 3. adopción. Repasemos la eficacia y alcance[6] de estas medidas.

Evidentemente, hay que estar a favor de la investigación de la paternidad, porque sigue habiendo mucho desaprensivo[7] y mucho inmaduro. Sin embargo, no hay razón para suponer que detrás de cada intención de abortar haya un tacaño.[8]
10 Ni para suponer que sea siempre el varón engendrante quien no desee la paternidad. Muchas mujeres desean posponer su maternidad o consideran que ya tienen suficientes hijos, aunque tengan un compañero encantador dispuesto a financiar la crianza[9] del posible niño y en su momento llevarlo al circo. Más aún, cuando una mujer desea fuertemente tener un hijo, lo tiene, aunque el padre sea
15 capitán general casado o arzobispo célibe.[10] En cambio hay muchas razones por las que una mujer inteligente y madura puede querer interrumpir su embarazo. Enumeremos algunas: hallarse en la fase inicial de una tesis de doctorado, tener una depresión ligera (pero suficiente para no verse con ánimos[11] de gestar, parir y cuidar una criatura), atravesar[12] una crisis de pareja y no querer atarse ni atar al
20 otro, encontrarse en un momento profesional delicado (por excepcionalmente bueno, malo o difícil), haber decidido estudiar una carrera tardía, llevarse mal con su compañero y no querer que un posible crío[13] pague los platos rotos,[14] estar a punto de batir[15] el récord nacional de 400 metros, querer irse de misionera a la selva africana, necesitar pagarse un costoso psicoanálisis, etcétera. Puede que us-
25 tedes consideren poco apetecibles o poco razonables algunas de estas razones, pero a lo que no tienen derecho es a ignorarlas suponiéndole a la mujer un deseo automático y ciego[16] de ser madre por el simple hecho de estar embarazada. La sociedad no es nadie para obligarla a parir por muy dispuesto que esté el suministrador del espermatozoide[17] a pagar los gastos. Por otra parte, en caso de vio-
30 lación, la propuesta de Acción Familiar es puro humor negro o exacerbación del patriarcado: ¡averiguar quién es el violador para regalarle un hijo!

---

[1] **portavoz** *spokesperson*   [2] **con gran rotundidad** = enfáticamente   [3] **A saber** *Namely*   [4] **gestante** = la embarazada   [5] **reprobatorias** = críticas   [6] **alcance** = implicaciones   [7] **desaprensivo** = sin escrúpulos
[8] **tacaño** *a stingy person*   [9] **crianza** *upbringing*   [10] **célibe** *celibate*   [11] **con ánimos de** = con ganas de
[12] **atravesar** = pasar   [13] **crío** = niño   [14] **pague... rotos** *pay for their mistakes*   [15] **batir** = romper
[16] **ciego** *blind*   [17] **suministrador del espermatozoide** *sperm donor*, aquí "padre"

La segunda oferta de Acción Familiar es hacer que la embarazada dé a luz en un lugar diferente de aquel en que vive y cuya opinión teme. No digo que no sea un detalle ofrecer este servicio, pero no creo que sea decisivo para muchas mujeres.

35 Afortunadamente, gran parte de la sociedad va siendo menos cerril;[18] padres, madres y aun vecinos van siendo más tolerantes. Quizá con la excepción de la gente que simpatiza con Acción Familiar. Acción Familiar no explica, además, qué hace con su trabajo la mujer que debe ocultarse en beneficio del desarrollo del feto y de su supuesta obligación de ser madre cada vez que el azar junta un óvulo

40 y un espermatozoide. Medida, pues, útil para las pocas señoritas de buena familia y escasas aspiraciones intelectuales que van quedando,[19] pero irrelevante para el conjunto de las mujeres actuales.

La tercera oferta es la adopción. Para el señor Mendiburu hay muchas familias ansiosas de adoptar un niño. En ese caso no se explica que aún existan hospicios,

45 orfanatos y reformatorios. Debe ser que los adoptantes suelen ser muy finos[20] y prefieren niños recién nacidos que no hayan sido contaminados por ambientes miserables ni se hayan rozado[21] siquiera con padres pobres. No sé si a los teóricos de Acción Familiar se les ha escapado considerar su propuesta sociológicamente: supone que las mujeres pobres deben producir hijos frescos para las

50 parejas ricas estériles. En cualquier caso, a la sensibilidad de los miembros de Acción Familiar se le escapa el permanente trastorno[22] que para una mujer supone el haber dado un hijo en adopción. Al igual que el señor Mendiburu, yo nunca he sido madre, pero no me es difícil imaginar lo que significa saber que hay por ahí un hijo tuyo que no te conoce y a quien no conoces, preguntarte si será

55 feliz o no. A mí, como a tantas personas, me parece una mala solución cargar a una mujer con esa cruz[23] en lugar de deshacer[24] un embrión inconsciente.

Y eso es todo lo que proponen. Uno no sabría de qué admirarse más: si de la falta de respeto a los sentimientos de la mujer o de la falta de comprensión de sus intereses intelectuales y profesionales. Quizá mis prejuicios favorables hacia el

60 cristianismo como religión del amor me hagan escandalizarme más de lo primero: de su insensibilidad hacia el dolor, de su falta de delicadeza, de su opción feroz[25] a favor de embriones a los que sólo les atribuyen derecho a la vida para convertirlos en posibles devastadores de la vida de la mujer y posibles niños desgraciados. Sin embargo, he aprendido que debería escandalizarme más por lo segundo, por

65 su persistente negativa a aceptar que la mujer es en un doble sentido un sujeto pleno:[26] en tanto que[27] persona capaz de tener otros intereses —científicos, laborales, políticos— que el de la maternidad y en tanto que sujeto capaz de tomar lúcidamente decisiones plenas de sentido ético.

---

[18] **cerril** = salvaje   [19] **van quedando** = quedan   [20] **finos** = refinados   [21] **se hayan rozado** = hayan tenido contacto   [22] **trastorno** distress   [23] **cargar... cruz** make a woman bear that cross   [24] **deshacer** = destruir   [25] **feroz** = radical   [26] **pleno** = completo   [27] **en tanto que** = como

No es difícil ver bajo las propuestas de Acción Familiar una imagen única de la
70 mujer: la de los folletines[28] del siglo pasado. Un ser débil, pasivo y algo tonto, cuyo
deseo de parir se le supone como imperativo metafísico o biológico y no como
posibilidad consciente. Las mujeres nunca fueron débiles, sino oprimidas, reprimi-
das, debilitadas. Afortunadamente, las mujeres a las que Acción Familiar les ofrece
su protección son ya muy pocas. La mayoría de las mujeres tienen hoy otros
75 problemas —el desempleo, la doble jornada,[29] la discriminación en el trabajo, el
acoso sexual— y aspiran a que la maternidad sea un hecho gozoso decidido en el
momento oportuno, no una imposición de los hombres o de la sociedad dis-
frazada de mandato de dioses crueles.

Tiene tan poco que ofrecer Acción Familiar a las mujeres actuales que no es
80 extraño que opte por[30] el terrorismo psicológico, que saque carteles[31] con el cráneo[32] de un niño ya formado en lugar de un embrión de cuatro semanas, que
acose a los médicos que cumplen la legislación vigente,[33] y que llegue a afirmar
que el uso de anticonceptivos —¿por qué no también las poluciones nocturnas?[34]— ya constituye un aborto. Odian la libertad de las mujeres y las alegrías del
85 sexo y prefieren fetos imperiosos e imperiales a niños deseados y felices. ¿No son
un poco raros?[35]

¿Qué le estará
explicando?

---

[28] **folletines** *newspaper serials*   [29] **doble jornada** = dos trabajos   [30] **opte por** = escoja   [31] **carteles** =
posters   [32] **cráneo** *skull*   [33] **vigente** *in force*   [34] **poluciones nocturnas** *wet dreams*   [35] **raros** = extraños

¿Entendido?

Complete las oraciones siguientes con sus propias palabras de acuerdo con el contenido de la lectura.

1. Acción Familiar propone tres alternativas al fenómeno del aborto, que son...

2. El autor del artículo no está de acuerdo con la primera medida porque...

3. Sobre la segunda medida, Josep-Vicente Marqués opina que...

4. La adopción plantea el problema...

5. Parece que Acción Familiar está en contra del aborto por razones...

En mi opinión

En grupos de cuatro estudiantes, discutan los temas siguientes.

1. ¿Qué medidas presentadas por Acción Familiar les parecen a Uds. aceptables? ¿Y criticables? ¿Es realmente la "adopción una opción"? ¿Cómo se sentiría una mujer más culpable: teniendo un aborto o dando a su hijo/a en adopción? En su opinión, ¿hay otras alternativas a este problema? ¿Tiene el movimiento norteamericano *Pro-Life* la misma actitud hacia el aborto que Acción Familiar? ¿En qué se diferencian?

2. ¿Tiene la cuestión del aborto repercusión sólo en las mujeres? ¿En qué sentido afecta al hombre también? ¿Qué opinan Uds. de las causas por las que abortaría alguna de las mujeres mencionadas en el artículo? ¿Están Uds. a favor o en contra de la posición que presenta el autor?

3. ¿Cuáles son las leyes vigentes en su país o estado en cuanto al aborto? ¿Les gustaría a Uds. que las modificaran? ¿Creen Uds. que cambien en los próximos años? ¿Por qué no son idénticas las leyes sobre el aborto en todos los países?

4. Para demostrar que realmente les importan los niños, los que están en contra del aborto deberían adoptar uno/a de los millones de niños/as abandonados/as. ¿Sería esto lógico o no?

5. ¿Cómo se explica que los que están en contra del aborto estén, con frecuencia, a favor de la pena de muerte *(death penalty)*?

6. ¿Están de acuerdo los hombres y las mujeres en lo que es o significa "violación"? ¿Y "acoso sexual"?

7. Anticipen el contenido de los folletos informativos siguientes.

Salud II
Maternidad / Paternidad
El embarazo

Salud III
La interrupción voluntaria
del embarazo

Salud II
Maternidad / Paternidad
El parto y el posparto

Estrategias comunicativas para mostrar desacuerdo

No comparto tu opinión. *I don't share your view.*	**No estoy de acuerdo contigo.** *I disagree with you.*
Resulta más que discutible que... *It's highly debatable . . .*	**Yo lo veo de manera distinta.** *I see it differently.*
Estoy en contra de... *I am against . . .*	**Siento llevarte la contraria, pero...** *I'm sorry to contradict you, but . . .*

En (inter)acción

1. En grupos de tres estudiantes, discutan cada una de las afirmaciones siguientes y luego díganle a la clase si han llegado a un acuerdo o no y por qué sí/no. Utilicen algunas de las expresiones de **Estrategias comunicativas.**

¿El aborto...?	Sí	No	Depende
a. Debe ser legal en casos de incesto o violación.			
b. No debe realizarse sin el consentimiento paterno o materno cuando la embarazada tenga menos de 18 años.			
c. Debe ser decisión exclusiva de la mujer.			
d. Debe pagarlo el estado (gobierno) cuando la mujer no disponga de dinero.			
e. Es necesario porque evita el sufrimiento de niños no deseados.			
f. Debe aceptarse cuando el feto no es del sexo que desean los padres.			
g. Debe ser una opción, incluso en el noveno mes, cuando el feto sufre de una enfermedad incurable o presenta malformaciones físicas.			
h. Siempre se debe notificar al padre.			
i. Sería legal si los hombres fueran los que dieran a luz.			

2. ¿Consideran Uds. que la vida empieza en el momento de la concepción o en el nacimiento? ¿Quién debe decidir esta cuestión? ¿Los/Las científicos/as, los/las políticos/as, los sacerdotes? Discútanlo con toda la clase. Utilicen algunas de las expresiones de **Estrategias comunicativas.**

3. Comenten las siguientes afirmaciones en grupos o con toda la clase. Utilicen algunas de las expresiones de **Estrategias comunicativas.**

   a. La pornografía contribuye al aumento de las violaciones.

   b. Las violaciones aumentarían si la prostitución se eliminara.

   c. La pornografía y la prostitución degradan a las mujeres y deberían prohibirse en las sociedades actuales.

   d. Los violadores deberían ser castrados.

   e. Para luchar contra la pornografía y la prostitución, primero habría que re-educar a los hombres.

Práctica gramatical

Repaso gramatical:
Para y **por**
(segundo repaso)
(*Cuaderno*, pág. 80)
La concordancia de los tiempos verbales
(*Cuaderno*, pág. 80)

1. Busquen en la lectura tres frases con **para** y tres con **por** y expliquen por qué el autor ha usado esa preposición y no otra.

   Ejemplo: La sociedad no es nadie para obligarla a parir. (para = *in order to*)
                   Debería escandalizarme por su negativa a aceptar que la mujer es un sujeto pleno. (por = causa, motivo, *because of*)

2. En parejas, construyan dos oraciones con las palabras siguientes usando **para** y **por.**

   Ejemplo: circo
              —Compró entradas para el circo.
              —Vamos a pasar por el circo, ¿quieres?

   familia
   protección
   psicoanálisis
   cristianismo
   decisiones
   mujeres
   intereses
   abortar

3. Un/a estudiante empieza a decir una oración y otro/a la completa prestando atención a la concordancia temporal. Las oraciones deben referirse al tema de la lectura y constar de dos cláusulas.

   Ejemplo: —No hay duda que sobre este asunto...
              —... no nos vamos a poner de acuerdo.

Creación

Escríbale una carta al/a la senador/a de su estado a favor o en contra del aborto o de la educación sexual en las escuelas.

Phrases:	*Agreeing & disagreeing; Writing a letter (formal); Persuading*
Grammar:	*Verbs: subjunctive; Relatives; But:* pero, sino (que)
Vocabulary:	*Sickness; Upbringing; Senses*

¿A que es un chico muy popular?

Glosario

The definitions in this glossary pertain to the texts; therefore, not every known definition is given for each entry. Masculine nouns not ending in **-o** are indicated as (m) and feminine nouns not ending in **-a** or **-ión** are indicated as (f).

a

a cambio de *in exchange for*
a causa de *because of*
a diario *daily*
a la vez *at the same time*
a lo largo de *along*
a medida que *while*
a menudo *often*
a millares *by thousands*
a pesar de *in spite of*
a tiempo *on time*
a través de *throughout*
a veces *sometimes*
abarrotado/a *crammed full*
abogado/a *lawyer*
aborto *abortion, miscarriage*
abrazo *hug*
abusar *to take advantage of, make unfair demands on, abuse sexually*
acabar *to end (up), finish*
acariciar *to caress*
acera *sidewalk*
acercarse a *to approach*
acomodarse *to make oneself comfortable, settle in*
acompañante (m/f) *date*
aconsejar *to advise, counsel*
acontecimiento *special event*
acordarse (de) *to remember*
acosar *to harass*
acostarse (con) *to go to bed, lie down, sleep with*
actual *present, current*
actualmente *at the present time, currently*
acudir *to come*
acuerdo *agreement*
además *besides*

aficionado/a *fan, devotee*
afortunadamente *fortunately*
agregar *to add*
aguantar *to tolerate*
agudo/a *sharp*
agujero *hole*
ahorrar *to save up, set aside, conserve*
aislado/a *isolated*
aislar *to isolate*
al + inf. *when/on + gerund*
al cabo de *after*
al contrario *on the contrary*
al fin *finally*
al igual que *the same as*
alcalde *mayor*
alcanzar *to attain, reach*
aldea *village, town*
alegría *happiness, joy*
alejarse de *to go away from*
alfombra *rug, carpet*
aliento *breath, encouragement*
alisar *to smooth out*
alivio *relief*
alma *soul, person*
almohada *pillow*
alrededor de *around*
alto mando *high command*
altura *height*
ama de casa *housewife*
amar *to love a person*
amargo/a *bitter*
ambos/as *both*
amenaza *threat*
ancla *anchor*
andar *to go, walk*

angosto/a *narrow*
angustia *anguish*
ansioso/a *eager, looking forward to, dying to*
antepasado/a *ancestor*
antojo *whim*
añadir *to add*
aparecer *to appear, show up*
apellido *last name*
apenas *scarcely, hardly*
apetecible *tempting, appetizing, mouth-watering*
aplicar *to apply*
apoderarse de *to seize, get control of, take over*
apoyar *to support emotionally, ideologically, lean against*
apoyo *(moral) support, backing*
apresado/a *imprisoned*
apresuradamente *rapidly*
argumento *plot, reason for support*
arma *weapon*
arrancar *to rip out, tear out*
arrastrar *to drag*
arreglarse *to manage, fix oneself up*
arriesgarse *to risk*
arrojar *to throw*
asegurarse *to make sure, secure, ascertain*
así *like this, like that, thus*
asignatura *subject (course of study)*
asistencia *attendance*
asistir *to attend*
asombro *amazement, astonishment*
asunto *matter, theme*
asustar *to frighten*
atar *to tie*
atender (ie) *to pay attention, care for*
atentado *assassination attempt*
atento/a *attentive*
ateo/a *atheist*
aterrorizar *to terrorize*
atrás *back, backward*
atravesar *to cross*
atreverse (a) *to dare to*
atribuir *to ascribe, confer*
auge (m) *rise*
aumento *increase*
aun *even*
aunque *although*

autorretrato *self-portrait*
avergonzado/a *ashamed*
averiguar *to find out*
avidez (f) *eagerness*
avisar *to inform, warn, notify*
ayuda *help*
ayuno *fasting*
azar (m) *chance, fate*
azote (m) *whip, whipping, lashing*

b

bajar *to lower, come down*
banco *bench, bank*
barrer *to sweep*
barrio *neighborhood*
bastar *to be enough*
basura *garbage*
belleza *beauty*
beneficio *benefit*
bien *good (noun); well (adv.)*
bobo/a *dumb*
bofetada *slap*
bolsa *bag, sack*
bosque (m) *forest, woods*
brazo *arm*
broma *practical joke, trick, prank*
burgués/esa *middle class*
burlarse (de) *to make fun of*
búsqueda *search*

c

cabeza *head*
cacerola de barro *terra cotta casserole dish*
cajetilla *pack (of cigarettes)*
callo *callus, corn*
camioneta *bus*
campesino/a *agricultural worker, peasant, country person*
campo de batalla *battleground, battlefield*
canción *song*
candado *lock*
cansancio *tiredness, weariness*
cansarse *to become or get tired*
cantante (m/f) *singer*
caótico/a *chaotic*
cara *face*

carcajada *burst of laughter*
cárcel (f) *jail, prison*
cargar *to pick up (a child), lug*
caricia *caress*
carne (f) *flesh, meat*
carnicero/a *butcher*
carta *letter*
cartón (m) *cardboard container*
casarse (con) *to marry*
cascarón (m) *shell*
castigo *punishment*
castillo *castle*
cazar *to hunt*
celda *cell*
celo *zeal*
ceniza *ash*
censurado/a *censured*
centenares (m) *hundreds*
cerebro brain
certeza *certainty*
chiste (m) *joke, a funny story*
chocante *shocking*
cielo *sky, heaven*
cine (m) *movie theater*
cirujano/a *surgeon*
cita *appointment*
ciudadanía *citizenry*
clandestino/a *underground, clandestine*
claro que sí/no *of course (not)*
claro/a *light color, clear*
cobrar *to charge*
cocinar *to cook*
coger *to take (a bus) (Spain), pick up, have sex (Mexico)*
colchón (m) *mattress*
colilla *cigarette butt*
colmo *end, limit*
colocar *to place*
comandante (m) *major, commander*
combate (m) *fight, combat*
combatir *to fight*
comercio *trade*
como *since (cause), because, as*
cómodo/a *comfortable*
compartir *to share*
compás (m) *rhythm*

compensar *to compensate*
complacido/a *pleased, satisfied*
comportamiento *behavior*
comprobar *to check out, verify*
con respecto a *with regard to*
con tal que *provided that*
con tiempo *with time to spare*
conceder *to give, award, grant*
conciencia *consciousness, conscience, awareness*
conducir *to lead, drive*
confianza *trust*
confiar *to trust*
conforme (adv.) *as*
confundido/a *mixed up, wrong, confused*
confuso/a *unclear, confusing*
conocer *to be familiar with (someone or something), know, meet*
conocido/a *known, familiar, famous*
conquista *conquest*
conseguir (i, i) *to attain, get, achieve*
consejo *advice*
contagiar *to infect, contaminate*
contaminar *to pollute*
contar *to count, tell a story*
contenido *contents*
convertirse (ie, i) en (+ sust.) *to become, change into*
copa *glass, treetop*
coqueto/a *flirtatious*
corazón (m) *heart*
corporal *of the body*
correcto/a *correct, right (answer)*
corrida de toros *bullfight*
corriente *common, usual, normal*
cortar *to cut*
cortés *polite, courteous*
corteza *crust*
cosecha *harvest, crop*
coser *to sew*
costa *coast*
costoso/a *expensive*
costumbre (f) *habit, custom*
cotidiano/a *daily*
crear *to create*
crecer *to grow up physically*
creencia *belief*

creyente (m/f) *believer*
criar *to rear, nurse, nourish, breed*
crimen (m) *crime, felony*
cruzar *to cross, go across*
cuadro *painting*
cualquier/a *any*
cuenta *bill*
cuento *short story*
cuento de hadas *fairy tale*
cuero *leather*
cuestión *theme, subject, matter*
cuestionar *to question, put in question*
cueva *cave*
cuidado *care, looking after*
cuidar de *to look after, take care of*
culpa *fault, blame*
cultivar *to grow*
culto *worship*
cumplir (con) *to do or carry out one's duty, fulfill*
cura (m) *priest*
cutis (m) *skin of the face*

∂

dar a luz *to give birth (to)*
darse cuenta de (que) *to notice, realize*
dato *piece of information*
de antemano *beforehand*
de nuevo *again*
de pie *standing*
de pronto *suddenly*
de vez en cuando *from time to time*
debido a *due to*
débil *weak*
decepcionar *to disappoint*
dedo *finger*
definir *to define*
defraudado/a *disappointed*
dejar *to leave behind*
dejar de + inf. *to stop (doing something)*
delicia *delight*
delito *illegal act, misdemeanor*
demás (los, las) *the others, the rest, everybody else*
derecho *right, law*
derecho/a *right, straight*

derramar *to spill*
derrotar *to defeat*
desaparecer *to disappear*
desasosiego *uneasiness, anxiety*
desconocido/a *stranger*
desde *since (time); from (space)*
desde luego *of course, certainly*
desdén (m) *disdain*
desear *to want, desire a person*
desechable *disposable*
desempeñar un papel/un rol *to play a role, part*
desempleo *unemployment*
desencadenar *to unleash*
desfilar *to walk in file, march*
desgraciado/a *unfortunate, unhappy*
deshacerse de *to get rid of*
desnudo/a *nude*
despacho *office*
desperdiciar *to waste*
desperdicio *waste*
despertar(se) (ie) *to awaken, wake up*
desplomar *to crumble, fall down*
despojar *to deprive*
después *then, later*
destacar *to highlight, stand out*
destierro *exile*
detenerse (ie) *to stop*
detrás *behind*
diario *(news)paper*
dibujar *to draw*
dicotomía *dichotomy, opposition*
Dinamarca *Denmark*
disculpa *apology*
discusión *discussion, argument*
disfrazarse (de) *to disguise oneself, dress up as*
disfrutar de *to enjoy*
disminuir *to diminish*
disolver (ue) *to dissolve*
disparate (m) *nonsense*
disparo *shot*
divertirse (ie, i) *to have a good time, amuse oneself*
doler (ue) *to ache, hurt*
ducha *shower*
duda *doubt*
dueño/a *owner*

e

echar *to throw, expel, release (gas, air . . .)*
echar de menos *to miss (something or someone)*
edificar *to build*
educar *to raise, rear, bring up*
eficaz *efficient*
ejemplo *example*
ejército *army*
elegir (i, i) *to choose*
elogiar *to praise*
embarazada *pregnant*
embarazo *pregnancy*
embarazoso/a *embarrassing (with situations)*
emborracharse *to get drunk*
empujar *to push*
en balde *in vain*
en cambio *on the other hand, however*
en cuanto *as soon as*
en cuanto a *as regards, with respect to*
en fin *in short*
en resumidas cuentas *in short*
enamorado/a *lover, suitor*
encantar *to like a lot, love, be delighted by*
encargarse *to be in charge of*
encendedor *cigarette lighter*
encender (ie) *to turn on (lights), light (smoking materials)*
encima de *on top of*
encontrarse (ue) con *to come across, run into*
encuentro *encounter, meeting*
encuesta *poll, survey*
enemigo *enemy*
enfrentarse con *to face, confront, deal with*
engañar *to deceive, fool*
enjaulado/a *caged*
ensayista (m/f) *essay writer*
enterarse (de) *to find out*
entonces *then, right away, at that moment*
entrada *ticket, entrance*
entregarse a *to devote oneself to*
entrenamiento *training*
envejecer *to age, grow old*
equivocarse *to be mistaken*
escarmiento *chastisement, warning*
escaso/a *few, scarce*

esclavo/a *slave*
escoger *to choose*
esconder *to hide*
escupir *to spit*
esfuerzo *effort*
espalda *back (of the body)*
espejo *mirror*
espeluznante *horrifying, hair-raising*
esperanza *hope*
espiar *to spy*
espuma *foam*
esquina *corner*
estado civil *marital status*
estar a favor/en contra *to be for/against*
estar a punto de *to be about to*
estar confundido/a *to be mixed up, wrong, confused (animate subject)*
estar de humor *to be in the mood*
estar dispuesto/a a (+ inf.) *to be willing to*
estar libre *to be unoccupied, out of prison*
estar mal/bien visto *to be socially approved/disapproved*
estirar *to stretch*
estrecho/a *narrow*
estrella *star*
estremecerse *to shudder*
estrenar *to debut, use for the first time*
etapa *stage, phase, period*
evitar *to avoid*
excusa *pretext, excuse*
exigente *demanding*
exigir *to demand*
exponer *to set out, state*
exposición *exhibit*
expresión idiomática *idiom*
extraer *to extract, draw out*
extrañar *to miss (something or someone)*
extrañeza *surprise, wonderment, estrangement*
extraño/a *odd, weird*

f

fabricante (m) *manufacturer*
falta *lack, absence*
faltar *to lack or miss (something)*
faltar a *to miss an event, not to attend*

fantasma (m) *ghost*
fastidiar *to bother, pester*
fecha *date*
felicidad (f) *happiness*
feria *fair, popular festival*
feroz *ferocious, fierce*
festejar *to celebrate*
fiero/a *fierce*
fiesta *holiday, celebration, party*
fijarse en *to notice*
final (m) *end*
firmeza *firmness, stability, steadiness*
flaco/a *thin*
florecer *to flower, flourish*
fluir *to flow*
fondo *bottom*
fracaso *failure*
frazada *blanket*
frente (f) *forehead*
frente a *in opposition to, across from, facing*
frontera *national border*
fuego *fire*
fuente (f) *fountain*
fuerza *strength, force*
fuerza de voluntad *will power*
fumar *to smoke*
funcionar *to work (machines)*

g

ganar *to win, earn*
gastar *to spend (money)*
gastar bromas *to play jokes or tricks*
gasto *expense*
generar *to generate*
gente (f. sing.) *people, crowd*
gesto *gesture*
golpe (m) *blow*
gozar de *to enjoy*
gozoso/a *joyful*
grabado *engraving*
graciosamente *gracefully, lovingly*
gracioso/a *funny, amusing*
grande *large, big*
gratis *free (no cost)*
gritar *to scream, shout*

guardaespaldas (m) *bodyguard*
guardar *to keep, put aside*
guerra *war*
guerrero/a *warrior*
guía (m/f) *guide*
guiar *to lead, guide*

h

haber de *to have to, must*
hablar en voz baja *to speak softly, quietly*
hacer caso *to pay attention*
hacer falta *to need*
hacer la compra *to go grocery shopping*
hacer un papel/un rol *to play a role, a part*
hacerse (+ adj., + sust.) *to become*
hacer(se) daño *to harm someone or oneself*
hambre (f) *hunger*
hambriento/a *hungry, starving*
hasta *even, until*
hay que *it is necessary, one must*
hecho *fact*
helado/a *frozen*
herencia *legacy, heritage, inheritance*
hermoso/a *beautiful*
herramienta *tool*
historia *history, story*
hogar (m) *home*
hombro *shoulder*
honrar *to honor*
hora *hour*
horario *schedule*
hueso *bone*
huida *flight, escape*
huir *to flee, escape*
humo *smoke*
hundirse *to sink*

i

iconografía *iconography*
idioma (m) *language*
igual *same, alike, similar, equal (after the noun)*
ileso/a *unhurt, unharmed, unscathed*
iluminado/a *lit up*
imaginar(se) *to imagine, suppose*
importar *to matter*

indiscutiblemente *undeniably, indisputably*
infancia *childhood*
injuria *insult*
inmotivado/a *motiveless*
inquietud (f) *concern, restlessness, anxiety*
insultar *to insult*
introducir *to introduce, put into, bring in*
inundación *flood, flooding*
inútil *useless, helpless*
invencible *unconquerable, invincible*
investigación *research*
irrumpir *to burst in*

j

jabón (m) *soap*
jubilarse *to retire from work*
juerga *merriment, partying*
jugar *to play a game*
juntar *to gather, collect*
junto a *next to*
jurar *to swear*
justo/a *fair*
juzgar *to judge*

l

labio *lip*
ladrar *to bark*
lanzar *to launch, pitch*
largo/a *long*
latir *to beat*
legumbre (f) *vegetable*
lejano/a *far-off*
lejos *far away*
lengua *tongue, language*
lentamente *slowly*
letra *lyrics*
levantar *to pick up, lift, raise*
libertad (f) *liberty, freedom*
lienzo *canvas*
ligero/a *light, slight*
llanto *sobbing, crying*
llegar a ser (+ adj., + sust.) *to become*
lleno de *full of*
llevar *to carry, take (something or someone, some-where)*

llevarse bien/mal *to get along well/badly*
llorar *to cry*
lo de siempre *the usual*
locura *insanity, madness*
lograr *to succeed in, manage*
lucha *struggle*
luchar (por) *to struggle*
luego *then, later*
lugar (m) *place*
lujo *luxury*
luna de miel *honeymoon*

m

macho *male*
madrugar *to get up at dawn*
madurar *to grow up mentally*
magia *magic*
maíz (m) *corn*
mal (m) *evil*
malentendido *misunderstanding*
maltratar *to abuse physically*
mandado *errand*
manejar *to wield, use, drive*
manera *way, mode*
mantener (ie) *to support economically*
manzana *apple, block*
mar (m or f) *ocean, sea*
martillo *hammer*
mas *but*
más bien *rather*
más vale... que *it is better . . . than*
masa *mass*
matar *to kill*
materia *subject (course of study)*
mayoría de *most of, majority*
medida *measure, step*
medio ambiente *environment*
medios de comunicación *media*
medir (i, i) *to measure*
mejilla *cheek*
mejorar *to improve*
menor *less, younger*
mentira *lie*
mercado *market*
mesero/a *waiter, waitress*

meter *to put into*
mezcla *mixture*
miel (f) *honey*
mientras tanto *meanwhile*
milagro *miracle*
mirilla *peephole*
mismo(s)/misma(s) *same, coinciding (before the noun)*
moda *style, fashion*
modales (m pl) *manners*
modo *way, mode*
mojado/a *wet*
molestar *to bother*
monja *nun*
moraleja *moral, lesson*
moreno/a *tanned, dark-skinned*
morir (**ue, u**) *to die (in accidents, wars, etc., a violent death)*
morirse *to die (by natural causes or in a figurative sense)*
mortal *mortal, deadly*
mosca *fly*
mostrar (**ue**) *to show, display*
mover(se) (**ue**) *to move around*
mudar(se) *to change (houses, cities, countries)*
muerte (f) *death*

n

nacer *to be born*
naturaleza *nature*
naufragio *shipwreck*
negarse a *to refuse*
negocio *business*
nene *kid*
no obstante *nevertheless*
no querer (en pret.) + inf. *to refuse*
no tener más remedio que *to have no choice but*
nocturno/a *night, nocturnal*
Noruega *Norway*
nuevamente *again*

o

obra *work (of art, literature, etc.)*
obrero/a *manual worker*
obscuro/a *dark*

occidental *western, from the west*
ocio *leisure time*
ocioso/a *idle*
ocultar *to hide, conceal*
ocurrir *to happen, occur*
ocurrírsele (algo a alguien) *to come to mind*
odio *hatred*
odioso/a *hateful, unpleasant*
ofrenda *offering*
oído *hearing, inner ear*
oler (**ue**) *to smell*
olvidar *to forget*
oprimido/a *oppressed*
oración *prayer, sentence*
oreja *ear*
orgullo *pride*
orgulloso/a *proud*
orinar *urinate*
oscurecer *to grow dark*
otra vez *again*

p

padecer *to suffer*
pájaro *bird*
pálido/a *pale*
paliza *beating*
pantalla *screen*
pañal (m) *diaper*
papel (m) *paper, role*
paradero *whereabouts*
parado/a *standing*
parar *to end up, stop*
parecer *to seem, look*
parecerse a *to look like*
parecido/a *similar*
pareja *mate, couple*
pariente *relative*
parir *to give birth (to)*
partida *departure*
partidario *supporter, partisan*
partir *to depart, leave*
parto *childbirth*
pasar *to happen, pass, pass through or go by*
pasarlo bien *to have a good time*
pasear *to take or go for a walk*

paso *step*
pata *leg (of animals or furniture)*
patrocinar *to sponsor*
paz (f) *peace*
pecado *sin*
pedir (i, i) *to ask for, request, order*
pelea *fight, quarrel*
pelear *to fight*
peligro *danger, risk*
peligroso/a *dangerous*
pellizcar *to pinch*
peluquería *beauty shop*
penosamente *laboriously, with difficulty*
pensar *to think, intend*
pensar de *to have an opinion about*
pensar en *to think about*
perder(se) (ie) *to miss (an event), get lost*
perdido/a *lost*
perdón *I beg your pardon/forgiveness*
perecer *to perish*
pereza *laziness*
perezoso/a *lazy*
periódico *(news)paper*
periodista *journalist*
perjudicial *harmful*
permanecer *to remain, stay*
perseguir (i, i) *to follow, chase, persecute*
persona *individual, person*
pertenecer *to belong*
pesadilla *nightmare*
pesado/a *heavy, boring (fig.)*
pesar *to weigh*
pescado *fish (dead, to eat)*
pescar *to fish, catch*
peste (f) *foul odor, stench*
petardo *firecracker*
pez (m) *fish (live)*
picar *to snack, nibble, take small bites of*
piedad (f) *mercy, compassion*
piel (f) *skin*
pila *battery*
pincelada *brushstroke*
pincharse *to shoot up*
piscina *swimming pool*
piso *floor*

pista *trail, track, clue*
placer (m) *pleasure*
playa *beach*
plaza de toros *bullring*
población *population, people*
poblano/a *from Puebla, Mexico*
pobreza *poverty*
poder (m) *power*
poderoso/a *powerful*
poner *to put, turn on (appliances), play (records, music)*
poner en cuestión *to question*
ponerse (+ adj.) *to become*
ponerse de moda *to become fashionable*
por culpa de *because of, due to*
por eso *for that reason, therefore*
por lo tanto *therefore*
por mi (tu, su...) cuenta *on my (your, her . . .) own*
por otra parte *on the other hand*
por otro lado *on the other hand*
por todas partes *everywhere*
porque *because*
portarse bien/mal *to behave well/badly*
pozo *well, hole*
práctica *practice*
precio *price*
precioso/a *beautiful*
precipitarse *to rush, happen quickly*
predecir (i, i) *to predict*
predominar *to prevail*
preferido/a *favorite*
pregunta *question*
preguntar *to ask (information)*
preguntarse *to wonder, ask oneself*
prejuicio *prejudice*
prender *to light*
preocuparse por/de *to worry about*
presentar *to introduce (people)*
prestar *to lend*
primero/a *first*
principio *beginning, principle*
prisa *haste*
privaciones *hardships, deprivation*
probar (ue) *to taste, try*

problemática *a set of problems, questions*
procedente *coming from*
procedimiento *procedure*
profundidad (f) *depth*
progresista (m/f) *liberal*
propio/a *one's own, proper*
propuesta *proposal*
proteger *to protect, keep from harm*
próximo/a *next*
prueba *test*
público *audience*
pueblo *village, town, people from a nation, place or race*
puesta de sol *sunset*
puesto *job, position*
puesto que *since (cause), because*

q

quedar *to have left*
quedarse *to stay, remain*
quejarse (de) *to complain*
quemar *to burn*
querer (ie) *to love a person or animal*
querer decir *to mean*
quitar *to take away*
quitarse *to take off*

r

ración *portion, amount*
raíz (f) *root*
rama *branch*
raro/a *odd, weird*
rasgo *characteristic, trait*
rastro *trace*
real *real, royal*
realizar *to carry out, accomplish, fulfill*
realmente *truly, really, actually*
rebasar *to surpass*
rebelarse *to rebel*
rechazar *to reject (something)*
reciclar *to recycle*
recién *newly*
reclamar *to demand*
recoger *to collect, gather, pick up*
reconocer *to recognize*

recordar (ue) *to remember*
recuerdo *memory*
recurso *resource*
reflejar *to reflect, mirror*
reforzar (ue) *to reinforce*
refrán (m) *saying*
refresco *soft drink*
refugio *shelter*
regalo *gift*
regaño *scolding*
regla *rule, ruler*
reinar *to rule*
reino *kingdom*
reivindicación *demands*
reivindicativo/a *of protest, demanding*
remendar (ie) *to mend, patch*
renunciar *to give up*
reparto *division, distribution*
repasar *to go over, review (like notes for a test)*
represalia *reprisal, retaliation*
representar *to depict*
requerir (ie, i) *to require*
rescatar *to rescue*
reseñar *to review (a creative work)*
respecto de *with regard to*
respeto *consideration for another person*
respirar *to breathe*
respuesta *answer*
resultado *result*
resultar (+ adj.) *to find, look like, be*
retirar *to withdraw, take away, retreat*
reunión *meeting*
reunirse *to have a meeting, get together*
revisar *to inspect, check, edit*
revuelta *revolt, rebellion*
rezar *to pray*
riesgo *risk*
rincón (m) *corner*
riña *quarrel*
riqueza *abundance, wealth*
ritmo *rhythm*
rodeado/a *surrounded*
rodear *to surround*
romperse *to break*
rostro *face*
ruido *noise*

s

sábana *sheet*
saber *to know*
sabroso/a *tasty*
sacar *to take out*
sacerdote (m) *priest*
sacudir *to shake*
salir (con) *to go out with, have a date*
salir (de) *to leave*
salto *jump, leap*
saludar *to greet, say hello*
salvar *to rescue, save from extinction*
sangre (f) *blood*
sano/a *healthy*
secar *to dry*
secta *cult*
secuestro *kidnapping*
seguir (i, i) *to follow, continue*
según *according to*
seguro/a de mí (ti, sí...) mismo/a *self-confident*
sembrar (ie) *to plant, sow*
semejanza *similarity*
semilla *seed*
sencillo/a *simple, plain*
sensación *physical feeling*
sensato/a *sensible, reasonable*
sensibilidad (f) *sensitivity*
sensible *sensitive*
sentarse (ie) *to sit*
sentido *meaning, sense, consciousness*
sentimiento *emotional feeling*
sentir (ie, i) *to be sorry, regret, feel*
sentirse (+ adj., adv.) *to feel*
señas *signs, signals, address*
sepultado/a *buried*
ser (m) *(human) being*
ser capaz de *to be capable of*
ser confuso/a *to be unclear, confusing (inanimate subject)*
ser libre *to be free*
serio/a *serious*
servilleta *napkin*
significar *to mean (only with inanimate subjects)*
siguiente *next*

sin embargo *nevertheless*
sirena *siren, mermaid*
sitio *place, site*
sobrar *to be in excess*
sobrevivencia *survival*
sobrio/a *sober*
solamente *only*
soledad (f) *loneliness*
soler (ue) *to be accustomed to, be in the habit of*
solicitar *to apply for a job, a position, a fellowship*
solicitud (f) *application form*
solo/a *alone*
sólo *only*
soltar *to let go*
soltero/a *single (unmarried)*
sonar (ue) *to sound*
sonreír *to smile*
soportar *to tolerate, support physically*
sostener (ie) *to support physically*
subirse a *to get into, on*
suceder *to happen, follow in succession*
suelo *floor*
sueño *dream*
suerte (f) *luck, bullfighter's manoeuvre*
sugerir (i, i) *to suggest*
sujeto *subject (person)*
superar *to overcome*
suponer *to suppose, assume*
supuesto/a *alleged, supposed, false*
sureño/a *southern, from the south*
surgido/a *appeared*
surgir *to arise, appear*
sustituir *to substitute, replace*
susurrar *to whisper*

t

tamaño *size*
tapear *to eat tapas*
tapeo *the custom of eating tapas*
tardar en *to take time to*
tarde *late*
tarea *task, homework*
tasca *bar, tavern, cheap bar*
techo *ceiling*

telón de fondo (m) *backdrop*
tema (m) *topic*
temor (m) *fear*
temprano *early*
tenaz *tenacious*
tendencia *trend*
tender (ie) una trampa *to set a trap*
tener (ie) en cuenta *to bear in mind*
tener éxito *to be successful*
tener ganas de + inf. *to look forward to, feel like*
tener la culpa *to be guilty, blameworthy*
tener razón *to be right*
tener sentido *to make sense*
tentación *temptation*
ternura *tenderness*
testigo *witness*
tiburón (m) *shark*
tiempo *weather, measurable time*
tinto *red wine*
tipo *type, guy*
tirar *to throw away, drop*
tobillo *ankle*
tocar *to play (a musical instrument), touch*
todavía (no) *still, (not yet)*
todo el mundo *everybody*
tolerar *to tolerate*
tomar *to drink, intake; take (train, bus, plane)*
tomar conciencia *to become aware*
tomar el sol *to sunbathe*
tonto/a *silly*
tópico *cliché*
trabajador/a *hard-working*
trabajar *to work (people)*
trabajo (escrito) *a written (research) paper*
traer *to bring*
traicionar *to betray*
traidor/a *traitor*
traje (m) *outfit, suit, costume*
trampa *trap*
tranquilidad (f) *calm, tranquillity*
tras *behind, after*
trasladar(se) *to transfer (for reasons of work)*
tratar *to treat (someone)*
tratar de (+ inf.) *to try to*

tratar de (+ sust.) *to deal with*
tratarse de *to be a question of*
trato *deal, treatment*
trigueño/a *dark-skinned*
tropa *troop*

u

único/a *the only (+ noun)*
unificador/a *unifying*
unirse *to join*

v

valentía *bravery, valor*
valer la pena *to be worthwhile*
valerse *to make use*
varón (m) *man, male*
vecino/a *neighbor*
vendar *to blindfold, bandage*
veneno *poison*
vengar *to avenge*
venirse (ie, i) abajo *to fall in, collapse*
ventaja *advantage*
verduras *vegetables*
vergonzoso/a *shy (with people), shameful, indecent (with things or situations)*
vestido *dress, costume*
vestido/a de *dressed as*
vez (f) *time (as instance)*
vientre (m) *belly, womb*
vigilar *to watch over, guard, patrol*
violación *rape, violation*
violador (m) *rapist*
visión *view, perspective*
vivo/a *alive, lively*
volar (ue) *to fly*
voluntad (f) *will*
volver (ue) a + inf. *to (infinitive) again*
volverse (+ adj.) *to become*
voz (f) *voice, word*
vuelta *return*

y

ya no *no longer*
ya que *since (cause), because*

Credits

Photo Credits

Unless specified below, all photos in this text were selected from the Heinle & Heinle Image Resource Bank. The Image Resource Bank is Heinle & Heinle's proprietary collection of tens of thousands of photographs related to the study of foreign language and culture.

p. 1   (top left) Museo del Prado, Madrid, Spain/photograph © Erich Lessing/Art Resource, NY; (middle) © Copyright ARS, NY. Museo Picasso, Barcelona, Spain; (bottom) Courtesy of Ramiro Arango

p. 8   María Victoria García-Serrano

p. 20   (top right and bottom right) María Victoria García-Serrano

p. 21   María Victoria García-Serrano

p. 23   Rafa Martos

p. 27   (top) Chris Cuffaro/Visages; (middle) © M. Gerber/CORBIS; (bottom) Agence France Presse/Corbis-Bettmann

p. 38   María Victoria García-Serrano

p. 58   Cristina de la Torre

p. 59   Haitian Private Collection/Superstock

p. 99   © Superstock

p. 101   (top left) Nick Saunders/Barbara Heller Photo Library, London/Art Resource, NY; (top right) © Gian Berto Vanni/Art Resource, NY

p. 184   Schalkwijk/Art Resource, NY

p. 189   María Victoria García-Serrano

p. 201   Gianni Vecciato

p. 213   Siquieros, David Alfaro. *The Sob*. 1939. The Museum of Modern Art, New York. Photograph © 1998, The Museum of Modern Art.

p. 248   (right) © Superstock

p. 259   © Mirta Toledo

p. 265   María Victoria García-Serrano

p. 299   Scala/Art Resource, NY

p. 315   María Victoria García-Serrano

Text/Realia Credits

p. 6   "Bares a mogollón" de Antonio Gómez Rufo, © *Guía del Ocio de Madrid*. Reprinted by permission.

p. 15   "Picar a la española" from "The Spanish Way to Snack" by Coleman Andrews, from *Harper's Bazaar*. Reprinted by permission from the author. Courtesy of *Los Angeles Times*.

p. 30   "Pedro Navaja", © 1978 Rubén Blades Productions Inc. Used by permission.

p. 33   "Los pasos básicos para bailar el mambo" by Gustavo Perez Firmat, © *Más,* November–December 1991, page 80. Reprinted by permission.

p. 38   "El mexicano y las fiestas" by Octavio Paz, reprinted from *El laberinto de la soledad,* pages 42–48, © 1984. With permission from Fondo de Cultura Económica, México.

p. 43   "Cómo ganar amigos", © Oficina Española de Turismo. Reprinted by permission.

p. 48   "Una fiesta de impacto y de infarto" by Joaquín Vidal, *Ronda 89,* Magazin of Iberia, pages 42–44.

p. 51   No a la tortura, © Asociación Nacional para la Defensa de los Animales (ANDA). Reprinted by permission.

p. 52   Cartoon by Santiago Almarza Caballero, © *Diez Minutos.* Reprinted courtesy of the artist.

p. 56   "La santería: una religión sincrética" from *La tierra mágica. Una exploración cultural de la America Latina* by Darién J. Davis, © 1991. Reprinted by permission from the Latin American Curriculum Resource Center.

p. 60   "Mister, Don't Touch the Banana" by Marisela Verena/Willy Chirino, © 1990, Kiri Kiri Music (ASCAP).

p. 63   "Yemayá" by Yolanda Fundora.

p. 64   "Campaña contra el alcohol y el tabaco", © Ministerio de la Sanidad y Consumo (Madrid). Reprinted by permission.

p. 67   "Una bola de humo" by Mercedes Carrillo, © Agencia Literaria Latinoamericana.

p. 69   "Campaña contra el alcohol y el tabaco", © Ministerio de la Sanidad y Consumo (Madrid). Reprinted by permission.

p. 74   "¿Liberalizar la droga?" by Juan Tomás de Salas, © *Cambio 16,* Febrero 1990 (Madrid). Reprinted by permission.

p. 77   "No te la jueges a copas", © Ministerio de la Sanidad y Consumo (Madrid). Reprinted by permission.

p. 78   "Matador" by Victor Manuel, © EMI. Reprinted courtesy of EMI Music Publishing, Spain.

p. 80   "Las drogas. Un problema que podemos prevenir entre todos. Necesitas estar informado", © Consejo General de Colegios Oficiales de Farmacéuticos de España y Delegación de Gobierno para el Plan Nacional sobre Drogas. Reprinted by permission.

p. 83   "Pezqueñines ¡No, gracias!", © Ministerio de Agricultura, Pesca y Alimentación.

p. 84   "La pasión por lo verde" by Inmaculada Moya and Julia Pérez, © *Cambio 16,* de 4 de septiembre, 1989 (Madrid). Reprinted by permission.

p. 89   Páginas Amarillas: Reprinted courtesy of Telefónica Publicidad e Información, 1998.

p. 92   Cartoon by Forges (Madrid). Reprinted by permission.

p. 99   "Buenos Aires" by Carlos Fuentes, from *El espejo enterrado,* © Carmen Barcells.

p. 103   Mapa de Sevilla: Imagen © Turismo Andaluz S.A.

p. 110   Map from Castillo & Bond, SPANISH DICTIONARY, 3/E, p. 26, © The University of Chicago Press.

p. 114   Reprinted by permission from RENFE.

p. 131   Cartoon by Forges (Madrid). Reprinted by permission.

p. 245   Los Derechos de la Infancia, by Víctor Moreno López [artist]. Reprinted courtesy of Subdirección General de Información Administrativa, Ministerio de Trabajo y Asuntos Sociales, 1998.

p. 249   "Sabotaje" by Alicia Yáñez Cossío, from *El beso y otras fricciones*. Reprinted by permission from the author.

p. 257   Selection of "Un día en la vida" by Manlio Argueta. Reprinted by permission from UCA Editores, 1981.

p. 259   "Guardian Angel" by Mirta Toledo. Courtesy of Mirta Toledo.

p. 261   Map reprinted courtesy of *Más*.

p. 271   "El texto libre de prejuicios sexuales y raciales" by Isabel Pico e Idsa Alegría, © Universidad de Puerto Rico Press. [text and illustrations]

p. 281   "La princesa vestida con una bolsa de papel" by Robert N. Munsch, illustrated by Michael Martchenko, © 1992 Annick Press, LTD, Canada.

p. 284   "La princesa vestida con una bolsa de papel" by Robert N. Munsch, illustrated by Michael Martchenko, © 1992 Annick Press, LTD, Canada.

p. 290   "Palabreo" by Gilda Holst. Casa de la Cultura Educatoriana. Núcleo del Guavas, Banco Central del Ecuador, 1989. Reprinted by permission.

p. 293   "La zorra y las uvas verdes", cartoon by Quino. Reprinted by permission from the artist.

p. 295   "Mujer, no llores. Habla. Defiende tu dignidad". Reprinted courtesy of Instituto de la Mujer, Ministerio de Asuntos Sociales, Madrid.

p. 299   "Eva" by Cristina Peri Rossi, from *La nave de los locos,* © Editorial Seix Barral, S.A.

p. 303   "Los juguetes enseñan a vivir": Reprinted courtesy of Instituto Andaluz de la Mujer.

p. 304   "Mujer florero" by Marilia Andres Casares, © 1996 Sony/ATV Discos Music, Publishing LLC for El Retiro Ediciones Musicales S.L.

p. 309   "La Malinche" by S. Suzan Jane, from *Herstory: Women Who Changed the World,* A Byron Preiss Book, published by Viking.

p. 314   "El sueño de la Malinche" by Antonio Ruiz, 1939. Collection Mariana Perez Amor. Photo Gallería de Arte Mexicano, Mexico City.

p. 318   "El arte de Remedios Varo" by Peter Engel, Trad. Joseph Warman from *El arte de Remedios Varo. El mito y la ciencia* (CD), © EDITEC. Reprinted courtesy of the publisher. [text and paintings]

p. 328   Painting by Alaiyo Bradshaw. Reprinted by permission from the artist.

p. 329   "La vuelta a casa", from "Going home" by Caitlin Bird Francke. Reprinted courtesy of the author.

p. 334   "Rebelión de los electrodomésticos" by Alaska y los Pegamoides, © EMI. Reprinted courtesy of EMI Music Publishing, Spain.

p. 340   "La brecha" by Mercedes Valdivieso. Reprinted by permission from the publisher, Latin American Literature Review Press, Pittsburgh, 1986.

p. 344   "Amor de madre", cartoon by Quino. Reprinted by permission from the artist.

p. 345   "Madre campesina" by Sabiá: Lyrics © Folklore Music (ASCAP). Reprinted by permission.

p. 345   Juana Alicia, *Las Lechugueras.*

p. 349   "Sollozando" by Enrique Jiménez Carreño. Reprinted courtesy of the artist.

p. 351   "Medidas contra el aborto" by Josep-Vicent Marqués.

p. 355   Courtesy of Instituto de la Mujer, Ministerio de Asuntos Sociales, Madrid.